神谷正昌 著

# 平安宮廷の儀式と天皇

同成社 古代史選書 19

# 目　次

# 平安宮廷の儀式と天皇

# 第一章　律令国家と儀式

## 一　古代の儀式と儀式研究

日本の儀式は中国の礼に対応するものであり、中国の礼を受容・摂取したのが日本の儀式である。ただし、その名称からもうかがわれるように、両者の間には相違がみられる。中国の礼は、家族関係・社会関係・君臣上下関係において人々が守るべき規範であり、本来は目にみることができない。それを体現したのが儀礼であるが、儀礼も広義に礼と称された。すなわち、中国の礼は宗教上・法律上の根本的規範であり、したがって、中国において礼は律令格式の上位に位置づけられるものである。これに対し、日本の儀式は中国の礼の根本精神は継受されず、社会的規範という性格が希薄である。儀式とは儀礼を定式化したものであるが、日本において儀式は「式」の一種として律令格式の下位に位置づけられている。(1)

しかし、そのことによって日本の儀式を軽視すべきではない。なぜなら、儀式は定期的に一定の行為を繰り返すことによって、人々の日常的秩序保持の機能を果たすのであり、律令国家においては、物質を介する経済的諸関係とは別の国家支配の有効手段として用いられ、宮廷社会においては、君臣上下関係の秩序を保持し官人を統制するのに有効に機能したからである。(2) さらに、平安時代になると、先例を重んじ礼儀作法に則って政務処理が行われるようになり、儀式は政務と切り離し得ない一体不可分の関係になる。(3) このように、律令国家とその延長上にある平安貴族社会において、儀式は政治的にきわめて重要な存在なのである。

早くに、日本の儀式の体系的研究を行ったのは、文学・芸能の分野から倉林正次氏であり、律令国家の儀式の成立・発展を、Ⅰ、草創期（推古—持統天皇期まで）・Ⅱ、展開期（文武—光仁天皇期まで）・Ⅲ、成立期（桓武—清和天皇期まで）と段階区分している。(4) これに対し、歴史学の立場から平安時代の年中行事を網羅的に研究したのが山中裕氏である。山中氏は、年中行事の変遷過程において、1、大化改新から律令制定時代（孝徳天皇—文武天皇まで）・2、桓武天皇から嵯峨天皇の時代（『弘仁式』『弘仁儀式』『内裏式』など、最も早い儀式書の成立時代）・3、清和天皇時代（『貞観儀式』成立の頃）・4、宇多、醍醐、村上天皇時代（いわゆる寛平、延喜、天暦の治の時代）・5、一条天皇時代（摂関政治隆盛期のころ）と、年中行事成立の五つのピークを指摘している。(5)

その後、日本古代史において国家や王権構造の研究が深化するなかで、儀式をそのなかに位置づける研究が進められていった。橋本義則氏・古瀬奈津子氏は、宮都における儀式の場や参列者の範囲に着目し、(6) 大日方克己氏は、軍事的側面をもつ宮廷儀式を詳細に検討したが、(7) これらは、儀式研究を飛躍的に発展させるものであった。また、所功氏・西本昌弘氏が、儀式研究の根本史料である儀式書の精緻な書誌的考察を行い、(8) さらに、摂関期から院政期にかけての政治文化のなかで宮廷儀礼を論じた末松剛氏の研究がある。(9) このほかにも、古代天皇制や王権構造のなかに儀式を位置づけた研究は枚挙に暇がない。(10)

本書は、これらの成果の上に立って、平安時代における儀式の、支配や政治に有する意味を明らかにすることを課題とする。それに先立ち、本章では、律令国家の形成から奈良時代における儀式の展開について概観していきたい。

## 二　律令国家の形成と儀式

支配階級の結集には二つの段階が認められるという。一つは、人格的支配の段階であり、特定の人格、これは複数でもよいが、それを媒介として権力集中が行われる。その場合の人格は、あるいは神的形態をとり、あるいはいわゆる「カリスマ的」性格を備え、あるいは「英雄」となる。今一つは、官僚制的支配の段階であり、個々の人格または氏族から相対的に独立した「国家」という体系的な機構、あるいは制度を媒介として結集する。[11]一般的には、前者は原初的な形態で後者は進歩的であるとされるため、前者から後者へと移行していくわけだが、たとえ官僚制的支配の段階に移行したとしても、人格的支配の方式は依然として有効に機能する。そして、儀式は人格的支配を劇的に演出する手段の一つといえるのである。

ところで、日本における礼制の受容の画期は、推古天皇の頃とされている。この時期には、冠位十二階や憲法十七条が制定されるなど、氏族制から官僚制への転換がはかられた。さらには、隋との正式な国交をもつことにより、体系的な礼制がもたらされたとの指摘もある。[12]そして、隋使との外交の場では、当然、外交儀礼が必要となろう。これ以前に儀式の導入がなされなかったわけではないであろうが、推古期にそれが積極的に進められたことは、十分に考えられることである。

また、大化改新にはじまる種々の制度的改革がなされた孝徳天皇の時期は、位階制や行政区画制度、土地・人民の把握や税制の面において、律令国家形成の起点と考えられている。当然のことながら、それと並行して儀式の整備がなされたことも予想されよう。

したがって、五月五日の薬猟においては推古十九年（六一一）・二十年・二十二年、正月七日白馬節会においては推古二十年、また、元日朝賀は大化二年（六四六）・四年・五年・白雉元年（六五〇）・三年、正月十七日観射は大化三年など、推古期や孝徳期に『日本書紀』に儀式の記載が散見されるようになるのである。(13)

ただし、儀式の記事が大幅に増加してみられるようになるのは、続く天智・天武・持統期になってからである。これについては、『日本書紀』のそれぞれの時期における編纂事情もあるであろうし、また、律令制導入の当初は別に礼典を編纂する余裕がなかったことや、暦日意識の普及が持統期以降であることなどの指摘がなされているが、(14)さらに、次のようなことも考えられよう。

律令国家の形成に多大な影響を与えたのは、唐・新羅連合軍の攻撃によって斉明六年（六六〇）に百済、天智七年（六六八）に高句麗が立て続けに滅亡したことである。このことは日本の支配者層に多大な衝撃を与えたことであろう。すなわち、「国家」とは滅亡する可能性を有するものであるという事実を、目と鼻の先で強烈につきつけられたのであり、天智二年の白村江の戦いに敗れた日本は、次は自国にそれが及び滅亡の憂き目に遭うのではないかという危機感を強く抱いたに違いない。それでは、この危機を打開するためにはどうしたらよいのか。それは、唐・新羅に劣らぬ強力な国家、実質的には律令制を導入し、中華思想を模倣した「小帝国」を建設することであり、律令国家の形成が急務とされるようになったのである。(15)

しかし、制度の導入、すなわち官僚制的支配が根付くには時間がかかる。しかし、危機はすぐそこに迫っているのであり、時間的余裕はない。そこで、まず支配者層を結集するために、天皇による人格的支配を推進していったのであり、それを強化するために、儀式が利用されたのであろう。百済・高句麗の滅亡に続く天智・天武・持統期において、律令制の導入と天皇の神格化が進められると同時に、急激に儀式が整備されていったのはそのためではなかろうか。

ただし、いわゆる『近江儀式』のような体系的な儀式書が編纂されたという指摘(16)には疑問をもたざるを得ない。『近江儀式』の存在の根拠は、『懐風藻』序の「及二至淡海先帝之受レ命也、（中略）定二五礼一、興二百度一、憲章法則、規模弘遠」や、『藤氏家伝』上、大織冠伝に「先レ此、帝令下大臣撰二述礼儀一、刑中定律令上、通二天人之性一、作二朝廷之訓一、大臣與二時賢人一、損二益旧章一、略為二条例一」とあることによる。しかしこれらは、天智天皇や藤原鎌足を顕彰するための記事であり、誇張されている可能性が大きい。冒頭にも述べたように、日本における儀式は「式」の一種にすぎないのであり、単行の儀式文は作成されたであろうが、その域を出なかったのではなかろうか。

さて、国家形成のための律令制の導入は、大宝元年（七〇一）の大宝律令の編纂をもって一応の結実をみる。そして、この律令の条文には儀式についての規定もみられ、養老令には以下の条文が存在する。

雑令諸節日条

凡正月一日、七日、十六日、三月三日、五月五日、七月七日、十一月大嘗日、皆為二節日一、其普賜、臨時聴レ勅、

雑令文武官人条

凡文武官人、毎レ年正月十五日、並進レ薪、長七尺、以二廿株一為二一担一、一位十担、三位以上八担、四位六担、五位四担、初位以上二担、無位一担、諸王准レ此、無位皇親、不レ在二此例一、其帳内資人、各納二本主一、

雑令大射条

凡大射者、正月中旬、親王以下、初位以上、皆射之、其儀式及禄、従二別式一、

学令釈奠条

凡大学国学、毎レ年春秋二仲之月上丁、釈二奠於先聖孔宣父一、其饌酒明衣所レ須、並用二官物一、

これらは、正月一日・七日・十六日・三月三日・五月五日・七月七日・十一月の新嘗の日に節会を行うとしているほか、正月十五日の御薪、十七日の観射、大学・国学における二月・八月の釈奠を規定しているが、大宝令にも同様の条文が存在したことが推定されており、それまでの儀式の整備をうかがわせるものである。

さらに、『続日本紀』大宝元年正月乙亥朔条に、

天皇御㆓大極殿㆒受㆑朝、其儀於㆓正門㆒樹㆓烏形幢㆒、左日像青龍朱雀幡、右月像玄武白虎幡、蕃夷使者陳㆓列左右㆒、文物之儀、於㆑是備矣、

とあり、儀式の整備が完成したことが記されている。ここから、推古期から導入されてきた礼制が、律令の編纂とともに大宝期に完備するに至ったとの意識が、当時存在していたことは事実であろう。

## 三　奈良時代における儀式

大宝二年の遣唐使は、日本の律令国家としての成熟度を、唐を中心とした東アジア世界に認知させる意味もあったとされる(17)。ところがその一方で、さまざまな面で不備を痛感させられることにもなったといい、造営間もない藤原京から平城京に遷都され、新たに養老律令が編纂されたのもその影響と推定されている(18)。また、律令の完成は単なる法典の編纂にとどまる可能性があり、実際どれだけ規定通り行われたのかは疑問である。したがって、これ以後も規定の上での律令法を、制度として実効力をもたせる努力が続けられることになる。同様に、儀式の整備も大宝期に完了したわけではなく、以後も継続されたと推測されるのである。

奈良時代で注目されるのは、『続日本紀』天平七年（七三五）四月辛亥条の「入唐留学生従八位下下道朝臣真備、献

唐礼一百三十巻」（後略）」とあることである。これは、霊亀二年（七一六）の遣唐使で入唐した吉備（下道）真備が、帰国に際しさまざまな文物を献上したものの一部であるが、ここでいう唐礼は一百三十巻という巻数からいって『顕慶礼』（『永徽礼』）のこととされる。この『顕慶礼』が招来されたことで、それまで隋礼に依っていた日本の儀式が、以後、唐礼に準拠するようになったと考えられている。[19] さらに、吉備真備は天平勝宝三年（七五一）に再度入唐し、天平勝宝六年に帰国するが、そこにおいて『大唐開元礼』百五十巻がもたらされたと推定されており、[20] これらのことが唐礼にもとづく儀式のさまざまな整備を進めていったことは想像に難くない。元日節会・七日白馬節会・十六日踏歌節会など、奈良時代における正月三節について詳細な検討を行った西本昌弘氏によれば、奈良時代には魏晋南朝以来の中国的な節日の風習が正月節会においてかなり定着していたが、次第にその豊かな儀礼の一部を失っていったというが、[21] これなどは、隋までの儀礼から唐礼への転換がなされた一例とされる。このように、天平末年から天平勝宝初年までは、奈良時代の儀式の一つ画期と考えられるのである。

この聖武天皇治世下の天平期は、制度としての律令制が根づいた時期と考えられ、国家意識の高揚もみられることで、律令国家の盛期の一つとされる。[22] これに対し、儀式研究の面からは、従来、等閑視されてきたのが事実である。しかしながら、神亀・天平初期に集中して冬至の記事がみられるなど、看過し得ない時期なのではなかろうか。冬至についての詳細は第二章で述べるが、中国では元日節会と同様の儀式を行うことになっており、元日と同様の重要性をもった日である。その冬至の儀式が、とくに聖武天皇治世の初期に行われたのは、聖武天皇による官人統制・国家支配に大きな意味をもったからにほかならない。このように、奈良時代においても、儀式は支配手段として整備されていったことがうかがえるのである。

ところで、令には地方における儀式の規定もみられる。養老儀制令元日国司条には、

凡元日、国司皆率二僚属郡司等一、向レ庁朝拝、訖長官受レ賀、設レ宴者聴、其食、以二当処官物及正倉一充、所レ須多少、従二別式一、

とあり、元日朝拝が国庁でも行われることになっていた。中央での元日朝賀と同時に、まず国司が郡司以下を率いて朝廷あるいは国庁を拝し、続いて国司が郡司以下から拝賀を受け、そして饗宴が行われたわけだが、これは、まず国司以下が中央官人と同様に律令国家の頂点に立つ天皇を拝し、次に天皇のミコトモチである国司を郡司以下が拝する構造になっていた。[23] 天皇や国家に対する、在地首長層である郡司の服属の意味を有した性質の儀式であったといえよう。また、前掲した養老学令釈奠条によれば、釈奠は中央の大学だけでなく、国学でも行われることが規定されていた。

そして、実際にいくつかの儀式が行われたことが諸史料によってうかがわれる。たとえば、天平八年度『薩摩国正税帳』には、

春秋釈奠料稲玖拾貳束　先聖先師幷四座料稲壹束陸把（座別四把）国司以下学生以上惣七十二人食稲壹拾肆束肆把（人別二把）（中略）

元日拝朝庭刀禰国司以下少毅以上物陸拾捌人食稲壹拾參束陸把（人別二把）酒陸斗捌升（人別一升）

とあり、釈奠料や元日朝拝の節宴料が支出されている。同様に、国庁における元日朝拝の節宴料については、天平九年度『但馬国正税帳』に「依レ令元日節宴充稲伍束貳把　酒貳斗陸升」、天平十年度『駿河国正税帳』に「元日拝朝刀禰拾壹人（中略）食稲貳束貳把」などの記載が散見され、元日に国庁で節宴が設けられていたことを示している。したがって、これらの記事から、地方においても元日朝拝や釈奠などの儀式が実際に行われていたことがわかる。[24]

国庁ではないが、正月の二日から五日にかけて、国司館に郡司以下が招かれ饗宴が催されていた例がみられる。こ

れらは、国庁における儀式とは性格を異にするものと考えなければならない。しかし、国司と郡司とが一体的意識を高める饗宴であることは間違いない。そして、『万葉集』巻十九には、

三日、守大伴宿祢家持之館宴歌三首（二首略）

漢人毛　桃浮而　遊云　今日曾和我勢故　花蘰世奈

（からひとも　いかだうかべて　あそぶとふ　きょうぞわがせこ　はなかずらせな）

との歌が載せられている。これは、天平十八年から天平勝宝二年までの越中守時代の大伴家持の館で、三月三日に饗宴が開かれたことを示している。三月三日は節日とされ、中央では曲水の宴が行われていた。歌の内容からして、それにちなんで催された宴であると類推されよう。

このほか、大日方克己氏は、造石山寺所においても年中行事が行われていたことを指摘している(25)。そして、大日方氏は時間の支配について言及している。すなわち、国家が作成する暦に従って、在地においても毎年決められた日に同じことが繰り返されることで、天皇が時間を支配していたことを確認していたとするのである。

儀式・年中行事は、定期的に一定の場所で反復して行われることから、支配・統制の手段として有効に機能するのであり、時間・場所・行為の三要素が一定して繰り返されることが重要なのである。このうち、地方においては、中央の天皇とは場所を共有することはできない。しかしその一方で、時間を共有することによって儀式のもつ支配・統制機能を果たしていたと考えられる。律令国家においては、儀式が地方支配の手段としても活用されていた一面が垣間みられるのである(26)。

## 四　宝亀期の儀式の整備

奈良時代末の宝亀期は、政治史上では称徳・道鏡政権下における政治的混乱を収拾し、剰官を整理して緊縮によって財政を再建するなど、延暦・弘仁期に連なる律令制再編の前提期として位置付けられるのが一般的である。ところが、儀式の面では積極的な評価がほとんどなされていない。しかし、儀式の整備・改革が、単なる文化的事業ではなく、律令制形成の一環として政治的に重要な意味を有していたことを考慮するならば、その再編の前提期である宝亀期の儀式の整備・改革を決して軽視すべきではなかろう。

まず、宝亀期の儀式の場について考えてみたい。

橋本義則氏によれば、奈良時代を通観すると、前半は同一の儀式でも毎年必ずしも一定の場所で行われていたわけではなく、多様性がみられるが、宝亀期以降、その傾向は薄れ次第に安定していくということである(27)。具体的にみると、元日節会は、宝亀期以前には朝堂院・中宮・内裏・御在所・南苑・大郡宮・中務南院等の例がみられるが、宝亀期には一貫して内裏で行われている。白馬節会は、宝亀期以前には中宮・朝堂院・南苑・大安殿・東院・法王宮等で行われたが、宝亀期には朝堂院が三例、内裏が一例みられる。踏歌節会は、宝亀期以前には大安殿・南苑・朝堂院等の例がみられるが、宝亀期やそれに続く延暦期には、宝亀五年（七七四）の楊梅宮を例外として、朝堂院か内裏で行われるようになる。以上のように、宝亀期以前には多様であった正月三節の式場が、宝亀期になると、元日節会は内裏、白馬節会は朝堂院、踏歌節会は内裏と朝堂院というように固定化していくのである。このことから、橋本氏は、宝亀期を儀式の殿舎利用についての一つの画期と捉えられるとしている。

儀式は、日時・場所・行為を一定にすることによって、参加者相互の関係を再確認する機能を有するため、儀式の場を固定することは、儀式の機能をより有効に発揮させることになる。したがって、正月三節の式場が固定化されたことは、それに参加する天皇や官人の関係秩序を維持・強化することにつながるのである。

さらに、宝亀期に固定化されたこれらの式場のその後をみると、元日節会は弘仁十一年（八二〇）・十三年・十四年に豊楽院で行われた三例を除き一貫して内裏で行われた。白馬節会は、延暦期には南院で行われる例がみられるが、弘仁期には一貫して豊楽院で行われるようになり、踏歌節会も、弘仁六年以後、豊楽院で行われるようになる。豊楽院は平安宮においてはじめて創設された饗宴のための施設であり、正月三節は弘仁期に豊楽院儀として集約されるのである。そして、橋本氏によれば、奈良時代に朝堂院において天皇が大極殿閤門に出御して行われる饗宴は、豊楽院における饗宴と殿舎利用方法が一致するという。したがって、宝亀期に白馬節会・踏歌節会を行う場として朝堂院が重視されてくるのは、弘仁期の豊楽院に連続するものと考えられよう。ただし、第五章で詳述するように、正月三節の豊楽院始用時期はそれぞれ異なり、この後のこれらの節会の豊楽院の利用頻度と、宝亀期に元日節会が内裏、白馬節会が朝堂院、踏歌節会が内裏・朝堂院に固定化されたことは対応しているのである。このことからも、まさに宝亀期は儀式の殿舎利用の画期と捉えられよう。

続いて、儀式の参列者に関わる問題として、白馬節会と定例叙位との関連について考えてみたい。大宝元年から弘仁期までの正月の定例叙位の日付を一覧にしたのが正月定例叙位表（表1）である。

『続日本紀』を通観すると、宝亀期以前では正月の定例叙位が記載されている日付は、二日の例から二十七日の例まで一七種類もあり、実に多様である。ところが、宝亀期では四年・五年・七年・八年・十一年と、一〇年のうち半分の五年が正月七日条に記載されている。宝亀期以前では、三六例中、正月七日に定例叙位の記事があるのは、天平十

**表1** 正月定例叙位表

| | | | | | | | |
|---|---|---|---|---|---|---|---|
| 大宝元 | | 天平 4 | 20日 | 天平宝字 7 | 9日 | 延暦 13 | |
| 2 | | 5 | | 8 | 7日 | 14 | |
| 3 | | 6 | 17日 | 天平神護元 | 7日 | 15 | 7日 |
| 慶雲元 | | 7 | | 2 | | 16 | 7日 |
| 2 | | 8 | 21日 | 神護景雲元 | 18日 | 17 | |
| 3 | | 9 | | 2 | | 18 | 12日 |
| 4 | | 10 | | 3 | | 19 | 7日 |
| 和銅元 | 11日 | 11 | 13日 | 宝亀 元 | | 20 | 7日 |
| 2 | 9日 | 12 | 13日 | 2 | 23日 | 21 | |
| 3 | 13日 | 13 | | 3 | 3日 | 22 | 7日 |
| 4 | | 14 | | 4 | 7日 | 23 | |
| 5 | 19日 | 15 | | 5 | 7日 | 24 | |
| 6 | 23日 | 16 | | 6 | 16日 | 大同元 | |
| 7 | 5日 | 17 | 7日 | 7 | 7日 | 2 | |
| 霊亀元 | 10日 | 18 | | 8 | 7日 | 3 | 25日 |
| 2 | 5日 | 19 | 20日 | 9 | 16日 | 4 | |
| 養老元 | 4日 | 20 | 7日 | 10 | 23日 | 弘仁元 | 7日 |
| 2 | 5日 | 天平勝宝元 | | 11 | 7日 | 2 | |
| 3 | 13日 | 2 | 16日 | 天応 元 | | 3 | 7日 |
| 4 | 11日 | 3 | 25日 | 延暦 元 | | 4 | 7日 |
| 5 | 5日 | 4 | | 2 | 16日 | 5 | 7日 |
| 6 | | 5 | 5日 | 3 | 7日 | 6 | 7日 |
| 7 | 10日 | 6 | 16日 | 4 | 7日 | 7 | 7日 |
| 神亀元 | | 7 | | 5 | 7日 | 8 | 7日 |
| 2 | | 8 | | 6 | 7日 | 9 | |
| 3 | 21日 | 天平宝字元 | | 7 | | 10 | 7日 |
| 4 | 27日 | 2 | | 8 | 6日 | 11 | 7日 |
| 5 | | 3 | | 9 | | 12 | 7日 |
| 天平元 | | 4 | 4日 | 10 | 7日 | 13 | 7日 |
| 2 | | 5 | 2日 | 11 | 7日 | 14 | 7日 |
| 3 | 27日 | 6 | 4日 | 12 | 7日 | | |

七年・二十年・天平宝字八年（七六四）・天平神護元年（七六五）のわずか四例にすぎず、それに比べれば、比率が格段に上昇している。そして、『続日本紀』『日本後紀』『類聚国史』によれば、延暦期以降に、正月の定例叙位はほぼ正月七日に定着する。こうしてみると、宝亀期は、正月の定例叙位が正月七日に定着する過渡期ということができよう。

平安時代の諸儀式書によれば、正月五日に御前において叙位儀が行われ、五位以上の官人の叙位が決定される[28]。そして、正月七日の白馬節会において、決定された叙位の位記召給がなされるのである。『続日本紀』の叙位記事は位記の日付、すなわち位記召給の日付にかけられていると考えられるので、宝亀期から延暦期にかけての正月の定例叙位が正月七日に定着していく過程は、とりもなおさず、白馬節会の式次第に五位以上の叙位の位記召給が組み込まれていく過程を示していると考えてよい。

周知のように、律令制下においては、五位以上の官人には政治的・経済的にさまざまな特権が保証されており、支配階級を形成する階層として六位以下の官人とは一線を画していた。そして、奈良時代においては、諸節会に参列できたのは五位以上に限定される場合が多く、それも五位以上の特権の一つに数えられよう。諸節会に参列するということは、節禄などの経済的給付を受けるという特権もさることながら、何よりも饗宴を通して、支配階級としての共同体意識を発揚させることができるということである。そして、律令制下における位階が、天皇と官人との身分的距離を示す、官人の基本的身分秩序の標識であることを考慮するならば、白馬節会において五位以上の叙位の位記召給がなされることの意義は大きい。なぜなら、節会の場において五位以上の官人が新たに上級位階へ加階されることで、支配階級相互の関係秩序を再確認することをより強固にし、さらに、節会の場において六位以下の官人が新たに五位に叙爵されることで、五位以上の集団への仲間入りを劇的に演出することになるからである。白馬節会は、律令制下の諸節会のなかでも最も重視された節会でもあり、五位以上の位記召給が白馬節会の式次第に組み込まれたのも、そこに起因するのであろう。したがって、宝亀期にその過渡期が訪れた意義も、当然、重視されなければならない。

そして、宝亀期における儀式の復活と新設にも注目したい。

光仁天皇は、君主の誕生日を祝う天長節を行ったことで知られるが(29)、第二章で述べるように、これは天皇の皇位を正統化し権威づける意味を有していた。

今一つ、五月五日の馬射（うまゆみ）が宝亀期に復活されている。馬射は、毎年五月五日の端午の節に行われる、宮中で馬を馳せて弓矢を射る儀式で、養老雑令諸節日条にも規定されている節会の一つである。宝亀期の馬射の実例は、『続日本紀』宝亀八年五月丁巳条に、

天皇御二重閣門一、観二射騎一、召二渤海使史都蒙等一、亦会二射場一、令三五位已上進二装馬及走馬一、作二田舞於舞台一、蕃客亦奏二本国之楽一、事畢賜二大使都蒙已下綵綿一各有レ差、

とある一例のみである。『続日本紀』には、天平十九年以後、当条に至るまで馬射が行われた例は載せられていない。これは、『続日本紀』天平宝字二年三月辛巳条に、

詔曰、朕聞、孝子思レ親、終レ身罔レ極、言論二竹綿一、千古不レ刊、去天平勝宝八歳五月、先帝登遐、朕自レ溝二凶閔一、雖レ懐二感傷一、為レ礼所レ防、俯従二吉事一、但毎レ臨二端五一、風樹驚レ心、設レ席行レ觴、所レ不レ忍レ為也、自レ今已後、率土公私、一准二重陽一、永停二此節一焉、

とあることから、五月は聖武天皇の忌月にあたるので、五月五日の馬射が停廃されたためであることがわかる。したがって、当条における馬射の実施は、天平期以来の復活と考えてよい。ただし、当条は五月五日ではなく五月七日にあたる。さらに、『続日本紀』においては、当条以後、延暦十年（七九一）五月乙丑条の「天皇以三天下諸国頻苦二旱疫一、詔停二節宴一」という停止の記事のみであり、馬射が再び恒例化するのは、『類聚国史』によれば延暦十四年以降である。このことから、倉林正次氏は、当条における馬射を渤海使来朝による臨時の措置としている。(30)

しかし、前掲の延暦十年の記事によれば、旱疫によって馬射が停止されているのであり、本来ならば五月五日に馬射を行うはずであったということである。そして、延暦十一年・十三年にも旱災・大軍進発をもって馬射を停止した記事があることから、これ以前に、すでに馬射を毎年行うことになっていたと考えてよい。さらに、宝亀三年五月二十二日太政官符や宝亀五年五月九日勅によれば、(31)端午之節における国飼御馬に専当の官人を充てることを規定してお

り、ここから大日方克己氏は、馬射の復活を宝亀初年のことと推測している(32)。

ここで、五月が聖武天皇の忌月であるにもかかわらず、馬射が復活されたことは興味深い。奈良時代には、天武天皇の直系・草壁皇子の系統に皇統が受け継がれていき、聖武天皇はまさにその正統な継承者であった。その忌月に馬射を行うことは、儀式のもつ官人統制・国家支配の機能により重きが置かれたからであろうが、それだけでなく、光仁天皇は天武天皇ではなく天智天皇の系統にあたり、宝亀三年に聖武天皇の娘の井上皇后と孫の他戸皇太子が廃されたこととの関係も憶測される(33)。この後、弘仁期に儀式の復活と新設がなされるなかで、弘仁三年（八一二）に三月三日節にかわって九月九日が節会に加えられている(34)。三月三日は、養老雑令諸節日条に規定されているものの大同三年（八〇八）に廃止される(35)。一方、九月九日は同条から除外されていたが、それは同日がもともと天武天皇の国忌であったからである。したがって、宝亀期に五月の馬射を復活したことと、弘仁期に九月九日を節会としたことは、同様の意味を有するものだったといえよう。

このように、光仁天皇は、支配・統制手段として儀式を活用しようとしていたのである。宝亀期は、従来、儀式の面では等閑視されてきたが、以上のように、延暦・弘仁期に受け継がれていく儀式の整備・改革に着手された時期であると位置づけられよう。

儀式は、官人統制・国家支配のうち、とくに人格的支配を劇的に演出する手段として機能するものである。そのため、日本における礼制の受容は、律令国家の形成が急速化していった推古期から大化改新を経て、国家的危機意識の高まった天智・天武・持統期に推し進められた。そして、大宝律令の編纂に伴って一応の完成をみたとの認識がもたれたのであるが、これはあくまでも規定の上でのことであった。そこで、奈良時代以降も儀式の整備は続けられ、とくに天平末年から天平勝宝初年にかけて、隋礼から唐礼への転換がはかられた。また、地方においても、中央と時間を共有して年中行事が行われることにより、儀式は支配手段として有効に機能したのである。奈良時代までの儀式の受容と展開を概観すると、以上のような段階を想定することができよう。

さらに、光仁天皇の即位した宝亀期は、平安初期の律令制再編の萌芽の時期と捉えられることが多いが、儀式の面においても、その後の整備・改革の起点となったと位置づけられる。

さて、続く延暦・弘仁期は、儀式の整備・改革が頂点に達する時期と考えられるが、その後、承和期から貞観期にかけて、儀式が次第に変容していく様相がみられる。これらのことについては、次章以下で詳しく検討していくこととする。

## 註

（1）瀧川政次郎「大唐開元禮と貞観儀式」（『儀礼文化』七、一九八五年）。
（2）喜田新六「王朝の儀式の源流とその意義」「令制下における君臣上下の秩序維持策」（『令制下における君臣上下の秩序について』皇學館大学出版部、一九七二年、初出一九五五・一九五八年）。
（3）土田直鎮「平安時代の政務と儀式」（『奈良平安時代史研究』吉川弘文館、一九九二年、初出一九七四年）。
（4）倉林正次『饗宴の研究』儀礼編（桜楓社、一九六五年）。同『饗宴の研究』文学編（桜楓社、一九六九年）。同『饗宴の研究』祭祀編（桜楓社、一九八七年）。同『饗宴の研究』歳時・索引編（桜楓社、一九九二年）。
（5）山中裕『平安朝の年中行事』（塙書房、一九七二年）。
（6）橋本義則『平安宮成立史の研究』（塙書房、一九九五年）。古瀬奈津子『日本古代王権と儀式』（吉川弘文館、一九九八年）。
（7）大日方克己『古代国家と年中行事』（吉川弘文館、一九九三年）。
（8）所功『平安朝儀式書成立史の研究』（国書刊行会、一九八五年）。同『宮廷儀式書成立史の再検討』（国書刊行会、二〇〇一

年）。西本昌弘『日本古代儀礼成立史の研究』（塙書房、一九九七年）。同『日本古代の年中行事書と新史料』（吉川弘文館、二〇一二年）。なお、儀式書研究については拙稿「平安時代儀式書関係文献目録」（『史学研究集録』一三、一九八八年）参照。

（9）末松剛『平安宮廷の儀礼文化』（吉川弘文館、二〇一〇年）。

（10）たとえば、和田萃『日本古代の儀礼と祭祀・信仰』上・中・下（塙書房、一九九五年）、藤森健太郎『古代天皇の即位儀礼』（吉川弘文館、二〇〇〇年）、大隅清陽『律令官制と礼秩序の研究』（吉川弘文館、二〇一一年）、志村佳名子『日本古代の王宮構造と政務・儀礼』（塙書房、二〇一五年）、など。なお、所功・野木邦夫「宮廷儀式行事の研究文献目録（稿）」（『京都産業大学日本文化研究所紀要』六、二〇〇一年）には、それまでの儀式研究が網羅されている。

（11）石母田正著作集第三巻『日本の古代国家』（岩波書店、一九八九年、初出一九七一年）。

（12）瀧川政次郎「江都集礼と日本の儀式」（岩井博士古稀記念『典籍論集』岩井博士古稀記念事業会、一九六三年）。

（13）五月五日薬猟は『日本書紀』推古十九年五月五日条・同二十年五月五日条・同二十二年五月五日条。正月七日白馬節会は『日本書紀』推古二十年正月丁亥条。元日朝賀は『日本書紀』大化二年正月甲子朔条・同四年正月壬午朔条・同五年正月丙午朔条・白雉元年正月辛丑朔条・同三年正月己未朔条。正月十七日観射は『日本書紀』大化三年正月壬寅条。

（14）大隅清陽「唐の礼制と日本」（前掲註（10）書、初出一九九二年）。丸山裕美子「唐と日本の年中行事」「仮寧令と節日」（『日本古代の医療制度』名著刊行会、一九九八年、初出一九九二年）。

（15）石母田前掲註（11）書。

（16）岩橋小弥太「儀式考」（『増補上代史籍の研究』下、吉川弘文館、一九七三年、初出一九五二年）。

（17）石母田正は唐に大宝律令を披露したとしている（前掲註（11）書）。近年ではその可能性は否定されており、当該遣唐使にこのような意図は希薄であったとされているが（森公章『日本古代の対外関係と遣唐使』（吉川弘文館、二〇〇八年））、結果としてそのような意味が全くなかったとはいえないのではないか。

（18）吉川真司「七世紀宮都史研究の課題」（『日本史研究』五〇七、二〇〇四年）。榎本淳一「養老律令試論」（笹山晴生先生還暦記念会編『日本律令制論集』（吉川弘文館、一九九三年））。

(19) 瀧川前掲註(12)論文。
(20) 古瀬奈津子「儀式における唐礼の継受—奈良末~平安初期の変化を中心に—」(前掲註(6)書、初出一九九二年)。
(21) 西本昌弘「奈良時代の正月節会について」(前掲註(8)書、初出一九九四年)。
(22) 吉田孝「律令国家の諸段階」(『律令国家と古代の社会』岩波書店、一九八三年、初出一九八二年)。
(23) 栗林茂「国庁(国府中心施設)の初現形態に関する一試論—儀制令元日国司条を通して—」(『史友』二一、一九八九年)。
(24) 『万葉集』巻十八、四一三七番歌・巻十九、四二二九~四二三七番歌。
(25) 大日方克己「年中行事の重層構造」(前掲註(7)書、初出一九八七年)。
(26) なお、古瀬奈津子氏によれば、地方における細かい儀式次第など運営については、最終的にはそれぞれの国司の判断に任されていたという(「唐礼継受に関する覚書—地方における儀礼・儀式—」(前掲註(6)書、初出一九九一年))。
(27) 橋本義則「平安宮草創期の豊楽院」(前掲註(6)書、初出一九八四年)。とくに、二五二・二五三・二五八・二六〇・二六二・二六四・二七〇頁の表参照。
(28) 『西宮記』巻一、五日叙位議、『北山抄』巻第一、五日叙位議事、『江家次第』巻第二、叙位。
(29) 池田温「天長節管見」(『東アジアの文化交流史』吉川弘文館、二〇〇二年、初出一九八七年)。
(30) 倉林正次「五月五日節」(前掲註(4)書)。
(31) 『類聚三代格』巻十八、国飼并牧馬牛事。
(32) 大日方克己「五月五日節—律令国家と弓馬の儀礼」(前掲註(7)書)。
(33) 『続日本紀』宝亀三年三月癸未条・五月丁未条。
(34) 『政事要略』巻二十四、年中行事九月、弘仁三年九月九日太政官符・弘仁三年九月十六日太政官符。
(35) 『類聚国史』巻七十三、歳時四、三月三日、大同三年二月辛巳条。

# 第二章　冬至と朔旦冬至

## 一　冬至と儀式

冬至は、一年のうちで最も昼の短い日であるが、それを太陽の復活する一陽来復の日として祭る習俗は、世界の多くの民族にみられるという[1]。

宮廷儀式としても、古代中国では、冬至の日に皇帝が昊天上帝を円丘壇上に祀る昊天祭祀が行われ、また、正月元日とほぼ同様の拝賀・饗宴も催されることになっていたことが、唐祠令の逸文や、『大唐開元礼』などから知ることができる[2]。これらの知識は、『日本書紀』斉明五年（六五九）七月戊寅条に引用される伊吉連博徳書に、遣唐使が唐の顕慶四年（六五九）十一月一日の朔旦冬至の会に参列したことが記載されていることから、日本にもすでにもたらされていたと考えられる。

日本古代の宮廷における冬至の儀式については、奈良時代には、聖武天皇の神亀・天平初期に冬至の拝賀・饗宴等が催され、また平安時代には、桓武天皇の延暦初期に昊天祭祀が行われ、延暦三年（七八四）以降、朔旦冬至が祝われるようになったことがすでに指摘されている[3]。これによれば、日本では毎年の儀式としての冬至は定着せず、一九年に一度の朔旦冬至のみ行われたということになる。ここでは、その背景について若干の検討を試みたい。

## 二　奈良時代の冬至と桓武天皇の昊天祭祀

奈良時代に、冬至の日に拝賀・饗宴等が行われたことを示す記事は、『続日本紀』神亀二年（七二五）十一月己丑条・神亀五年十一月乙巳条・天平三年（七三一）十一月庚戌条・天平四年十一月丙寅条の四例がみられる。(4) これらはいずれも、聖武天皇在位の初期に集中しているが、六国史はすべての儀式を記載しているわけではないので、(5) 冬至の記事が存在しないからといって、他の年に冬至の儀式が行われなかったとは限らない。それでは、奈良時代を通して毎年冬至の日に儀式が行われていたのか、それとも神亀・天平初期に限られていたのか。

奈良時代の冬至については、すでに保坂佳男氏の研究がある。(6) それによれば、冬至の儀式は拝賀・献物と饗宴・赦宥との二部構成になっており、前述の四例のほかに、『続日本紀』神亀四年十一月己亥条に聖武天皇皇子の立太子の記事がみえ、また、天平宝字四年（七六〇）十一月壬辰条の赦宥の勅に「日南既至」とあり、宝亀元年（七七〇）十一月乙酉条にも赦宥が行われた例をあげている。(7) それでも、聖武天皇治世下に強く意識されたとし、誕生して間もない皇子の立太子も冬至にあわせて行われたことを指摘している。冬至の儀式が神亀・天平初期に集中していることについては、早くに林陸朗氏が、大学・釈奠を復興した藤原武智麻呂と宿儒・文雅等の侍臣グループとの関わりを想定している。(8)

神亀・天平初期のみ冬至の儀式が行われたとするのは、史料の残存度からみる限り妥当と思える。冬至がなぜ、とくに祝われるのかといえば、前述のように、太陽の復活する日だからであり、そこから中国では、冬至を歳首、すなわち一年のはじまりとみなす観念が存在した。元正朝賀儀と同一構造の儀式が行われるのもそのためである。しかし日本では、もともと冬至を一陽来復の日として特別視する風習はあったとしても、そのような整った構造を有する儀式が行われた実例が、神亀・天平初期以外にはみられない。たとえば、前述の天平宝字四年や宝亀元年には、冬至にあわせて赦宥が行われたものの、冬至そのものを祝ったわけではない。日本では、暦の発達していた中国とは違い、冬至を歳首とする意識は希薄だったのではなかろうか。したがって、冬至は宮廷儀式として定着しなかったといえよう。

それではなぜ、神亀・天平初期のみ冬至の儀式が行われたのであろうか。それを考えるにあたっては、先に、桓武天皇の昊天祭祀についてみていきたい。

『続日本紀』延暦四年十一月壬寅条・延暦六年十一月甲寅条によれば、桓武天皇は冬至の日に交野柏原において昊天祭祀を行っている。これについては、瀧川政次郎氏・林陸朗氏等の研究がある(9)。奈良時代の皇統は、天武天皇・草壁皇子・文武天皇・聖武天皇という天武直系が最重視され、いずれも天武系に承け継がれてきた。称徳天皇死後は、天智系の光仁天皇が即位したが、これとて聖武天皇皇女の井上内親王の立后と、その間に生まれた他戸親王の立太子を条件として実現したものであり、女性を介して天武系皇統を継承するためであったとされる。その井上皇后・他戸皇太子を廃して、山部親王すなわち桓武天皇が立太子したわけだが、この時点で、血統上これほど天皇として不適格な者はいなかったのである。したがって、桓武天皇は即位後、自己の皇統の正統化と権威づけを行わなければならなかった。そこで、天武系から天智系への皇統の移行を王朝交替と捉え、中国の革命思想を利用して、桓武天皇の即位した天応元年（七八一）を辛酉革命、延暦三年を甲子革令と位置づけ、長岡京遷都を行ったのである。昊天祭祀もこの一環として考えられ、中国で冬至の日に行われていた昊天祭祀を導入することで、自己の皇統の正統性を天に求めたのである。[10]

このように、中国の儀式の導入は天皇の権威を高めることにも機能したのであり、桓武天皇は自己の権威づけを目的としてそれを行ったのである。類似の例として、光仁天皇の天長節があげられる。[11]君主の誕生日を毎年祝う天長節は、中国では唐代以降、ほぼ一貫して行われたが、古代日本ではわずかに光仁天皇の宝亀後期のみみられたことは、池田温氏の指摘したところである。[12]これも光仁天皇が、天智系として当時は傍系視されていた自己の権威を、自らの誕生日を祝うことによって高めようとしたのではなかろうか。しかし、そのようにして中国から導入された儀式も、天皇の権威づけの役割を終えれば、次第に行われなくなっていく可能性を有していたのである。天長節が、光仁天皇の退位によってその後の天皇に継承されなかったのはそのためであろう。同様に、桓武天皇の昊天祭祀も、日本に天の思想が希薄であったことと相俟って、定着しなかったものと考えられよう。

これに対し、聖武天皇の場合はどうだったのであろうか。聖武天皇は、光仁天皇や桓武天皇とは逆に、天武天皇の曾孫として血統上最も天皇にふさわしい立場にあったのである。そのため、自己の正統性を主張する必要はなかったが、むしろ、元明天皇・元正天皇と女帝が二代続いたあとの待望の天武直系の天皇だったことから、自らを帝王のなかの帝王としてさらに荘厳化しようとしたのではなかろうか。冬至の儀式は、元日朝賀とほぼ同一の構造を有しており、そこには支配の頂点に立つ天皇と、仕え奉るべき臣下との関係を再確認する意味もあったのである。こうしてみると、聖武天皇は、中国と同様に冬至の日に拝賀・饗宴等を行うことにより、支配者として自らをより荘厳化しようとしたものと考えられよう。一方、聖武天皇の皇子については、誕生して一年にも満たないことから、皇太子としてまだ不適格であるとみなされていたに違いない。そこで、その立太子を正当化するために、保坂氏の指摘するように、冬至にあわせて行われたのである。こうして、聖武天皇の即位直後に冬至が祝われたが、その荘厳化の機能は神亀・

天平初期で十分果たしたと思われる。したがって、その役割も次第に薄れていくことにより、冬至の儀式は定着しなかったと考えられるのである。

## 三　平安時代の朔旦冬至

朔旦冬至とは、十一月朔日と冬至とが重なる日であり、一九年に一度めぐってくる。日本で最初に朔旦冬至が祝われたのは、桓武天皇の延暦三年であり、『続日本紀』延暦三年十一月戊戌条によれば、王公以下に賞賜を加え京畿内の当年の田租を免じる勅が出されている。これは、長岡京遷都の行われた甲子革令の年にあたり、その背景には、昊天祭祀と同様の思想をみてとることができる。そして、朔旦冬至の記事は、『類従国史』巻七十四、歳時五、冬至、延暦二十二年十一月戊寅朔条・弘仁十三年（八二二）十一月丁巳条・『続日本後紀』承和八年（八四一）十一月丁酉朔条・『日本三代実録』貞観二年（八六〇）十一月丁丑条・元慶三年（八七九）十一月丙辰条等にみられ、その後も続けられ、朔旦冬至は定着していったのである。

朔旦冬至については、桃裕行氏の暦道の面からの研究がある(13)。それによれば、古代から明治改暦に至るまで、太陽の運行と月の満ち欠けとのずれを調節するため、一九年に閏月を七回設ける太陰太陽暦が使用されてきた。朔旦冬至が一九年に一度めぐってくるのもそのためである。しかし、暦の作成に不備があれば、その通りにはならない。延暦三年以前の朔旦冬至となると、さかのぼって天平勝宝五年（七五三）・天武七年（六七八）・斉明五年にあたるが、これらは一九年に一度のものではない。一九年に一度の朔旦冬至の起点は延暦三年にあたり、その期を逃さず儀式がはじめられたことになる。ところが、太陰太陽暦をいかに正確に作成したとしても、時代が降れば多少のずれが生じてくる。そこで、十九年七閏の暦を作成するに際し、計算上の起点として朔旦冬至が重視されたのである。たとえば、貞観二年は朔旦冬至になるはずであったが、推算が一日ずれて十一月二日が冬至となったため、大の月と小の月とを入れ替えて十一月朔日が冬至となるよう操作された(14)。こうして、朔旦冬至は十五世紀後半まで続けられたという。以上の桃氏の指摘をふまえれば、十九年七閏の暦に対する意識の高まりが、朔旦冬至の定着に大きな影響を与えたと考えられよう。しかも、一九年に一度の特別な日であるとの稀少性は、祝賀の性格をより強める一方で、儀式運営や財政面の負担を軽減したのではなかろうか。

朔旦冬至の式次第は、『新儀式』第五、朔旦冬至事、『西宮記』巻六、朔旦冬至、『江家次第』巻第十、朔旦旬・(新嘗)節会朔旦年儀等にみられる。それによれば、まず公卿が冬至の賀表を内侍に付して奉り、それから天皇が出御し、王卿が参上・着座して饗宴がはじまる。途中、闈司奏・御暦奏・番奏が行われ、三献の後、見参が進上され、親王以下が列立・拝舞し、天皇が退出して終了する。その後、新嘗祭の辰日節会において詔書が読みあげられ、赦宥と叙位が行われることになっていた。

実例をみると、延暦三年の記事はきわめて簡略であるが、延暦二十二年・承和八年は、朔旦冬至の日に賀表が奉られ、辰日節会に詔が出され赦宥・叙位が行われ、貞観二年・元慶三年には、朔旦冬至の日に賀表が奉られた後饗宴が催され、辰日節会で詔が出され赦宥・叙位が行われた(15)。これらをみると、順次行事が付け加えられ、儀式書に記載されているような式次第に整えられていったようにも思える。しかしこれらは、むしろ六国史各々の記載方式の違いによるとみるべきであろう。それでは、成立当初の朔旦冬至の式次第はどのようであったのだろうか。

まず、天皇の出御以前に冬至の賀表が奉られていたのが、延暦三年当初からであったかどうか疑問である。史料をみる限り、賀表が天皇出御のもとに奉られていたのか、それ以前に内侍に付して進上されていたのかは不明である。

しかし、たとえば献御杖や進御暦など、もともと天皇出御のもとに進上されていたのが、儀式に天皇が出御しなくなる傾向のなかで、仁寿・斉衡期以降、内侍に付して進上されるようになった(16)。同様に、元日節会における御暦奏・氷様奏・腹赤贄奏も、天皇出御のもとに行われていたが、『江家次第』巻第一、元日宴会によれば、天皇出御以前に内侍に付して奏されることになっている。実例では、『日本三代実録』貞観元年正月戊午朔条が初見であり、その後、しばしばみられるようになる。このように、天皇不出御化により奉献物を内侍に付して進上することは、承和期から貞観期にかけて以降の趨勢なのである。こうしてみると、天皇出御以前に冬至の賀表を奉ることを記載した『新儀式』の割註に、「承和八年、貞観二年、元慶三年、昌泰元年、延喜十七年、天暦九年」とあるのは示唆的である。つまり、『新儀式』は承和八年以降の式次第を記載しているのであり、天皇出御以前に賀表が奉られるようになったのも、それ以降のことではなかろうか。したがって、朔旦冬至の成立当初は、賀表が天皇出御のもとに奉られていた可能性が高いと考えられる。天皇出御儀は、君臣関係秩序の維持・強化に機能するという点で、儀式本来のあり方であったろう。奈良時代や中国の冬至の儀式においても、そのように賀表が奉られたのであり、平安初期の儀式整備や唐風化のもとで、かかる式次第が保持されたのではなかろうか。

また、朔旦冬至当日に賀表の奉献と饗宴が行われた後、新嘗祭の辰日節会において、冬至の詔が出され赦宥と叙位が行われることは、延暦二十二年以降、みられるところである。しかし、例外として次に掲げる『類聚国史』巻七十四、歳時五、冬至、弘仁十三年十一月丁巳条があげられる。

朔旦冬至、百官奉賀、詔曰、神功不レ宰、万物楽二其遂生一、聖徳無レ外、億兆述二其蔵用一、故能光二宅区宇一、経二緯陰陽一、大二庇生霊一、闡二揚鴻烈一、朕以二眇身一、忝膺二司牧一、履レ薄乗レ奔、常懐二恐懼一、此有司奏称、今年十一月、朔旦冬至、終而復始、得二天之紀一、灰飛二寒律一、節興二微陽一、践長之慶非レ無二故実一、延祚之義、抑有二前聞一、朕之寡徳何独当レ仁、思下与二天下一同享中斯福上、自二弘仁十三年十一月廿四日昧爽一以前徒罪已下、無レ問二軽重一、咸従二免除一、但八虐、故殺人、謀殺人、強窃二盗、私鋳銭、常赦所レ不レ免者、及欠二負官物一之類不レ在二赦限一、若以二赦前事一相告言者以二其罪一罪レ之、其門蔭久絶及才効早者、特加二崇班一、用申二光寵一、内外文武官主典以上叙二爵一級一、在京正六位上官人及史生以下直丁以上、宜二量賜レ物、庶施二恩栄於赤県一、答二霊貺於蒼天一、布二告遐邇一、知二朕意一焉、

『日本後紀』の弘仁十三年の巻は欠けているが、これによれば、朔旦冬至当日、奉賀が行われた後に詔が出され赦宥が行われたことになる。これに対し、『日本後紀』ではもともと「詔曰」以下の記事が辰日節会にあたる十一月庚辰条に記載されていたのを、『類聚国史』に採録するに際し、誤って丁巳朔条に掛けられたという可能性も考えられる。しかし、弘仁十三年十一月丁巳条は『類聚国史』で他に二カ所みられるが、巻八十六、政理八、赦宥にはほぼ同文の詔が記載されており、巻九十九、職官四、叙位四では長大な叙位記事がみえ、これは朔旦冬至と一連の叙位と考えられる。さらに、『日本紀略』弘仁十三年十一月丁巳条に、

朔旦冬至、百官奉賀、詔曰、云々、自二今日昧爽一以前、徒罪以下、無レ問二軽重一、咸従二免除一、今日、授位、女叙位、

とあることから、さきほどのは『類聚国史』の採録の誤りではなく、『日本後紀』弘仁十三年十一月丁巳朔条に、朔旦冬至の奉賀の記事に続いて詔・赦宥・叙位記事が載せられていたことがわかる。それでは、弘仁十三年には朔旦冬至当日に、奉賀の後、詔が出され赦宥と叙位が行われたのであろうか。ここで注目すべきは、詔にみられる赦宥の日付が、『類聚国史』巻七十四・巻八十六とも「自二弘仁十三年十一月廿四日昧爽一以前」と記されていることである。弘仁十三年十一月二十四日は、まさに辰日節会にあたる日であり、朔日に出された詔で、赦宥の日付をその日にするとは考え難い。延暦二十二年と承和八年以降とがすべて、詔が辰日節会において出されていることを考えれば、弘仁十三年も詔は辰日節会で出されたのであり、「詔曰」以下の記事は本来、十一月庚辰条に掛けられるべきところ、『日本後

紀』の編纂段階で誤って丁巳朔条に掲載されてしまったものと推測される。[17] したがって、朔旦冬至においては、朔当日に奉賀と饗宴が行われ、新嘗祭の辰日節会で詔が出され赦宥と叙位が行われるという式次第が、当初から整っていたと考えられるのである。

こうしてみると、朔旦冬至の儀式はすべて当日に行われるのではなく、その一部分が新嘗祭の辰日節会に組み込まれる型で成立したことがわかる。このことも朔旦冬至の定着を促す一因となったのではなかろうか。日本において、新嘗祭は最重要視された年中行事といっても過言ではない。その新嘗祭が行われる十一月は冬至を迎える月であることから、新穀を献上する新嘗祭と、太陽の復活する冬至との関連性も指摘されている。[18] さかのぼって、『続日本紀』神護景雲三年（七六九）十一月壬辰条をみると、辰日節会の詔で前日の冬至に触れられており、冬至の儀式が辰日節会に組み込まれる素地が、すでにできていたといえよう。

## 小　結

冬至における宮廷儀式は、古代中国では、歳首として昊天祭祀や拝賀・饗宴が行われていた。日本にも、早くからその知識がもたらされていたが、毎年の儀式としては定着しなかった。わずかに、聖武天皇の神亀・天平初期に拝賀・饗宴が催され、桓武天皇の延暦初期に昊天祭祀が行われたものの、これらは中国の儀式を導入することで、自己の皇位・皇統を荘厳化・正統化するという政治的意図によるものであった。結局、日本には中国のような冬至を歳首とする意識や天の思想が希薄だったこともあり、一時的なもので終わったのである。

これに対し、一九年に一度の朔旦冬至は、やはり桓武天皇の皇統の正統化のために延暦三年に成立したが、こちらは定着していった。その背景には、十九年七閏を守るという暦に対する意識の高まりのほか、唐礼継受による儀式の唐風化など、平安初期における積極的な儀式整備が大きな影響を与えたと考えられる。しかし一方で、朔旦冬至は儀式の一部が新嘗祭の辰日節会に組み込まれることによって成立したのである。このように、日本の伝統的な最重要儀式と融合したことも、朔旦冬至の定着を可能にした要因と推測されよう。

**註**

(1) 冬至の民間習俗については、柳田国男「新たなる太陽」(『定本柳田国男集』第十三巻、筑摩書房、一九六三年、初出一九二九年)、鳥越憲三郎「冬至と復活儀礼」(『歳時記の系譜』毎日新聞社、一九七七年)、中村喬「十一月冬至節」(『中国の年中行事』平凡社、一九八八年)参照。

(2) 仁井田陞『唐令拾遺』(東京大学出版会、一九三三年)。『大唐開元礼』巻四、皇帝冬至祀円丘・冬至祀円丘有司摂事、巻九十五、皇帝元正冬至受皇太子朝賀・皇后元正冬至受皇太子朝賀、巻九十六、皇帝元正冬至受皇太子妃朝賀・皇后元正冬至受皇太子妃朝賀、巻九十七、皇帝元正冬至受群臣朝賀并会、巻九十八、皇后正至受群臣朝賀・皇后正至受外命婦朝賀并会、巻一百十二、皇太子元正冬至受群臣朝賀并会、巻一百十三、皇太子元正冬至受宮臣朝賀并会。

(3) 保坂佳男「奈良時代の冬至—聖武皇子の立太子儀に関連して—」(『続日本紀研究』二六二、一九八九年)。瀧川政次郎「革命思想と長岡遷都」(法制史論叢第二冊『京制並に都城制の研究』(角川書店、一九六七年))。林陸朗『長岡京の謎』(新人物往来社、一九七二年)。同「長岡・平安京と郊祀円丘」(『古代文化』二六—三、一九七四年)。同「桓武天皇の政治思想」(山中裕編『平安時代の歴史と文学』歴史編(吉川弘文館、一九八一年))。桃裕行「閏月と朔旦冬至(一九年七閏への執心)」(桃裕行著作集7『暦法の研究』上(思文閣出版、一九九〇年、初出一九七四年))。

(4) 天平三年の冬至は十一月十五日にあたるので、この年の冬至の記事は庚戌条ではなく庚申条に掛けられるべきものと思われる。

(5) 坂本太郎「六国史」（坂本太郎著作集第三巻『六国史』〈吉川弘文館、一九八九年、初出一九七〇年〉）。
(6) 保坂前掲註（3）論文。
(7) 保坂氏はさらに、天平三年の冬至翌日の十一月辛酉条にも赦宥が行われたことを指摘しているが、これは京中巡幸によるものであり、前日の冬至とは無関係のように思える。
(8) 林前掲註（3）論文。
(9) 瀧川前掲註（3）論文、林前掲註（3）論文。
(10) このほか、昊天祭祀は『日本文徳天皇実録』斉衡三年（八五六）十一月辛酉条・壬戌条・甲子条の文徳天皇の例があげられる。これも、承和の変で立太子した文徳天皇の皇位を正統化するために行われたとされる。河内春人「日本古代における昊天祭祀の再検討」（『古代文化』五二―一、二〇〇〇年）参照。
(11) 『続日本紀』宝亀六年（七七五）九月壬寅条・同十月癸酉条・宝亀十年十月己酉条。
(12) 池田温「天長節管見」（『東アジアの文化交流史』吉川弘文館、二〇〇二年、初出一九八七年）。
(13) 桃前掲註（3）論文。
(14) 『日本三代実録』貞観二年十月二十三日己巳条・二十五日辛未条。
(15) 前述の朔旦冬至の記事のほか、『類聚国史』巻七十四、歳時五、冬至、延暦二十二年十一月壬辰条・『続日本後紀』承和八年十一月丙辰条・『日本三代実録』貞観二年十一月十六日壬辰条・元慶三年十一月二十五日庚辰条。
(16) 本書第六章、初出一九九〇年。
(17) 『日本紀略』の「自₂今日昧爽₁以前」も二十四日の辰日節会をさしているのではなかろうか。
(18) 鳥越前掲註（1）論文。しかし、冬至の儀式は元日朝賀との共通性が強く、新嘗祭・辰日節会の本来の型とする指摘には疑問が残る。したがって、神亀・天平初期に新嘗会にかわって冬至の儀式が行われたとするのは承服し難い。

# 第三章　弘仁期の儀式と『内裏式』

## 一　『内裏式』の構造

日本古代の律令国家において、儀式は国家支配・官人統制に有効に機能したものと考えられる。(1)そして、それを成文化した勅撰の儀式書は、「弘仁格式序」に、

其朝会之礼、蕃客之儀、頃年之間随レ宜改易、至三於有二事例一具存三記文一、今之所レ撰且以略諸、又交替式者延暦年中勘解由使撰定奏聞、遵行已久、仍レ旧而存不レ加二取捨一、

とあることから、官人全体を対象として儀式を挙行する時の細則を規定した「式」であり、(2)交替式とともに、律令格式に次ぐ法典として位置づけられる。とくに、『内裏式』は日本最初の勅撰の儀式書であると同時に、それが編纂された弘仁期が律令国家の儀式の展開過程における一つの頂点であることから、(3)弘仁期の種々の儀式の整備・改革を集大成したものと注目されよう。しかし、従来の『内裏式』の研究は、(4)主に『内裏儀式』との先後関係を問題とした書誌学的研究が中心であり、歴史学的立場からの弘仁期の儀式との一体的な研究は立ち遅れているのが現状である。そこで本章では、『内裏式』の構造を分析し、その編纂と弘仁期の儀式の整備・改革との関連について検討してみたい。

最初に、『内裏式』の通説的理解を示しておきたい。(5)

『内裏式』は日本最初の勅撰の儀式書として弘仁十二年（八二一）正月三十日に藤原冬嗣等によって完成・奏上されたものであり、その後、天長十年（八三三）二月十九日に清原夏野等によって改訂・奏上される。その編纂要因としては、古くから存在する単行儀式文では、唐礼に比して不備であり、実用にも不便な状況であったことと、延暦期から弘仁期にかけての法典編纂気運の高まりがあげられる。『内裏式』はそれらの単行儀式文を拾遺・改訂し、取捨に天皇の裁断を仰いで、年中行事・臨時公事の順に三巻に勅成したものであり、弘仁十一年に奏上された『弘仁格』『弘仁式』のうち、とくに後者と『内裏式』とは密接な関連があると考えられる。また、『内裏式』と『内裏儀式』との関係については、現行『内裏儀式』の一五篇目のうち一〇篇目が『内裏式』と重複し、その一〇篇目の儀式文を比較すると、ほぼ同文で『内裏式』の方がやや詳細であるが、殿閣門名・式場鋪設位置の数値・官司名・式場について『内裏儀式』の方が『内裏式』よりも古い記載がなされており、儀式そのものの内容をみても『内裏儀式』の方が古い儀式次第を規定していることから、少なくとも両書の重複する一〇篇目については『内裏儀式』の儀式文の方が古く、『内裏式』の儀式文は『内裏儀式』のそれを継承していると考えられる。(6)そして、現行『内裏式』は二四篇目の儀式を収録し、それは『本朝法家文書目録』所載の篇目と一致するが、その体裁はいかにも不完全であり、しかも、逸文等によって現行『内裏式』にはみられない多くの篇目の存在が確認されることから、原『内裏式』はより広汎な篇目を有し、現行『内裏式』はその抄録本か残欠本であると考えられる。

これに対し、現行『内裏式』は当初からの体裁であるとする西本昌弘氏の指摘がある。(7)これは、弘仁期の勅撰儀式書としてまず『内裏儀式』が編纂されたが、弘仁九年の儀式の唐風化によって改編の必要が生じ、とくにそれに大きく関わる朝賀・節会等の篇目のみを改めて編纂したのが『内裏式』なのであり、現行『内裏式』にみられない篇目の逸文は、その多くが『内裏儀式』の逸文の誤りであると推定したものである。

ところで、『内裏式』は天長十年に改訂されており、素直に考えれば、それは弘仁十二年に『内裏式』が奏上されて以後の儀式の改変にあわせてなされたものということになろう。しかし、現行『内裏式』は、弘仁十四年に「伴氏」と改められたはずの氏族名が「大伴氏」のままであり、また、天長元年に廃され四月二十七日が用いられるようになった馬射や、天長三年に七月十六日に改められた相撲の式日が、『内裏式』中の篇目では「五月五日観馬射式」「七月七日相撲式」となっており、弘仁十二年以降の儀式の改変を反映していないのである。(8)それでは、天長十年の改訂とはいかなるものだったのか。ここで、天長十年二月十九日付の『内裏式』の各巻奥書にみえる「内裏式雖二指暁之躅、往日既定一、而折旋之儀、頃年頗革、或有下節会供張、出入門闈、徒記二旧時一、未レ著二新変一者上」に注目すると、この節会の供張や出入の門闈などは、まさに儀式の唐風化に関わることである。そうすると、弘仁十二年の『内裏式』の奏上は、西本氏が指摘するような弘仁九年の儀式の唐風化を反映したものではなく、天長十年の改訂こそがそれであったと推測できる。(9)したがって、現行『内裏式』は当初からの体裁ではなく抄録本か残欠本であり、逸文等の存在から原『内裏式』はより広汎な篇目を有していたと考えてさしつかえないであろう。

さて、現行『内裏式』が抄録本か残欠本であり、原『内裏式』がより広汎な篇目を有していたとすれば、『内裏式』の構造を分析するに際し、その原型を復原して行わなければならないが、『内裏式』の完全な復原は現段階では不可能であろう。しかし、『内裏式』の原型推定は所功氏によって、現行『内裏式』にはみられないが逸文等により原『内裏式』に存在したことが確認できる篇目の蒐集と、『内裏式』が『内裏儀式』を継承していることにもとづいて試みられている。ここでは、現行『内裏式』と逸文等によって原『内裏式』に存在したことが確認できる篇目のみを抽出して、その構造を分析したい。『内裏式』の序文にみえる篇目配列方針にならい、所氏の復原案(10)を参考にして篇目を配列したのが次の『内裏式』仮復原表（表2）である。無論、『内裏式』の原型が完全には復原されてはいないので、多くの憶測がまじることを予めお断りしておく。

この表に示したように、原『内裏式』には少なくとも四一篇目の儀式が存在したと考えられる。[11]続いて、この四一篇目の儀式を分類しようと思うが、その際に留意しなければならないことは、分類の方法がいく種類にも可能である上に、一つの儀式がいくつもの側面を有しており、どの側面を強調するかによってその儀式がどこに分類されるかが変化してくることである。したがって、平安初期・九世紀において儀式についてどのような類別観が存在していたのかが重要となるが、ここでは『儀式』の篇目配列に注目したい。第四章で詳述するが、『儀式』の篇目の配列は、『内裏式』を含めた平安時代の他の儀式書のような年中行事・臨時公事という単純な分類と比べて特異であり、むしろ、平安初期・九世紀の儀式観を反映した本質的な分類が考えられるからである。

さて、『儀式』の篇目配列にみられる分類を基準にして、『内裏式』に存在した四一篇目の儀式を分類してみると次のようになる。

神事・祭礼　―　16・17・18・19・23・33
国家的儀式　―　2・3・4・7・8・14・15・20・21・22・26・29・30・31・32
政務儀礼　―　5・10・11・12・13・25・34・35・36・37・38・39・40・41
献上儀　―　6・9・24・27
その他　―　1・28

さらに、各々の儀式をその行われる場所によって分類してみたい。[12]まず、神事・祭礼は16・18が紫宸殿、17が中和院、19が朱雀門、23・33が朝堂院で行われ、次に、国家的儀式は2・29・30が朝堂院、3・4・7・8・26・29が豊

**表2**　『内裏式』仮復原表

| 巻 | | 篇　　目 | | 分　　類 | 式　　場 |
|---|---|---|---|---|---|
| 上 | 1 | 正朔拝天地四方及二陵式 | B | その他 | 清涼殿 |
| | 2 | 元正受群臣朝賀式 | A | 国家的儀式 | 朝堂院 |
| | 3 | 会 | A | 国家的儀式 | 豊楽院 |
| | 4 | 七日会式 | A | 国家的儀式 | 豊楽院 |
| | 5 | 八日賜女王禄式十一月同 | A | 政務儀礼 | 紫宸殿 |
| | 6 | 上卯日献御杖式 | A | 献上儀 | 紫宸殿 |
| | 7 | 十六日踏歌式 | A | 国家的儀式 | 豊楽院 |
| | 8 | 十七日観射式 | A | 国家的儀式 | 豊楽院 |
| | 9 | 毎晦日進御麻式 | B | 献上儀 | 紫宸殿 |
| | 10 | 旬 | B | 政務儀礼 | 紫宸殿 |
| 中 | 11 | 奏成選短冊式 | A | 政務儀礼 | 紫宸殿 |
| | 12 | 賀茂祭日警固式 | A | 政務儀礼 | 紫宸殿 |
| | 13 | 奏銓擬郡領式 | A | 政務儀礼 | 紫宸殿 |
| | 14 | 五月五日観馬射式 | A | 国家的儀式 | 武徳殿 |
| | 15 | 五月六日観馬射式 | A | 国家的儀式 | 武徳殿 |
| | 16 | 六月奏御卜式十二月同 | B | 神事・祭礼 | 紫宸殿 |
| | 17 | 六月神今食祭式十二月同 | B | 神事・祭礼 | 中和院 |
| | 18 | 六月御贖式十二月同 | B | 神事・祭礼 | 紫宸殿 |
| | 19 | 六月晦日大祓式十二月同 | B | 神事・祭礼 | 朱雀門 |
| | 20 | 七月七日相撲式 | A | 国家的儀式 | 神泉苑 |
| | 21 | 七月八日相撲式 | A | 国家的儀式 | 紫宸殿 |
| | 22 | 九月九日菊花宴式 | A | 国家的儀式 | 神泉苑 |
| | 23 | 九月十一日奉幣伊勢大神宮式 | B | 神事・祭礼 | 朝堂院 |
| | 24 | 十一月進御暦式 | A | 献上儀 | 紫宸殿 |
| | 25 | 十一月奏御宅田稲数式 | A | 政務儀礼 | 紫宸殿 |
| | 26 | 十一月新嘗会式 | A | 国家的儀式 | 豊楽院 |
| | 27 | 十二月進御薬式 | A | 献上儀 | 紫宸殿 |
| | 28 | 十二月大儺式 | A | その他 | 紫宸殿 |
| 下 | 29 | 大嘗会式 | B | 国家的儀式 | 朝堂院・豊楽院 |
| | 30 | 即位式 | B | 国家的儀式 | 朝堂院 |
| | 31 | 冊命皇太子式 | B | 国家的儀式 | 紫宸殿 |
| | 32 | 皇太子加元服式 | B | 国家的儀式 | 紫宸殿 |
| | 33 | 斎内親王参入伊勢式 | B | 神事・祭礼 | 朝堂院 |
| | 34 | 叙内親王以下式 | A | 政務儀礼 | 紫宸殿 |
| | 35 | 任官式 | A | 政務儀礼 | 紫宸殿 |
| | 36 | 任女官式 | A | 政務儀礼 | 紫宸殿 |
| | 37 | 詔書式 | A | 政務儀礼 | 紫宸殿 |
| | 38 | 飛駅式 | B | 政務儀礼 | 紫宸殿 |
| | 39 | 五位已上上表式 | B | 政務儀礼 | 紫宸殿 |
| | 40 | 賜将軍節刀式 | B | 政務儀礼 | 紫宸殿 |
| | 41 | 将軍進節刀式 | B | 政務儀礼 | 紫宸殿 |

A—現行『内裏式』に存在する篇目
B—逸文等により原『内裏式』に存在したことが確認できる篇目

楽院、14・15が武徳殿、20・22が神泉苑、21・31・32が紫宸殿で行われる。これに対し、政務儀礼と献上儀はすべて紫宸殿で行われる。その他は1が清涼殿、28が紫宸殿で行われる。

ところで、『内裏式』はその書名から内裏における儀式を規定したものと考えられている。(13)ただし、内裏という言葉が示す区域には二種類ある。一つは、宮城門内全域を示し、一般に大内裏と呼称されるもので、広義の内裏と考えられる。今一つは、宮門内を限定して示し、内裏といえば一般にはこちらをさすもので、狭義の内裏と考えられる。そして、『内裏式』においては、神事・祭礼と国家的儀式は朝堂院・豊楽院・武徳殿などの広義の内裏、さらに厳密にいえば内裏外である神泉苑での儀式まで含まれているのに対し、政務儀礼と献上儀は紫宸殿儀、すなわち狭義の内裏での儀式しか確認できない。政務儀礼や献上儀のなかにも、宮門外の太政官庁・大蔵省・宮内省で行われる儀式は存在し、『儀式』にはそのような儀式が数多く規定されている。それにもかかわらず、『内裏式』にそのような儀式の存在が確認できないのは興味深い。現段階では原『内裏式』の篇目は完全には復原されていないが、現行『内裏式』はもとより、それには存在しないが逸文等によって原『内裏式』には存在したことが確認できる政務儀礼と献上儀も、紫宸殿儀しか存在しないことはただの偶然とは思えない。したがって、原『内裏式』における政務儀礼と献上儀は紫宸殿儀のみであると推定しても大過ないであろう。すなわち、『内裏式』は神事・祭礼と国家的儀式については広義の内裏(宮城門内＝大内裏)の儀式を規定し、政務儀礼と献上儀については狭義の内裏(宮門内＝内裏)の儀式を規定するという二重の構造になっているのである。

それではなぜ、『内裏式』は二重の構造になっているのであろうか。これについては延暦期から弘仁期にかけての儀式の整備・改革と密接に関連すると考えられる。以下、延暦期から弘仁期にかけての儀式の整備・改革の分析から、『内裏式』の二重構造について検討していきたい。

## 二　国家的儀式の整備

まず、文武百官が一堂に会する国家的儀式の整備・改革からみていきたい。弘仁期の国家的儀式の整備・改革としては、大同期に停止された儀式の復活、朝賀の整備、儀式の唐風化、さらには儀式を行う場の整備があげられる。これらを順次検討していくことにする。

### 1　儀式の復活

大同期に停止された儀式の復活についてはすでに山中裕氏の研究があるが(14)、それを最も端的にあらわしているのは『類聚国史』巻七十四、歳時五、九月九日に所載されている弘仁五年三月辛亥条である。

> 右大臣従二位兼行皇太弟傅藤原朝臣園人奏、去大同二年、停二正月二節一、迄二于三年一、又廃二三月節一、大概為レ省レ費也、今正月二節復二于旧例一、九月節准二三月一、去弘仁三年已来、更加二花宴一、准二之延暦一、花宴独余、比二之大同一、四節更起、顧二彼禄賜一、庫貯罄乏、伏望、九日者不レ入二節会之例一、須丙臨時択下定堪二文藻一者上、下乙知所司甲、庶絶二他人之望一、省二大蔵之損一（中略）不レ在二禁限一者、許レ之

これによれば、大同二年（八〇七）に正月二節が停められ、大同三年に三月三日節が停止されたという。このうち正月二節については、大同二年十一月丙申条に(15)「停二正月七日十六日二節一」とあって、これが七日白馬節会と十六日踏歌節会であることがわかる。また、大同三年二月辛巳条に(16)「三月之節、宜レ従二停廃一」とあり、『類聚国史』の「三月三日」の記事がそれで途絶えることから、三月三日節は節会として以後復興されなかったのであろう。しかし、白馬

節会と踏歌節会は「今正月二節復二于旧例一」とあるので、弘仁五年以前に復活していたのである。両節の復活は『日本後紀』弘仁二年正月壬寅条に白馬節会の記事がみえ、同じく弘仁三年正月乙亥条に踏歌節会の記事がみえることから、おそらく弘仁期になってからまもなくなされたのであろう。なお、大同四年正月七日に宴が催されている記事があるので(17)、大同二年十一月丙申条は大同三年のみを対象とした臨時の停止とも考えられるが、『日本後紀』大同四年正月丁亥条に「令二諸国停レ献二正月七日十六日両節会珍味一、以レ煩レ民也」とあることから、山中氏の指摘するように、むしろ大同四年正月七日の宴は諸国からの献物があったための臨時のものであろう。また、弘仁期には九月九日の重陽節を三月三日節に準じたというが、これは『政事要略』巻二十四、年中行事九月に、

天長格抄云、太政官符宮内省応三九月九日節准二三月三日一事、右被二右大臣宣一偁、九月九日節毎レ事准二三月三日節一者、省宜下承二知之一、自今以後依レ例永行上、 弘仁三年九月九日

同格抄云、太政官符五畿内志摩近江若狭紀伊淡路等国司応レ進二九月九日節御贄一事、右被二右大臣宣一偁、件節御贄、准二廃三月三日節一令レ進レ之、諸国承知、自今以後依レ件進レ之、 弘仁三年九月十六日、

とあることから、弘仁三年であることがわかる。重陽節については清水潔氏がその変遷をあとづけている(18)。それによると、九月九日は天武期では重陽節として恒例の行事が行われていたが、朱鳥元年（六八六）九月九日に天武天皇が崩じたため、国忌として、九月九日は雑令節日条から除外されている。その後、天皇の血統が天武系から天智系へと移行した延暦期に重陽節は一時復活するが、光仁天皇の母紀橡姫の国忌により再び停止され、弘仁三年に再度復活するという。もし、延暦期に重陽節が一時復活したと考えると、延暦期には正月二節と三月三日節があり、弘仁期には正月二節と重陽節（三月三日節に準ず）の上に花宴が加わって「准二之延暦一、花宴独余」という本条の記載と矛盾する。弘仁三年の九月九日の節会の例への復帰は、あるいは天武期以来のことかもしれない。さて、九月九日は本条によっ

てまた節会の例から除外されることになる。倉林正次氏は、天長八年九月甲辰条に[19]「皇帝御二紫宸殿一、召二文人一令レ賦レ詩、為二重陽節一也」とあることから、天長八年に九月九日が節会として確立するとしているが、[20]弘仁七年九月辛未条[21]に「停二九日節一、以二聖躬不平一也」とあり、その年は停められたにせよ「九日節」とみえることは、すぐに節会の例に復帰したことを示している。

なお、本条によれば、弘仁三年に花宴が加えられたというが、『日本後紀』弘仁三年二月辛丑条に「花宴之節始二於此一年」とあることから、花宴が弘仁三年に新設されたことが裏づけられる。しかし、湊敏郎氏の指摘するように、その先蹤は延暦期にあったとみるべきであろう。[22]また、花宴のほかに弘仁期に新設された儀式として、山中氏は『日本後紀』弘仁四年正月丙子条から内宴をあげている。

以上、山中氏の指摘を参考にして大同期の儀式の停止と弘仁期のその復活と、さらには弘仁期の儀式の新設をみてきた。このような儀式の停止・復活・新設は、倉林正次氏の指摘するような、平安遷都後の延暦後期に儀式が整備されて漸次拡大の一途をたどり、大同期に一時停滞するものの、弘仁期には唐風に整備された儀式の最も完備した体裁で行われた頂点の時代になるという流れをたどっている。[23]ただし、大同期には節会は停止されるものの、宴を多く行うことによってそれを補完しているとの指摘がなされており、[24]大同期を単純に儀式の後退する時期と捉えることは再考すべきであろう。さて、大同期に儀式が停止されるのは、延暦期の征夷と造都による財政窮乏のためであるが、問題は、弘仁五年の九月九日の節会の例からの除外にみられるように、弘仁期においても同様に財政的に窮乏した状況であったと考えられるのに、なぜ儀式を復活したのかということである。山中氏は、平安初期の律令政治発展政策の一つであり、嵯峨天皇の文教政策の一環であるとしている。もちろん、これらもその背景として存在していたとは考えられる。ただし、これを解明するには、弘仁期を独立したものではなく、延暦期と連続して捉える必要がある。前述したように、倉林氏は延暦期を儀式が整備されて漸次拡大していく時期としており、また、湊氏は儀式に対する積極的姿勢が延暦期にみられると述べている。さらに湊氏は、延暦期は桓武天皇の親政が行われたが、それを行うには天皇の各方面に対する宗教的・伝統的な指導力の正統性が承認されていなければならず、文武百官を列しての朝廷行事は天皇権力の示威的場として恰好のものであったはずであると述べている。この文武百官を列しての朝廷行事とは、まさに天皇と文武百官とが一堂に会する国家的儀式なのである。そして、桓武天皇が天皇権力を強力にして国政に対し強い指導力をもったことは周知のことであるが、嵯峨天皇も桓武天皇と同様に専制君主として理解されている。[25]朝賀・節会等の文武百官が一堂に会する国家的儀式は、天皇を中心とする君臣上下関係の秩序保持の機能を有しており、それを充実させることはその強化につながる。弘仁期の儀式の復活の要因はここに求められるべきであろう。また、弘仁期に新設された花宴や内宴は、前述したように延暦期にその先蹤があった。これらの宴は『儀式』にも規定されておらず、朝賀・節会等の国家的儀式と同等に扱うことはさし控えなければならない。なぜなら、宴は節会の前段階的なものであり、財政的負担も節会より軽いことなど、節会と性格が多少異なると考えられるからである。[26]しかし、天皇と臣下とが一体となって行う饗宴であるという点では宴は節会と性格が一致し、国家的儀式と同様に天皇を中心とする君臣上下関係の秩序保持の機能を有していたのである。このことから、花宴と内宴の新設にも節会の復活と同様の意図を読みとれよう。弘仁期の儀式の復活・新設は嵯峨天皇が桓武天皇の政策を発展させ、さらには完成を目ざした、天皇を頂点とする君臣上下関係秩序の強化を意図したものと考えられる。

## 2　朝賀の整備

弘仁期の朝賀の整備については、次の二つの政策があげられる。[27]

弘仁七年五月己卯、式部省言、拠二延暦廿一年正月七日勅一、賀正不参五位已上莫レ預二三節一、夫事レ君之道高卑惟同、懲レ殿之罪理須二画一一、而今唯責二五位已上一、不レ責二六位已下一、因レ玆至二于日旰一、無レ人二引進一、伏請自今以後、奪二春夏之禄一、粛二不会之怠一、則朝儀有レ序、憲章不レ墜者、許レ之

弘仁九年正月己亥、勅、比年賀正之臣不レ諳二礼容一、俛仰之間、或致二違失一、威儀有レ闕、積慣無レ改、宜下令二所司一、毎レ至二季冬月一、預加二教習一、俾中容止可レ観進退可上レ度、但参議并三位已上不レ在二此限一

前者は朝賀に不参の六位以下の官人の春夏の禄を奪うという一種の懲罰規定である。注目すべきは、すでに延暦二十一年に朝賀に不参の五位以上の官人に対して元日節会・白馬節会・踏歌節会の正月三節への参加を禁止していることであり、弘仁七年の懲罰規定は、延暦二十一年の五位以上の官人に対する懲罰規定を六位以下の官人に拡大適用したものである。ここからも、弘仁期の儀式整備は延暦期にその萌芽があり、弘仁期はそれを継承・発展させたものであることがうかがわれる。

後者は官人に朝賀の儀式作法を毎年十二月に教習させることを規定したものである。朝賀はその儀式構造が即位式に類似しており、多少の細かい相違を除けば、両者は同一の儀式構造とみてよい。そして和田萃氏は、日本古代の律令制国家では天皇を頂点とする小世界が観念されており、正月元日に中央・地方の官人と入朝している蕃客が天皇に対し朝賀を行うことで、服属を誓うといった意識が存在していたと指摘している(28)。このように、朝賀は年中恒例の国家的儀式のなかで天皇を頂点とする君臣上下関係秩序の保持・強化の機能を最も有効に発揮する儀式といえよう。したがって、弘仁期に朝賀の挙行にあたってこのように厳しい処断をもって臨んでいることの背景には、国家的儀式の復活・新設と同様の思想的要因、すなわち、天皇を中心とする君臣上下関係秩序の強化がみてとれるのである。

## 3　儀式の唐風化

『日本紀略』弘仁九年三月丙午条に、

詔曰、云々、其朝会之礼及常所レ服者、又卑逢レ貴而跪等、不レ論二男女一、改依二唐法一、但五位已上礼服、諸朝服之色、衛仗之服、皆縁二旧例一、不レ可二改張一

とあり、種々の制度と共に儀式が唐風化されたことがみえる。ここにみえる「朝会之礼」とは、必ずしも国家的儀式に限定されるわけではないがそれを含みこむものであり、また前掲の「弘仁格式序」に「其朝会之礼、蕃客之儀」とみえ、国家の威儀を最も示す「蕃客之儀」と並置されていることから、主に国家的儀式をさすものと考えられる。儀式の唐風化の具体的内容については、すでに西本昌弘氏が『内裏儀式』と『内裏式』との比較検討から行っている。[29]前述したように、現行『内裏儀式』と『内裏式』とでは、少なくとも両書の重複する一〇篇目については『内裏儀式』の方が確実に古い儀式次第を規定している。そして、『内裏儀式』では日本古来の儀礼と考えられる「跪礼」や「四拝・拍手・揚賀声」がみられるが、『内裏式』ではその多くが「立礼」や「再拝・舞踏・称万歳」に改められており、これらは唐における礼法である。したがって、儀式の唐風化の具体的内容は、「跪礼」を「立礼」とし「四拝・拍手・揚賀声」を「再拝・舞踏・称万歳」に改めたものであると西本氏は指摘している。

この改革に関わった中心人物として菅原清公があげられる。それは、『続日本後紀』承和九年（八四二）十月丁丑条の彼の薨伝中に、

九年（弘仁—筆者）有二詔書一、天下儀式、男女衣服、皆依二唐法一、五位已上位記、改従二漢様一、諸宮殿院堂門閣、皆着二新額一、又肆二百官舞踏一、如レ此朝儀、並得二関説一

とあることからわかる。菅原清公は同じく薨伝から延暦二十一年に遣唐判官となり、二十三年に渡海、二十四年七月

に帰朝していることが知られる。おそらく彼は唐の儀礼を目のあたりにしてきたのであろう。そして、そのことが儀式を唐風化せしめる契機となったと考えられる。弘仁期は文章経国主義に象徴されるように、唐風文化の繁栄した時期であり、種々の制度が唐風化される。したがって、儀式の唐風化もその一環として捉えられる。

しかし、ここで注目したいのは、弘仁九年以前にも唐風化された儀式が蕃客の入朝している時に限って行われていたことである。そのことは、『日本後紀』延暦十八年正月丙午朔条に、

皇帝御㆓大極殿㆒受㆑朝、文武官九品以上蕃客等各陪㆑位、減㆓四拝㆒為㆓再拝㆒、不㆑拍㆑手、以㆑有㆓渤海国使㆒也、諸衛人等並挙㆓賀声㆒、礼訖、宴㆓侍臣於前殿㆒賜㆑被

とあり、『内裏儀式』元日受群臣朝賀式に、

皇太子称唯両段再拝拍手揚賀声訖諸蕃入朝者不拍手群臣亦同之

とみえることからわかる。その要因としては、蕃客が儀式に参加する場合には、一種の外交の場となるために通常に比してより威儀を示す必要があり、儀式の原型である唐礼に近い儀式を行ったものと考えられる。

蕃客の入朝している時のみ特別なのは儀式の唐風化だけではない。『内裏儀式』によれば、白馬節会は通常内裏で行われるが蕃客の入朝している時は豊楽院で行われることになっている。これは宝亀期に白馬節会の行われる場として通常は内裏・東院等が使用されていたのに対し、蕃客の入朝している時には朝堂が使用されていたことに対応する。豊楽院は後述するように国家的饗宴の場であり、蕃客の入朝している時のみに豊楽院が使用されたのは、より整備された型で儀式を行うためであったろう。そして、『内裏式』では豊楽院に統一されている。したがって、蕃客の入朝している時に限って使用されていた豊楽院を通常にも使用し、唐風化された儀式を通常にも行うことは、天皇を頂点とする宮廷秩序をより強化することにもなる。儀式の唐風化は、前述したようにあくまでも弘仁期の文章経国主義の風

潮下における諸制度の唐風化の一環であるが、このような側面も有していたと考えられる。

## 4　儀式の場の整備

延暦期から弘仁期にかけては、儀式そのものの整備・改革と並行してそれを行う場の整備がなされている。まず、平安宮においては、朝堂院がその正殿たる大極殿に天皇が出御して行われる国家的儀式の場へと純化したことがあげられる。これについてはすでに古瀬奈津子氏の研究があり(30)、紫宸殿儀の整備と関連するので後述することにしたい。

儀式の場の整備で今一つ注目されるのは、国家的饗宴の場としての豊楽院が、平安宮においてはじめて創設されたことである。豊楽院についてはすでに橋本義則氏の研究があり(31)、それを参考にして述べていきたい。『日本後紀』延暦十八年正月壬子条に「豊楽院未レ成レ功」とあり、同じく『日本後紀』大同三年十一月壬辰条に「於二豊楽院一宴二五位已上一」とあることから、豊楽院の創設は延暦十八年正月以後、大同三年十一月以前と考えられる。豊楽院で行われる儀式として、『内裏式』は元日節会・白馬節会・踏歌節会・観射・新嘗会をあげている。しかし、『内裏式』よりもその儀式文が古いと考えられる『内裏儀式』は、蕃客の入朝している時の白馬節会のみを豊楽院儀とし、元日節会・白馬節会・踏歌節会を「宮」(=紫宸殿)、観射を「便処」で行う儀式としている。実例でも、元日節会は弘仁十一年(32)から、白馬節会は弘仁四年から、踏歌節会は弘仁六年から、観射は弘仁二年からそれぞれ豊楽院が使用されている。前掲の延暦十八年正月の白馬節会の例は、渤海国使大昌泰等が参列しており、豊楽院が未完成であったため朝堂院で行われたが(33)、蕃客の入朝している時に豊楽院を使用するという『内裏儀式』の規定に符合する。また、観射は弘仁四年には南庭、弘仁五年には馬埒殿(34)が使用されている。弘仁二年の例は蕃客が入朝している時の特別の措置であり、弘仁五年までは『内裏儀式』にみえる「便処」の使用と考えられ、『内裏式』の規定どおり観射に本格的に豊楽院が使用されるのは弘仁六年以降ということになる。橋本氏は、豊楽院は延暦期には蕃客来朝に備えた国家的饗宴の施設、また豊明節会のための饗宴の場であったが、弘仁期には正月三節・観射・新嘗会等の節会のための施設としての機能を併せもつことにより、一層饗宴施設としての機能を高め、その機能を弘仁期に最も発揮したとしている。

なお、今泉隆雄氏は平城宮における第一次朝堂院が豊楽院的型態と機能を有していたと述べている。(35) 確かに両者は全く断絶したものであるとはいえず、豊楽院の先蹤を平城宮の第一次朝堂院に求めることは可能であるかもしれない。しかし、橋本氏の指摘するように、平城宮の第一次朝堂院は豊楽院ほど国家的饗宴の場として機能していたわけではない。やはり、純粋な国家的饗宴の場としてみるならば、平安宮において創設された豊楽院がはじめてであり、さらにそれが最も有効に機能するのは弘仁期になってからである。このように、弘仁期には国家的儀式そのものの整備・改革がなされるのと同時に、それを行う場の整備も並行して行われているのである。

以上、弘仁期の国家的儀式の整備・改革とそれを行う場の整備を検討してきた。一般に弘仁期の政策は延暦期のそれを継承・発展させたものといわれるが、国家的儀式の整備・改革においてもすでに延暦期にその萌芽がみられ、弘仁期はそれを継承・発展させているといえよう。国家的儀式は天皇を頂点とする君臣上下関係の秩序維持に最も有効に機能する。したがって、延暦期から弘仁期にかけてのその整備・改革は、強力な天皇権力を行使した桓武・嵯峨両天皇のもとで、その強化を意図して行われたものにほかならない。

## 三　紫宸殿儀の整備

続いて、政務儀礼と献上儀について検討してみたい。前述したように、『内裏式』はこれらを紫宸殿儀しか規定していない。なぜ、『内裏式』はそのような方針で編纂されたのか、それを解明するにあたっては、内裏での儀式に外記が関与することを認めた次の宣旨[36]に注目したい。

応㆓御所記録庶事外記内記共預㆒事
右被㆓右大臣宣㆒偁、依㆑令、外記掌㆘勘㆓詔奏㆒及検㆗出稽失㆖、内記掌㆑造㆓詔勅及御所記録㆒、拠㆑此而所㆑掌稍異、挙㆑綱而論、事合㆓相通㆒、何者、内裏行事、大臣所㆑預、至㆑有㆓稽失㆒、誰能検出、若　御所録事、外記共預、則内裏儀式、豈致㆓違失㆒、自今以後、御所儀例、外記同録、以備㆓顧問㆒、如不㆓遵奉㆒、彼此有㆑違、預㆑事之人、解㆓却見任㆒、事縁㆓　勅語㆒、不㆑得㆓疎漏㆒者、今録㆓宣旨㆒、立為㆓恒例㆒
弘仁六年正月廿三日　参議従三位行左大弁兼備前守秋篠朝臣安人奉

この宣旨は弘仁期の儀式整備を示すものとして従来注目されてきたが、これが出された要因として、橋本義則氏は、延暦二年の外記相当位階の上昇[37]と大同期の内記局の規模縮小[38]、さらに、平城宮では朝堂院で行われていた儀式が平安宮では内裏で行われるようになり、大臣が内弁として紫宸殿儀に預かることを指摘している[39]。儀式の行われる場の移行については、平城宮と長岡宮・平安宮との宮の構造の変化が関連していると考えられる。宮の構造の変化については、代表的なものに古瀬奈津子氏の研究[40]があるので、以下、それを参考にしてみていきたい。

平城宮では、内裏＝天皇の私的な場、朝堂院＝公的な場、というのが通説的理解である。古瀬氏は、『続日本紀』及びその他の史料には、奈良時代に天皇が日常どこで政務を行っているのかを示す記事はないとしながらも、次の三点によって天皇は大極殿に出御して日常の政務を視ていたことを推察している。第一に、平城宮の内裏・大極殿・朝堂院が一直線上に並ぶ構造は藤原宮以前の日本古代の宮室の構造を継承していることから、天皇が坐したと推定される大殿の機能を平城宮大極殿は継承していたと考えられる。第二に、宮衛令開閉門条によれば、大極殿門は毎日の官人の執務時間中にも開いており、天皇が毎日大極殿に出御していたことがうかがわれる。第三に、儀制令文武官人条に対応する唐令の条文には毎日皇帝のもとに参上する官人の範囲が規定されており、これは唐では大きな儀式や朔望日の朝会、常日に皇帝が出御する殿舎が各々分化しているためであるが、日本令でその部分を継承していないのは、天皇が儀式や日常政務をみるのが大極殿に固定されているからである。以上のことから、平城宮においては天皇は大極殿に出御して日常の政務をみていたと考えられるが、長岡宮・平安宮において内裏と朝堂院とが分離されると、様相が変わってくる。

長岡宮は当初、平城宮と同様に内裏・大極殿・朝堂院が一直線上に並ぶ構造であったが、延暦八年に内裏が東に遷り[41]、内裏と朝堂院とが分離する。このことにより、天皇は大極殿に出御するのではなく内裏において日常の政務をみるようになるのである。延暦十一年十月二十七日宣旨[42]によって、五位以上の上日として内裏の上日を通計することが聴されるが、これは天皇が日常は内裏において政務をみているので、官人も内裏に伺候するためにとられた措置であり、古瀬氏は、この宣旨によって内裏は天皇が日常の政務をみる「政治の場」として公的なものとなったと指摘している。

平安宮は当初から長岡宮における構造変化を継承しており、天皇も日常の政務を内裏で視ていたと考えられる。『寛平御遺誡』に「延暦帝王、毎日御㆓南殿帳中㆒、政務之後、解㆓服衣冠㆒、臥起飲食」[43]とあることから、桓武天皇が毎日南殿に御して政務を執っていたことがわかり、弘仁期にも弘仁五年七月二十日宣旨によって天皇が南大殿に御して政務を視ることが日常化していたことがわかる。そして、天皇が大極殿に出御するのは即位・朝賀・告朔等の国家的儀式の時に限定されてくる。

以上、古瀬氏の指摘するところによれば、内裏・大極殿・朝堂院が一直線上に並ぶ平城宮においては、天皇は大極殿に御して日常の政務をみていたが、内裏と朝堂院とが分離した延暦八年以後の長岡宮・平安宮においては、天皇は内裏で日常の政務をみるようになり、朝堂院は国家的儀式の場としてより純化したのである。

これに対し、奈良時代には臣下に意見を求めたり、国政の重大事について議政官などが詔勅を宣する時には臣下たちを内裏に召しており、また、天皇御璽である内印を請う文書のうち一通は内裏に奏進し、同じく太政官印の請印は内裏で行われていた例があることから、天皇は奈良時代からすでに日常的に内裏で政務をみていたとする橋本義則氏の説がある[44]。さらに、奈良時代には、大極殿では象徴的な聴政が行われ、内裏で実質的な聴政が行われていた二重構造であったとする吉田歓氏の指摘もある[45]。

それでは、政務手続きを定式化した政務儀礼はどうだったのであろうか。古瀬氏は、平城宮で天皇がどこで日常の政務を行っていたのかを示す史料はないとしているが、政務儀礼においてはそれを類推させる例を見出すことができる。早川庄八氏が指摘するように[46]、『続日本紀』慶雲二年（七〇五）四月辛未条に、

天皇御二大極殿一、以二正四位下粟田朝臣真人、高向朝臣麻呂、従四位上阿倍朝臣宿奈麻呂三人一、為二中納言一、従四位上中臣朝臣意美麻呂為二左大弁一、従四位下息長真人老為二右大弁一、従四位上下毛野朝臣古麻呂為二兵部卿一、従四位下巨勢朝臣麻呂為二民部卿一

とあることから、この場合は藤原宮であるが、八世紀には任官儀は天皇が大極殿に出御して行われていたことがわかる。また、『続日本紀』神護景雲二年（七六八）十一月癸未条の任官記事の後に、

是日、被レ任レ官者、多不レ会レ庭、省掌代レ之称唯、於レ是　詔二式部兵部省掌一、始賜二把笏一

とあり、ここでいう庭は朝庭すなわち朝堂院の庭を示すと考えられることから、平城宮においても任官儀は天皇が大極殿に出御して行われていたと推定される。

次に平安宮においては、『内裏式』任官式はこれを紫宸殿として載せている。一方、『弘仁式』式部の任官条はとくに場所を明記しておらず、早川氏は朝堂院儀を規定していると述べている。しかし、『弘仁式』と『内裏式』との奏上の差が一年であることを考えれば、むしろ橋本義則氏の指摘するように、『弘仁式』も『内裏式』と同様に紫宸殿儀を規定していると考えるべきであろう。(47)このように、平城宮において天皇が大極殿に出御して行われていた任官儀は、平安宮においては内裏に移行し、天皇が紫宸殿に出御して行われていたとみられるのである。したがって、政務儀礼においては、平城宮と長岡宮・平安宮の構造や機能変化に伴い、朝堂院から内裏へとその場が移行したものと考えられる。おそらく、献上儀についても同様のことがいえるであろう。

このように、天皇が大極殿に出御して行われていた政務儀礼や献上儀が内裏で行われるようになると、大臣が内弁として儀式に預かるなど、それまでには存在しなかった機能が内裏に付加されることになる。弘仁六年正月二十三日宣旨では、内裏における儀式すなわち紫宸殿儀の挙行にあたって違失のないように、内記だけではなく外記も記録庶事に預るように命じているが、これは、内裏で政務儀礼や献上儀が行われるようになると、庶務繁雑となり従来の内記だけでは記録庶事が処理できなくなったための措置と考えられよう。また、内裏と朝堂院とが分離した延暦八年以降に漸次、内裏で儀式が行われるようになるのに対し、弘仁六年になってこのような宣旨が出されることに注目するならば、これが紫宸殿儀の挙行にあたっての単なる現状対策ではなく、内裏での行事を儀式として整然と行うための積極的な措置として評価されよう。平城宮では天皇が大極殿に出御して行われていた政務が、長岡宮・平安宮では紫宸殿に出御して行われるようになったことは、政務儀礼の矮小化を意味するものではない。第四章で述べるように、政務手続きを儀式化したものは唐礼には規定されておらず、政務を儀式として捉えるのは日本独自のものである。平安時代に朝堂院が国家的儀式の場として純化したのに対し、内裏で行われる政務は弘仁六年正月二十三日宣旨によって政務儀礼へと昇華したといっても過言ではない。この意味からすれば、本宣旨は平安時代の政務儀礼成立の一つの契機として位置づけられよう。

それでは、なぜ政務儀礼や献上儀のなかで紫宸殿儀がとくに重視されて充実がはかられたのであろうか。その要因としては国家的儀式の整備と同様のことが考えられる。何度も述べるように、国家的儀式は天皇を頂点とする君臣上下関係の秩序維持・強化に最も有効に機能するものであるが、天皇が紫宸殿に出御して行われる政務儀礼や献上儀も、参加する官人が限られているとはいえ天皇と同一の儀礼空間を有する儀式である。したがって、天皇出御のもとに行われる政務儀礼や献上儀は、単なる政務手続きにとどまらず、それを天皇の面前で行うことによって天皇と官人との関係を再確認し、官人統制に有効に機能したであろうことを考慮しなければならない。ここに、政務儀礼と献上儀のなかで紫宸殿がとくに重視されて整備された理由が存在すると考えられよう。

さて、前掲の紫宸殿儀に外記を関与させた宣旨と同日に、次のような宣旨が出されている。[48]

応レ検二収使司所レ進文記一事

右被二右大臣宣一偁、凡厥文記本備二遵行一、若有二失錯一何足二准拠一、而今掌客文記錯誤者多、此是外記不レ加二検察一所レ致也、自今以後、諸使文記、宜二細披検而後収置一、即彼収帳録二検人名一、若有二失錯一随レ事科附

弘仁六年正月廿三日　大外記豊宗宿祢広人奉

これは、庶事遵行に際して失錯のないように文記を検収せしめたものである。ここでいう「文記」のなかには、前述したような『内裏式』の編纂史料として使用された単行儀式文も当然含まれていたであろう。この二つの宣旨は、同日に出されたことからもうかがわれるように密接に関連しているのであり、おそらくこの二つの宣旨が『内裏式』編纂の直接的な契機になったのではなかろうか。所功氏によって、『弘仁格』『弘仁式』の編纂事業の再開は弘仁五年

七月以降、弘仁六年十二月以前であると推定されている。(49) したがって、『内裏式』編纂の契機を弘仁六年正月に求めれば、『内裏式』と密接に関連する『弘仁格』『弘仁式』の編纂事業再開の時期と符合する。前述したように、『内裏式』においては政務儀礼と献上儀は紫宸殿儀しか規定されていないが、それはその編纂が弘仁六年正月二十三日の二つの宣旨を契機としていると考えられるからである。

## 小結

『内裏式』は、神事・祭礼と国家的儀式は宮城門内（一部、宮城門外を含む）の儀式を規定しているのに対し、政務儀礼と献上儀は紫宸殿儀のみを規定するという二重の構造になっている。これは一見矛盾しているように思われる。しかし、天皇が出御する儀式、天皇と同一の儀礼空間を有する儀式を規定しているという点で両者は一致する。ただ一つの例外として大祓があげられるが、これも天皇の身体を祓った御贖物が式場に運ばれるので、間接的に天皇が関与していると考えられる。すなわち、『内裏式』は天皇出御儀を規定しているのである。そして『内裏式』が一般官人を対象とした「式」であることも忘れてはならない。本章で検討してきたように、国家的儀式にしろ紫宸殿儀にしろ、弘仁期の儀式の整備・改革は天皇を頂点とする宮廷社会秩序の維持・強化を目的としたものである。また、その萌芽は延暦期にみられ、弘仁期の種々の政策が延暦期の政策を継承したものであるのと同様に、儀式の整備・改革の面でも弘仁期は延暦期のそれを継承し、さらに発展させたものである。桓武・嵯峨という、権力を集中して強力な指導力をもった天皇のもとで、そのような儀式の整備・改革がなされたのは当然のことであろう。そしてそれを集大成したものが『内裏式』なのである。しかし、弘仁期は天皇出御儀のみが整備されたわけではない。それは、弘仁六年十一月十四日太政官符(60)によって大蔵省において行われる賜季禄儀の整備が行われたことからもうかがわれる。したがって、『内裏式』は二重の構造になっているという点では不完全であり、そこが日本最初の勅撰の儀式書の編纂の限界だったといえよう。そして、それを克服するためには『儀式』の編纂をまたなければならなかったのである。

**註**

（1）喜田新六「王朝の儀式の源流とその意義」「令制下における君臣上下の秩序維持策」（『令制下における君臣上下の秩序について』皇學館大学出版部、一九七二年、初出一九五五・一九五八年）。

（2）瀧川政次郎「大唐開元禮と貞観儀式」（『儀礼文化』七、一九八五年）。

（3）倉林正次「正月儀礼の成立」（『饗宴の研究』儀礼編、桜楓社、一九六五年）。山中裕「年中行事の成立と変遷」（『平安朝の年中行事』塙書房、一九七二年）。

（4）和田英松『本朝書籍目録考証』一九三六年。宮城栄昌「儀式の編纂」（『延喜式の研究』論述編、大修館書店、一九五七年）。岩橋小弥太「儀式考」（『増補上代史籍の研究』下、吉川弘文館、一九七三年、初出一九五二年）。大西孝子「『内裏式』の書誌的考察」（『皇學館論叢』五―三、一九七二年）。所功「『内裏式』の成立」（『平安朝儀式書成立史の研究』国書刊行会、一九八五年、初出一九八四年）。森田悌「儀式書の編纂」（『日本古代律令法史の研究』文献出版、一九八六年、初出一九七九年）。同「『内裏式』と『内裏儀式』」（『国書逸文研究』二〇、一九八七年）。西本昌弘「古礼からみた『内裏儀式』の成立」「儀注の興り由来久し―『内裏式』序の再検討―」「儀式記文と外記日記―『弘仁格式』序の再検討―」（『日本古代儀礼成立史の研究』塙書房、一九九七年、初出一九八七年）。

（5）註（4）参照。

（6）このことから、現在では『内裏儀式』先行説が通説となっている。しかし、現行『内裏儀式』の『内裏式』と重複しない五篇目の儀式文は、その成立が『内裏式』に近いと考えられることから、現段階ではまだ『内裏儀式』は『内裏式』の先行する儀式書であると断定するには慎重を要する。
（7）西本昌弘「『内裏式』逸文の批判的検討―二つの『内裏式』をめぐって―」（前掲註（4）書、初出一九九三年）。
（8）『日本紀略』弘仁十四年四月壬子条によれば、淳和天皇の諱が「大伴」であるため、それを避けて「大伴氏」が「伴氏」と改められたが、『内裏式』上、元正受群臣朝賀式に「大伴佐伯両氏」「左大伴氏右佐伯氏」とあって改められていない。また、『続日本後紀』天長十年四月戊寅条によれば、天長元年に五月五日節を廃し四月二十七日を用いたが、ここで元に戻したという。そうすると、天長十年二月の『内裏式』の改訂の段階では、まだ四月二十七日が馬射の式日だったはずであるが、『内裏式』中の篇目は「五月五日観馬射式」「六日観馬射式」となっている。さらに、同じく『内裏式』中の篇目では「七月七日相撲式」「八日相撲式」となっているが、『日本紀略』天長三年六月己亥条によれば、平城上皇の国忌を避けて相撲節の式日は七月十六日に改められている。
（9）森田前掲註（4）論文参照。
（10）所前掲註（4）論文、五〇〜五一頁。
（11）旧稿においては、所功「『冊命皇后式』所引逸文の検討」（『国書逸文研究』二一、一九八八年）に依拠し、東山御文庫本『冊命皇后式』に『内裏式』の逸文が引用されていたとして、「冊命皇后式」の篇目を原『内裏式』に含めていた。しかし、西本昌弘氏の「同幕、式云」の誤写であるとの指摘により（「『冊命皇后式』所引の『内裏式』と近衛陣日記」同前掲註（4）書、初出一九九二年）、所氏も「冊命皇后式」の篇目の存在を撤回したので（「『内裏儀式』と『内裏式』の関係」〔『宮廷儀式書成立史の再検討』国書刊行会、二〇〇一年、初出二〇〇〇年〕）、本章では削除した。
（12）これらは、すべて在京官人やあるいは限定されても五位以上の全官人が参加する儀式であるため、後述する政務儀礼や献上儀のような、政務や献上の手続きに関与する官人のみが参加する儀式に比べ、天皇と官人さらには官人相互の関係秩序の再確認および強化の機能を果たすという性格が濃厚である。すなわち、国家的儀式は天皇を頂点とする君臣上下関係秩序の維持・強化に最も有効に機能するものであり、その点において政務儀礼や献上儀と一線を画するのである。
（13）和田前掲書、宮城前掲論文、註（4）参照。

(14) 山中裕「嵯峨天皇と年中行事」(『平安人物誌』東京大学出版会、一九七四年、初出一九六一年)。
(15) 『類聚国史』巻七十一、歳時二、七日節会・巻七十二、歳時三、十六日踏歌。
(16) 『類聚国史』巻七十三、歳時四、三月三日。
(17) 『日本後紀』大同四年正月甲申条。
(18) 清水潔「重陽節の起源」(皇學館大学史料編纂所報『史料』七五、一九八五年)。
(19) 『類聚国史』巻七十四、歳時五、九月九日。
(20) 倉林正次「九月九日節」(『饗宴の研究』文学編、桜楓社、一九六九年)。
(21) 『類聚国史』巻七十四、歳時五、九月九日。
(22) 湊敏郎「平安初期の宮廷年中行事」(『古代文化』三四—九、一九八二年)。
(23) 倉林前掲註(3)論文。
(24) 大津透「節禄の成立」(『古代の天皇制』岩波書店、一九九九年、初出一九八九年)。
(25) 佐藤宗諄「嵯峨天皇論—平安初期における天皇権力の一考察—」(『平安前期政治史序説』東京大学出版会、一九七七年)。
(26) 山中前掲註(3)論文。大津前掲註(24)論文。
(27) 『類聚国史』巻七十一、歳時二、元日朝賀。
(28) 和田萃「タカミクラ—朝賀・即位式をめぐって—」(『日本古代の儀礼と祭祀・信仰』上、塙書房、一九九五年、初出一九八四年)。
(29) 西本前掲註(4)論文。
(30) 古瀬奈津子「宮の構造と政務運営法—内裏・朝堂院分離に関する一考察—」(『日本古代王権と儀式』吉川弘文館、一九九八年、初出一九八四年)。
(31) 橋本義則「平安宮草創期の豊楽院」(『平安宮成立史の研究』塙書房、一九九五年、初出一九八四年)。
(32) 『日本後紀』『類聚国史』歳時部参照。

(33)『日本後紀』弘仁四年正月辛未条。
(34)『類聚国史』巻七十二、歳時三、射礼、弘仁五年正月乙丑条。
(35)今泉隆雄「平城宮大極殿朝堂考」「平城宮大極殿朝堂再論」(『古代宮都の研究』吉川弘文館、一九九三年、初出一九八〇・一九八九年)。
(36)『類聚符宣抄』第六、外記職掌。
(37)『類聚三代格』巻五、定官員并官位事、延暦二年五月十一日太政官謹奏。
(38)『日本後紀』大同元年七月壬子条、大同四年三月己未条。
(39)橋本義則「『外記政』の成立」(前掲註(31)書、初出一九八一年)。
(40)古瀬前掲註(30)論文。
(41)『続日本紀』延暦八年二月庚子条。
(42)『類聚符宣抄』第十、五位已上朝参上日。
(43)『類聚符宣抄』第六、少納言職掌。
(44)橋本義則「朝政・朝儀の展開」(前掲註(31)書、初出一九八六年)。
(45)吉田歓「天皇聴政と大極殿」(『日中宮城の比較研究』吉川弘文館、二〇〇二年、初出一九九九年)。
(46)早川庄八「八世紀の任官関係文書と任官儀について」(『日本古代官僚制の研究』岩波書店、一九八六年、初出一九八一年)。
(47)橋本前掲註(39)論文。
(48)『類聚符宣抄』第六、文譜。
(49)所功「弘仁格式の成立」(『歴史教育』一八―八、一九七〇年)。
(50)『類聚三代格』巻六、位禄季禄時服馬料事。

# 第四章　『儀式』の篇目配列

## 一　『儀式』と篇目配列

現存する『儀式』十巻は、平安後期に成立したとされる『本朝法家文書目録』(1)にみえる『貞観儀式』十巻と、篇目がほぼ一致することから同一の儀式書とされ(2)、巻十、奉山陵幣儀に記載される十陵四墓の内容により、その成立は貞観十四年（八七二）十二月以降、元慶元年（八七七）十二月以前とされている(3)。

『本朝法家文書目録』には、他に『弘仁儀式』十巻・『延喜儀式』十巻の書名と篇目もみられ、格式や交替式と並んで三代の「儀式」が編纂されたことをうかがわせる。ところが、これらの書名が冠された儀式書は、後世に誤って付されたものは別として現存しない。とくに『弘仁儀式』は逸文も全く存在せず、弘仁期には勅撰の儀式書として『内裏式』が別に編纂されたことから、『内裏式』こそが弘仁の「儀式」であり、『弘仁儀式』は『本朝法家文書目録』の創作であるとの見方が有力である(4)。一方『延喜儀式』は、編纂には着手されたものの完成には至らなかったとされている(5)。

こうしてみると、三代の儀式書のなかでその存在が確実なのは、『貞観儀式』とされる『儀式』のみである。さらに、現存する『内裏式』の体裁はいかにも不完全であり、抄録本か残欠本と考えられていることから、(6)『儀式』は完成された型で現存している唯一の勅撰の儀式書なのである。

ところで、第三章で『儀式』の篇目配列が他の平安時代の多くの儀式書と比較して特異であることについて簡単に触れたが、『儀式』が唯一完全な勅撰の儀式書であることを考慮すれば、そのことは重要であり、そこから平安時代、とくに貞観期の儀式観と儀式の分類基準をうかがい知ることができるのではないかと思える。そこで本章では、『儀式』の篇目配列について分析し、考察を加えたい。

## 二　篇目配列の特異性

最初の勅撰の儀式書である『内裏式』では、その序に示されている、

起二于元正一、訖二于季冬一、所二常履行一、及臨時軍国、諸大小事、以レ類区分、勒成二三巻一

という篇目配列方針のとおり、まず年中行事が正月から順番に並び、続いて臨時公事が配されている。そして、このような単純な配列方式が、その後の平安時代の儀式書で一般的に採用されている。

これに対し、『儀式』の篇目配列はどのようになっているのであろうか。これは、写本によって異同もみられるが、最も多く四十数種類の写本が、『新訂増補故実叢書』の『儀式』の篇目配列と一致している。さらにそれが、前述したように、『本朝法家文書目録』所載『貞観儀式』（以下、「目録」）ともほぼ一致しており、それを示したのが『儀式』篇目配列表（表3）である。

それぞれの篇目に付した番号は、「目録」の篇目の通し番号である。字句の異同を別として両者を比較すると、順序

**表 3**　『儀式』篇目配列表

| 巻 | 番号 | 篇目 | 分類 |
|---|---|---|---|
| 巻一 | 1 | 祈年祭儀 | 神事・祭礼・仏事 |
| | 2 | 春日祭儀 | |
| | 3 | 大原野祭儀 | |
| | 4 | 園并韓神祭儀 | |
| | 5 | 平野祭儀 | |
| | 6 | 松尾祭儀 | |
| | 7 | 賀茂祭警固儀 | |
| | 8 | 同祭儀 | |
| | 9 | 奏御卜儀 | |
| | 10 | 神今食儀 | |
| | 11 | 大殿祭儀 | |
| 二 | 12 | 践祚大嘗祭儀上 | |
| 三 | 13 | 践祚大嘗祭儀中 | |
| 四 | 14 | 践祚大嘗祭儀下 | |
| 巻五 | 15 | 正月八日講最勝王経儀 | |
| | 16 | 鎮魂祭儀 | |
| | 17 | 新嘗会儀 | |
| | 18 | 大歌并五節舞儀 | |
| | 19 | 二季晦日御贖儀 | |
| | 20 | 大祓儀 | |
| | 21 | 九月十一日奉伊勢大神宮幣儀 | |
| | 22 | 奏御卜儀 | |
| | 23 | 譲国儀 | 臨時の国家的儀式 |
| | 24 | 天皇即位儀 | |
| | 25 | 立皇后儀 | |
| | 26 | 立皇太子儀 | |
| 巻六 | 27 | 元正受朝賀儀 | 年中恒例の国家的儀式 |
| | 28 | 元日御豊楽院儀 | |
| | 29 | 礼服儀 | |
| | 31 | 正月二日朝拝皇后儀 | |
| | 32 | 二日拝賀皇太子儀 | |
| | 30 | 上卯日献御杖儀 | |
| 巻七 | 33 | 正月七日儀 | |
| | 34 | 十六日踏歌儀 | |
| | 35 | 十七日観射儀 | |
| | 36 | 二月上丁釈奠講論儀 | |
| 巻八 | 37 | 四月廿八日牽駒儀 | |
| | 38 | 五月五日節儀 | |
| | 39 | 同六日儀 | |
| | 40 | 相撲節儀 | |
| | 41 | 九月九日菊花節儀 | |
| 巻八 | (30) | 正月上卯日進御杖儀 | 年中恒例の政務儀礼・献上儀 |
| | 42 | 同月八日叙内親王以下儀 | |
| | 43 | 同日賜女王禄儀 | |
| | 44 | 任官儀 | |
| | 45 | 任僧綱儀 | |
| | 46 | 任女官儀 | |
| 巻九 | 47 | 正月十五日於宮内省進御薪儀 | |
| | 48 | 同月廿二日賜馬料儀 | |
| | 49 | 二月十日於太政官庁申三省考選目録儀 | |
| | 50 | 同月十一日列見成選主典以上儀 | |
| | 51 | 二月十日申春夏季禄儀 | |
| | 52 | 同月廿二日賜季禄儀 | |
| | 53 | 朝堂儀 | |
| | 54 | 三月一日於鼓吹司試生等儀 | |
| | 55 | 四月七日奏成選短籍儀 | |
| | 56 | 同月十五日授成選位記儀 | |
| | 57 | 奏銓擬郡領儀 | |
| | 58 | 太政官曹司庁叙任郡領儀 | |
| 巻十 | 59 | 八月十一日太政官庁定考儀 | |
| | 60 | 十一月一日進御暦儀 | |
| | 62 | 十一月丑奏御宅田稲数儀 | |
| | 61 | 同月廿二日賜位禄儀 | |
| | 63 | 奉頒山陵幣儀 | |
| | 64 | 進御薬儀 | |
| | 65 | 十二月大儺儀 | |
| | 66 | 太政官曹司庁任出雲国造儀 | 臨時の政務儀礼 |
| | 67 | 同任紀伊国造儀 | |
| | 68 | 飛駅儀 | |
| | 69 | 固関使儀 | |
| | 70 | 駅伝儀 | |
| | 71 | 賜遣唐使節刀儀 | |
| | 72 | 遣唐使進節刀儀 | |
| | 73 | 賜将軍節刀儀 | |
| | 74 | 将軍進節刀儀 | |
| | 75 | 奉年終断罪儀 | |
| | 76 | 毀位記儀 | |
| | 77 | 挙哀儀 | 喪葬関係の儀式 |
| | 78 | 弔喪儀 | |
| | 79 | 贈品位儀 | |

に若干の相違がみられる。まず、30上卯日献御杖儀が、『儀式』では31正月二日朝拝皇后儀・32二日拝賀皇太子儀の後に配列されているのに対し、「目録」ではその前に配列されている。さらに、『儀式』には、41九月九日菊花節儀と42同月八日叙内親王以下儀との間に、(30)正月上卯日進御杖儀の篇目が存在し、30上卯日献御杖儀と同一の儀式文が所載されているが、「目録」にはその篇目は存在しない。また、62十一月丑奏御宅田稲数儀が、『儀式』では61同月廿二日賜位禄儀の前に配列されているが、「目録」ではその後に配列されている。以上の三点が相違するところであるが、この他に、両者とも奏御卜儀が9と22との二箇所に配列され、『儀式』では9の位置は篇目のみで儀式文は存在しない。

『儀式』のこの篇目配列について、坂本太郎氏は、次のような順序になっていることを指摘している。[7]

1～22　神祇祭祀に関したこと
23～26　天皇・皇后・皇太子の一身に直接関係したこと
27～65　恒例の年中行事
66～79　臨時の儀

そして坂本氏は、『大唐開元礼』が五礼の順に形式的に分類されているのに対し、『儀式』の篇目は国情によく合致するとともに、実用をも顧慮した方法によって配列されているという。しかし坂本氏は、日本の三代の儀式書と唐の礼書との関係を解明するために、日唐の現存している『儀式』と『大唐開元礼』とを比較しているのであり、篇目配列については、三代の儀式書に共通するように解釈している。したがって、坂本氏の分析はやや大雑把な感が否めない。

これに対し、森田悌氏は、『儀式』のみを対象として、坂本氏よりも細かく具体的な分析をしている。森田氏のそれを示すと次のようになる。[8]

1～22　祭礼・神事（一部仏事）

23〜26　譲国・即位・立后・立太子
27〜41　元正受朝賀から九月九日節に至る年中行事
(30)〜43　正月上卯日進御杖から正月八日賜女王禄に至る年中行事
44〜46　任官・任僧綱・任女官
47〜65　正月十五日進御薪から十二月大儺に至る年中行事
66〜79　任出雲国造から贈品位に至る臨時行事

森田氏は、(30)〜43・47〜65の年中行事と44〜46・66〜79の臨時公事とが混在していることに疑問を提示しているが、年中行事が27〜41の節宴中心のものと、(30)〜43・47〜65のそれ以外のものとにわけられていることに注目している。さらに、神事・祭礼→即位関係→節宴中心の年中行事→それ以外の年中行事→臨時公事という順序が、『延喜式』太政官の儀式関係の条文の順番とおおむね一致すること、また、『延喜式』式部下でも年中行事の間に任官条などの臨時公事がおかれていることを指摘し、一見不揃いにみえる『儀式』の篇目配列が、九・十世紀の式・儀式編纂者の項目配列観にかなっているとしている。年中行事が、節宴中心のものとそれ以外のものとにわけられているという指摘は評価されよう。すなわち、『儀式』の編纂者は同じ年中行事でも、それらを性格の異なるものとしてわけて捉えていたことを示すと考えられる。このことは、今少し掘り下げられるべきである。また、年中行事と臨時公事とが混在していることの合理的な解釈も必要であろう。

このように、『儀式』の篇目配列は、年中行事・臨時公事という単純な他の平安時代の儀式書に比べ、複雑で特異なものだったのである。したがって、あるいは後世になって配列が組み替えられたのではないかとの疑問も生じる。しかし、少なくとも『本朝法家文書目録』が成立するまでには現在の篇目配列になっていたのであり、さらに『本朝法家文書目録』のなかでも、『貞観儀式』のみがこのような複雑な篇目配列であったことを考慮すれば、むしろそれが『儀式』の成立当初のものである可能性が高い。なお、『北山抄』のように、巻一・巻二が年中要抄、巻三・巻四が拾遺雑抄、巻五が践祚抄、巻六が備忘、巻七が都省雑事など、巻ごとに分類されている儀式書も多いが、坂本・森田両氏の分析で明らかなように、『儀式』はそれを無視しており、むしろ全体の分量を単純に十等分しているようである。

それでは、『儀式』の篇目はいかなる論理に従って配列されていたのであろうか。

## 三　篇目配列の論理

『儀式』の篇目配列を直接分析したものではないが、瀧川政次郎氏が、坂本氏と同様に『大唐開元礼』との比較から、それについて若干言及している。(9) 前述したように、唐礼はもともと五礼によって構成され、『大唐開元礼』も、吉礼・賓礼・軍礼・嘉礼・凶礼の順に配列されている。吉礼は祭祀に関する宗教的儀礼であり、賓礼は外交使節の迎接の儀礼、軍礼は軍事的儀礼、嘉礼は冠婚・饗宴・慶賀に関する儀礼、凶礼は喪葬に関する宗教的儀礼である。瀧川氏は、『儀式』が『大唐開元礼』と一致する点として、最初の1～22が吉礼にあたり、最後の77～79が凶礼にあたるとしている。また、吉礼の次には賓礼がくるべきなのに嘉礼が配列されており、賓礼の次にくるべき軍礼が73～74に配列されている点は一致せず、『儀式』は吉・賓・軍・嘉・凶の順にはなっていないが、あるいは『大唐開元礼』とそれ以前の礼書とで五礼の配列が相違し、『儀式』はそれ以前のものによったのではないかと憶測している。

確かに、唐礼の配列と『儀式』のそれとが一致するわけではない。しかし、坂本氏の分析が、三代の儀式書と唐の礼書との相違を強調しているのに対し、瀧川氏は、『儀式』と『大唐開元礼』との共通点を積極的に見出そうと試みていることは評価できる。1~22が吉礼にあたることは、坂本・森田両氏がそれを神事・祭礼としたことと一致し、77~79が凶礼にあたることも承認される。そして注目すべきは、吉礼の次に嘉礼が配列されているという指摘である。瀧川氏は、23~26の譲国・即位・立后・立太子儀のみを嘉礼に限定しているようだが、続く27元正受朝賀儀・28元日御豊楽院儀も唐礼では嘉礼にあたる。したがって、嘉礼という概念を適用することによって、坂本・森田両氏が二つのグループにわけて捉えていた23~26と27~41とが一つに連結するのである。ただし厳密にいえば、30上卯日献御杖儀・35十七日観射儀・36二月上丁釈奠講論儀は嘉礼ではなく、唐礼では35は軍礼、36は吉礼にあたる。しかし23~41は、すべての在京官人あるいは限定されても次侍従以上・五位以上の全官人が一堂に会する国家的儀式・饗宴であり、これらは一部の官人のみに参加者が限定された他の儀式と一線を画し、君臣関係・官人相互の上下関係の秩序の再確認と強化、さらには支配者階級の共同体意識の高揚という機能が最も有効に発揮される儀式である[10]。そして、23~26が臨時の国家的儀式、27~41が年中恒例の国家的儀式と二つにわけられるのである。

ところが、このなかに一部の官人のみが参加する例外として、30上卯日献御杖儀があげられる。そこで注目されるのが、(30)正月上卯日進御杖儀として30と同一の篇目・儀式文が存在することである。むしろ、(30)の位置に卯杖が配列されていたと考えた方が合理的な説明がつく。憶測を加えるならば、卯杖は本来(30)の位置に配列され、後に30の位置に混入したのではなかろうか。30と31・32の位置が『儀式』の篇目と「目録」の篇目とで逆転しているのも、27~41における卯杖の配列位置の不安定さを物語っていよう。なお、『神道大系』の『儀式』は、(30)を削り30を本来の卯杖の位置と考えている。もちろん、その可能性も否定できない。しかし、たとえそうであったとしても、後に(30)の位置に逆に混入されたことになり、やはり、卯杖が42~76と同性格の儀式であることを示していると考えられる。

すべての官人が一堂に会する23~41の国家的儀式に対し、続く(30)~76は限られた官人が参加する儀式である。年中行事が、41九月九日菊花節儀までと(30)正月上卯日進御杖儀からとで二つにわけられているのもそのためである。ここに配列されている儀式の多くは、政務手続きを儀式化した政務儀礼や、天皇ないし朝廷に対して物を奉る献上儀である。これらは政治的に重要な儀式であるが、そのような儀礼は唐礼には存在せず、坂本氏は、それが多くみられることが日本の儀式の特質であるとしている。そして、この政務儀礼こそが平安中期・十世紀以降の貴族社会において、政務と儀式とを一体化させた儀式なのである。[11] なお、62十一月丑奏御宅田稲数儀は、丑日が十一月二十二日以前にも以後にもなる可能性があるので、『儀式』では61同月廿二日賜位禄儀の前に、「目録」では後に配列されたのであろう。また、50朝堂儀は全官人が一堂に会する儀式であるが、政務儀礼としての側面に重点が置かれ、さらに、63奉頒山陵幣儀や65十二月大儺儀は政務儀礼ではないが、年中行事としてこの位置に配列されたのではなかろうか。

ところで、前述したように、(30)~43・47~65の年中行事と44~46・66~79の臨時公事とが混在していることについて、合理的な解釈が必要である。憶測を加えるならば、年中行事と臨時公事とが混在しているとみずに、(30)~65の年中行事のなかに44~46が混入されたと考えられる。なぜなら、44任官儀は除目の後に行われる儀式であるが、恒例の外官除目は正月に行われるものだからである。しかも、『北山抄』によれば、外官除目は正月九日から十一日までに行われることになっており、[12] したがって、44任官儀は47正月十五日於宮内省進御薪儀の前に配列されたのであろう。そして、45任僧綱儀・46任女官儀は臨時公事であるが、44と同じく任命儀式であるので、その後に混入されたのではなかろうか。[13] 今までは、65十二月大儺儀までが年中行事、66太政官曹司庁任出雲国造儀からが臨時公事と二つにわけられてきたが、このように(30)~76を政務儀礼・献上儀として一つにまとめられるのである。

以上の分析に従って、『儀式』の篇目配列を示すと次のようになる（表3参照）。

1~22　神事・祭礼・仏事

23～26　臨時の国家的儀式
27～41　年中恒例の国家的儀式（卯杖を除く）
(30)～65　年中恒例の政務儀礼・献上儀
66～76　臨時の政務儀礼
77～79　喪葬関係の儀式

もちろん、多少の例外は存在する。それは、一つの儀式がいくつもの側面を有しており、どの側面を強調するかによってその儀式の配列位置が変化してくるからである。たとえば、12～14の践祚大嘗祭儀や17新嘗会儀は、全官人が一堂に会する国家的儀式とも捉えられるが、神祇祭祀としての側面が重視され、逆に36二月上丁釈奠講論儀は、前述したように唐礼では吉礼であるが、儒教にもとづく儀式であり日本では神事の範疇外である。また、7賀茂祭警固儀は、8賀茂祭儀に先立つ儀式として配列されているが、単独では政務儀礼として捉えられる。なお、奏御卜儀が9と22の二箇所に配列されているのは、本来はどちらか一方の位置だけだったのが、奏御卜が六月と十二月の二回行われることから、後にもう一方の位置に混入したのではなかろうか。

従来、他の平安時代の儀式書の配列方針と同様に、『儀式』においても年中行事・臨時公事という分類が重視され、1～22の神事・祭礼・仏事は別として、27～65が年中行事として一つにまとめられ、その前後の臨時公事と区別されてきた。しかし、これまで述べてきたように、むしろ、23～41の国家的儀式と(30)～76の政務儀礼・献上儀とに大別され、それぞれのなかで年中行事・臨時公事とにわけて配列されているのである。

## 四　篇目配列からみた『儀式』

最後に、これまで検討してきた篇目配列の論理から、『儀式』の編纂について考察していきたい。

周知のとおり、中国では律令格式が同時に編纂されたが、さらに、宗教上・社会上・法律上の根本的規範として礼がその上位に位置づけられ、礼書が編纂された。これに対し日本では、律令制の導入当初は律令のみが編纂されたにすぎず、それから一世紀以上たった平安初期に至り、ようやく格式とそして儀式書が編纂されたのである。その要因として、平安初期における法典編纂気運の高まりのほか[14]、律令制的な官僚機構の確立によって、格式や儀式が律令より分化したことがあげられているが[15]、これは、日本の律令制の到達点を示している。しかし、日本で最初に編纂された勅撰の儀式書である『内裏式』では、天皇と同一の儀礼空間を有する天皇出御儀を規定しているが、そのために、神事・祭礼と国家的儀式は宮城門内（一部、宮城門外を含む）の儀式を規定しているのに対し、政務儀礼と献上儀は紫宸殿儀のみを規定するという不完全な構造になっていた[16]。これに対し、『儀式』は天皇が直接には関与しない儀式をも網羅しているという点で完成された儀式書ともいえよう。その『儀式』は、平安時代の他の儀式書のように、年中行事・臨時公事という順には篇目が配列されておらず、まず最初に唐礼の吉礼にあたる神事・祭礼・仏事を、続いて嘉礼にあたる国家的儀式を並べ、末尾に凶礼にあたる喪葬関係の儀式を配していた。このことは、唐礼を模範として『儀式』が編纂されたことを示していよう。儀式の唐風化はつとに弘仁九年（八一八）に行われているが[17]、それは儀式の威儀を整え、天皇を頂点とする宮廷秩序をより強化するためのものであった。そこには唐風化された儀式こそが正式な儀式であるという意識がうかがえる[18]。したがって、『儀式』が中国の礼書の体裁を模倣しているのは、儀式の唐風化と同様の理念のもと、それを志向して編纂されたことを示すものにほかならない。

記載内容をみても、まず節会について『儀式』では『内裏式』と同様に豊楽院儀・神泉苑儀が記載されているが、『儀式』が編纂された貞観期には紫宸殿儀が恒例化していた[19]。また、『儀式』では天皇が出御して行われることになっていた政務儀礼・献上儀の多くに、貞観期には天皇が出御しなくなっていたのである[20]。これらのことについては第五章・第六章で詳述するが、『儀式』の記載内容には当時の実態に適合していない部分もみられるのである。これらは何を意味するのであろうか。節会において、豊楽院儀・神泉苑儀では六位以下の官人も参加して行われていたが、紫宸殿儀では参列者が次侍従以上・五位以上に限定されるようになる。節会が支配階級の共同体意識を高揚させる儀式であることを考慮すれば、前者の方がその機能がより高まることになる。また、政務儀礼・献上儀においても、天皇出御儀の方が同一の儀礼空間を有するという点で、天皇と臣下との関係を維持・再確認する機能を果たすのである。したがって、いかに当時の実態にあわなくとも、『儀式』の編纂者には、節会や政務儀礼・献上儀において、豊楽院儀・神泉苑儀や天皇出御儀こそが本来の儀式次第であるという意識が存在したのである。

このように、『儀式』は、天皇を頂点とする宮廷秩序の維持・強化を目的として、唐礼を模範とした篇目配列が採用され、本来の儀式次第が記載されたと考えられる。ここに、日本の律令制における儀式書編纂の到達点がみられるのである。しかし、その儀式次第が実態にあわない点をもつ理念的産物であったということができよう。

## 小　結

以上、平安時代の他の儀式書に比べ特異である『儀式』の篇目配列について分析してきた。そして、記載内容の検討とあわせて、『儀式』の編纂者には天皇を頂点とする宮廷秩序の維持・強化の意識が存在し、『儀式』は理念的産物であったことを指摘した。

しかし一方で、日本の儀式書と唐の礼書とでは相違する面もみられる。まず、『儀式』では賓礼・軍礼の篇目がまとめて配列されていないことである。『儀式』には賓礼にあたる篇目が存在しないが、これは九世紀中葉から外国使節に対する天皇の関与が後退していくことに対応していると思われる。[21] また、唐礼で軍礼にあたる篇目が、『儀式』では35十七日観射儀・65十二月大儺儀・73賜将軍節刀儀・74将軍進節刀儀というように分散している。[22] 以上のことは、『儀式』において賓礼と軍礼の概念が欠落していることを示している。逆に、『儀式』には政務儀礼・献上儀が年中行事・臨時公事の順に配列されている。前述したように、これは唐礼にはみられない儀式であり、坂本氏は、日本の儀式書の特質であるとしている。[23] そして平安中期以降、政務と儀式とが一体化した政務儀礼が貴族社会において重要視されていくのである。

『儀式』は、理念的産物であった反面、日本の貴族社会の実情をも包み込み、それに移行していく面を有していたことも忘れてはならない。

## 註

（1）和田英松『本朝書籍目録考証』（一九三六年）。

（2）『儀式』を『貞観儀式』とするのは、江戸時代の荷田春満・在満以来の定説である。ただし、両者を別個のものとみる説に、石塚一石「三代儀式の成立について」（『日本上古史研究』七―二、一九六三年）、武光誠「『儀式』の撰定とその伝来」（『古代文化』三〇―六、一九七八年）、森田悌「儀式書の編纂」（『日本古代律令法史の研究』文献出版、一九八六年、初出一九七九年）がある。

（3）西山茂「貞観儀式の成立年代について」（『宗教研究』一三一、一九五二年）。

（4）石塚前掲註（2）論文。虎尾俊哉『延喜式』（吉川弘文館、一九六四年）。所功「『儀式』の成立」（『平安朝儀式書成立史の研究』国書刊行会、一九八五年、初出一九七六・一九七七年）。森田前掲註（2）論文。

なお、これについて『貞観儀式』が『儀式』の書名で伝来していることに注目したい。たとえば、『弘仁格』『弘仁式』の序は「格式序」として伝えられているが、これは『貞観格』『貞観式』が編纂される以前は、「格式」といえば無条件に『弘仁格』『弘仁式』を指したからであろう。同様に、『儀式』がとりたてて「貞観」という元号を冠していないのは、それ以前に『儀式』あるいは元号を冠した儀式書が存在しなかったからではなかろうか。したがって、このことも『弘仁儀式』が存在しなかったことを示唆するものと憶測されよう。

（5）所前掲註（4）論文。

（6）所功「『内裏式』の成立」（前掲註（4）書、初出一九八四年）。なお、西本昌弘「『内裏式』逸文の批判的検討―二つの『内裏式』をめぐって―」（『日本古代儀礼成立史の研究』塙書房、一九九七年、初出一九九三年）は完本とする。

（7）坂本太郎「儀式と唐礼」（坂本太郎著作集第七巻『律令制度』（吉川弘文館、一九八九年、初出一九四一年））。

（8）森田悌「『儀式』と『新儀式』」（前掲註（2）書、初出一九八四年）。

（9）瀧川政次郎「大唐開元禮と貞観儀式」（『儀礼文化』七、一九八五年）。

（10）和田萃「タカミクラ―朝賀・即位式をめぐって―」（『日本古代の儀礼と祭祀・信仰』上、塙書房、一九九五年、初出一九八四年）。橋本義則「平安宮草創期の豊楽院」（『平安宮成立史の研究』塙書房、一九九五年、初出一九八四年）。

（11）土田直鎮「平安時代の政務と儀式」（『奈良平安時代史研究』吉川弘文館、一九九二年、初出一九七四年）。橋本義彦「貴族政権の政治構造」（『平安貴族』平凡社、一九八六年、初出一九七六年）。

（12）『北山抄』巻第一、九日始議外官除目事、十一日除目事。なお、『西宮記』巻二においても、除目関係の儀式次第は踏歌（十四日男踏歌）の前に、『江家次第』巻第四においては、正月の最後に配列されている。

(13) ただし、『西宮記』巻二においても、女官除目が除目の後に配列されている。
(14) 平安初期の法典編纂に関する研究として、宮本有香「平安初期編纂事業の一考察—弘仁期を中心に—」(『国學院大學大学院紀要』文学研究科、二七、一九九六年) がある。
(15) 古瀬奈津子「格式・儀式書の編纂」(『日本古代王権と儀式』吉川弘文館、一九九八年、初出一九九四年)。
(16) 本書第三章、初出一九九二年。
(17) 『日本紀略』弘仁九年(八一八)三月丙午条。
(18) 本書第三章、初出一九九二年。
(19) 本書第五章、初出一九九一年。
(20) 本書第六章、初出一九九〇年。
(21) 田島公「日本の律令国家の『賓礼』—外交儀礼より見た天皇と太政官—」(『史林』六八—三、一九八五年)。
(22) これ以外にも、大日方克己氏は、37四月廿八日牽駒儀・38五月五日節儀・39同六日儀・40相撲節儀を軍事的儀礼として捉えている(同『古代国家と年中行事』〔吉川弘文館、一九九三年〕参照。
(23) 坂本前掲註(7)論文。

# 第五章　紫宸殿と節会

## 一　節会の場

平安初期・九世紀に編纂された勅撰の儀式書である『内裏式』『儀式』の記載と、平安中期・十世紀の私撰の儀式書である『西宮記』の記載とを比較してみると、国家的饗宴[1]としての儀式が行われる場所に変化が見受けられる。まず、『内裏式』『儀式』で豊楽院儀とされていた正月の元日節会、七日白馬節会、十六日踏歌節会、十一月の新嘗会が、『西宮記』では紫宸殿儀となっており、また、『内裏式』で神泉苑儀とされていた七月の相撲節、九月九日の重陽節も、『西宮記』では紫宸殿儀となっている[2]。

これらの儀式は、養老雑令諸節日条に、

凡正月一日、七日、十六日、三月三日、五月五日、七月七日、十一月大嘗日、皆為二節日一、其普賜、臨時聴レ勅、

と規定されている節日に行われる節会に由来するものが多い。令にみえる三月三日の曲水宴は大同三年（八〇八）に節会としては停止され[3]、逆に九月九日の重陽節は令にはみえないが、後述するように、弘仁三年（八一二）に三月三日節に準ずるという型で節会の例に加えられている。また、五月五日の馬射は、『内裏式』『儀式』『西宮記』のいずれ

もが武徳殿儀としているが、[4]これは埒道等を設置するために紫宸殿で行うことがきわめて困難であったからであろう。すなわち、五月五日の馬射を例外として、他の節会の行われる場所は、十世紀にはすべて紫宸殿に集中するようになるのである。

ところで、日本古代の儀式は、定期的に一定の場所で反復して行われることから宮廷の君臣上下関係秩序の維持・強化に有効な手段であった。[5]そのなかでも節会は、天皇と官人とが一堂に会して行われる饗宴であることから、朝賀・即位式等の国家的儀式と同様に、宮廷秩序の維持・強化に最も有効に機能する儀式である。したがって、節会の場が変化することは重要な意味を有するといえよう。そこで、豊楽院や神泉苑で行われていたこれら六つの節会が紫宸殿儀へと集中されていく問題を検討し、その意義について考察を加えたい。

## 二　豊楽院儀・神泉苑儀の成立

元日節会、白馬節会、踏歌節会、相撲節、重陽節、新嘗会の六つの節会が行われる場所は、どのように変化したのであろうか。『日本後紀』『続日本後紀』『日本文徳天皇実録』『日本三代実録』『類聚国史』によって、平安京遷都後の延暦十四年（七九五）から仁和期までの各々の節会が行われた場所を示すと節会式場表（表4）のようになる。[6]これを概観すると、まず、これらの節会のすべてが平安京遷都の直後から豊楽院や神泉苑で行われていたわけではなく、最初は紫宸殿で行われていた節会もあることが指摘できる。これは、『内裏式』よりも古い儀式文を記載していると考えられる『内裏儀式』[7]が、元日節会・白馬節会・踏歌節会の行われる場所を「宮」、すなわち内裏（紫宸殿）としている[8]ることに対応しているものと考えられる。そこで、これら六つの節会がいつから紫宸殿で行われるようになったのかを考えるのに先立って、まず、これらの節会がいつから豊楽院や神泉苑で行われていたのかということについて検討する必要があろう。

まず、豊楽院で行われていた元日節会・白馬節会・踏歌節会・新嘗会について検討していきたい。豊楽院に関してはすでに橋本義則氏の研究がある(9)。それによると、豊楽院は国家的饗宴の施設として平安宮においてはじめて創設されたものであり、その創建時期は延暦十八年正月以後、大同三年十一月以前と考えられる。そして、創建当初の豊楽院は蕃客来朝に備えた国家的饗宴の施設、また豊明節会のための饗宴の場であったが、弘仁期には正月三節・観射・新嘗会等の節会のための施設としての機能をあわせもつことにより、一層、饗宴施設としての機能を高め、その機能を最も発揮したのは弘仁後期であるということである。以下、橋本氏の指摘を参考にして、四つの節会がいつから豊楽院で行われていたのかを検討していきたい。

元日節会は、正月元日に朝堂院での朝賀の後に、場所を遷して催される饗宴である。この元日節会は、表4によると弘仁十年まで前殿（紫宸殿）で行われており、豊楽院で行われるようになるのは弘仁十一年からである。後述するように、四つの節会のなかでは最も遅れて豊楽院で行われるようになった節会ということになる。元日節会の特徴として橋本氏は、次の三点を指摘している。第一に、蕃客が来朝している時には、他の節会には蕃客も参列しているのに対し、元日節会には蕃客の参列がみられないこと、第二に、元日節会の参列者が五位以上から次侍従以上に限定されていくこと、第三に、奈良時代においては場所を二カ所にわけて元日節会を行うことがあり、その際、節会に預かる者をその場に応じてわけていることである。これらのことから橋本氏は、他の節会に比較して元日節会は私的性格のより強い節会であるとしている。元日節会が豊楽院で行われるようになるのが他の節会よりも遅れたのも、元日節会のこのような性格と無関係ではなかろう。

**表 4**　節会式場表

| | 元日節会 | 白馬節会 | 踏歌節会 | 相撲節 | 重陽節 | 新嘗会 | |
|---|---|---|---|---|---|---|---|
| 延暦 14 | 前 | △ | △ | | | | 日本後紀・類聚国史 |
| 15 | 前 | △ | △ | 馬 | | △ | |
| 16 | 前 | △ | △ | | | △ | |
| 17 | 前 | △ | △ | | | | |
| 18 | 前 | 朝 | 朝 | | | | |
| 19 | 前 | | | | | | |
| 20 | 前 | | △ | | | | |
| 21 | 前 | △ | | 朝 | | | |
| 22 | 前 | | △ | △ | | | |
| 23 | 前 | △ | △ | △ | | | |
| 24 | | | △ | | | | |
| 大同元 | 前 | | | | | | |
| 2 | | | | 神 | 神 | | |
| 3 | 前 | | | 神 | | 豊※ | |
| 4 | | △ | | | 神 | | |
| 弘仁元 | | | | 神 | | 豊※ | |
| 2 | | △ | | 神 | 前 | | |
| 3 | 前 | △ | △ | 神 | 神 | 豊 | |
| 4 | | 豊 | △ | 神 | 神 | | |
| 5 | 前 | △ | △ | 神 | 神 | △ | |
| 6 | 前 | △ | 豊 | 神 | | | |
| 7 | 前 | △ | 豊 | 神 | — | | |
| 8 | 前 | △ | △ | | 神 | △ | |
| 9 | 前 | △ | △ | — | 神 | | |
| 10 | 前 | 豊 | △ | | 神 | 豊 | |
| 11 | 豊 | 豊 | 豊 | 神 | 神 | | |
| 12 | | | | | | | |
| 13 | 豊 | 豊 | 豊 | | 神 | | |
| 14 | 豊 | 豊 | | | | | |
| 天長元 | 紫 | | | | | | |
| 2 | 前 | | — | | | | |
| 3 | 内 | 豊 | | 豊 | 内 | | |
| 4 | 宜 | | 紫× | | | | |
| 5 | 内 | 豊 | | | 神 | 豊 | |
| 6 | 紫 | | | 神内 | | | |
| 7 | 紫 | | 紫 | 神 | 内 | 内 | |
| 8 | | | 紫 | 建内冷紫 | 紫 | | |
| 9 | 紫 | | | 建 | 紫 | | |
| 10 | 紫 | 豊 | | 神紫 | 紫 | 豊※ | 続日本後紀 |
| 承和元 | 紫 | 豊 | | 紫 | 紫 | | |
| 2 | 紫 | 豊 | | 神紫 | 紫 | | |
| 3 | 紫 | 豊 | | 神紫 | 紫 | | |
| 4 | 紫 | 豊 | 紫 | 紫 | 紫 | | |
| 5 | 紫 | 豊 | 紫 | | — | | |
| 6 | 紫× | 紫 | 紫 | | 紫 | | |
| 7 | 紫 | 紫 | 紫 | | — | | |
| 8 | | | | 紫 | 紫 | 紫 | |
| 9 | 紫 | 豊 | 紫 | — | | | |

| | | | | | | | |
|---|---|---|---|---|---|---|---|
| 10 | | | | | 紫 | | 続日本後紀 |
| 11 | 紫 | 紫 | 紫 | | 紫 | | |
| 12 | 紫 | 豊 | 紫 | | 紫 | 紫 | |
| 13 | 紫 | 豊 | 紫 | | 紫 | | |
| 14 | 紫 | 紫 | 紫 | | 紫 | | |
| 嘉祥元 | 紫 | 紫 | | | 紫 | | |
| 2 | 紫 | 紫 | | | 紫 | | |
| 3 | 紫 | 紫× | △ | | | | |
| 仁寿元 | | | | | 一 | 豊※ | 日本文徳天皇実録 |
| 2 | 南 | 豊 | △ | | 南× | | |
| 3 | 南 | 豊 | △ | | 南× | 豊 | |
| 斉衡元 | 南 | 梨 | | | 南 | 南 | |
| 2 | △ | 南 | | | 南 | 南 | |
| 3 | 南 | 南 | | | 南 | 南 | |
| 天安元 | 南 | 豊×南 | | | 南× | 豊×冷 | |
| 2 | | 豊×南 | | 新 | | | |
| 貞観元 | | 一 | 一 | | 一 | 豊※ | 日本三代実録 |
| 2 | 東 | 豊 | 東 | | 一 | | |
| 3 | 東 | 豊 | 東 | 東 | 東× | 東 | |
| 4 | 東 | 東 | 東 | 東 | 東 | 東 | |
| 5 | 東 | 東 | 東 | 南 | △ | 東 | |
| 6 | 東 | 東 | 東 | 東 | 東 | 東 | |
| 7 | 東× | 東 | 東× | 建南 | 太 | 紫 | |
| 8 | 宜 | 紫 | 紫 | | 一 | 紫 | |
| 9 | 紫 | 紫 | 紫 | 紫 | 紫 | 紫 | |
| 10 | 紫 | 紫 | 紫 | | 紫 | 紫 | |
| 11 | 一 | 紫 | 紫 | | 一 | 紫 | |
| 12 | 紫 | 紫 | 紫× | 紫 | 紫 | 紫 | |
| 13 | 紫 | 紫 | 紫 | 綾 | 一 | 一 | |
| 14 | | 紫× | 一 | 一 | 一 | 一 | |
| 15 | 紫 | 紫 | 一 | | 一 | 紫 | |
| 16 | 紫 | 紫 | 紫 | 紫 | 一 | 紫 | |
| 17 | 紫 | 紫 | 紫 | | 紫 | 紫 | |
| 18 | 紫 | 紫 | 紫 | | 一 | 紫 | |
| 元慶元 | | 東 | 東 | 綾 | 一 | 豊※ | |
| 2 | 紫 | 紫 | △ | | 紫 | 紫 | |
| 3 | 紫 | 紫 | 紫 | 仁 | 一 | | |
| 4 | 紫 | 紫 | 紫 | 仁 | 紫 | 紫 | |
| 5 | | 一 | | | 一 | 一 | |
| 6 | | 紫 | 紫 | 紫 | 紫 | 紫 | |
| 7 | 紫 | 紫 | 紫× | 紫 | 紫 | 一 | |
| 8 | 紫 | 紫× | 紫× | 紫 | 紫 | 豊※ | |
| 仁和元 | 紫 | 紫 | 紫 | 紫 | 紫 | 紫 | |
| 2 | 紫 | 紫 | 紫 | 紫 | 紫 | 紫 | |
| 3 | 紫 | 紫 | 紫 | 紫 | | | |

朝（朝堂院）、豊（豊楽院）、神（神泉苑）、紫（紫宸殿）、内（内裏）、前（前殿）、南（南殿）、宜（宜陽殿）、仁（仁寿殿）、綾（綾綺殿）、建（建礼門）、東（東宮前殿）、太（太政官）、冷（冷然院）、馬（馬埒殿）、梨（梨下院）、新（新成殿）

△（場所不明）、一（停止）、紫×（不御紫宸殿）、豊×南（不御豊楽院御南殿）、※（大嘗会）

白馬節会は、正月七日に行われる饗宴で、白馬奏、御馬渡、御弓奏、位記召給等が行われる節会である。白馬節会が豊楽院で行われた初見は弘仁四年である。しかし、白馬節会と豊楽院との関係を考えるにあたっては、次の『日本後紀』延暦十八年正月壬子条の記事が興味深い。

豊楽院未レ成レ功、大極殿前龍尾道上構二作借殿一、葺以二彩帛一、天皇臨御、蕃客仰望、以為二壮麗一、命二五位已上一宴楽、渤海国使大昌泰等預焉、賚レ禄有レ差、

これによれば、延暦十八年には豊楽院が完成していなかったために朝堂院で白馬節会を行ったということであり、もし、完成していれば白馬節会は豊楽院で行われたということになる。ただし、『内裏儀式』の記載によれば、白馬節会は通常は元日節会、踏歌節会と同様に紫宸殿で行われ、蕃客来朝時に限って豊楽院で行われることになっている。当条で白馬節会を行う場として豊楽院が意識されていることや、さらに同じ延暦十八年の踏歌節会と観射が朝堂院で行われているのも[10]、蕃客来朝時の特例と考えられる。したがって、当条をもって白馬節会は創建当初から豊楽院で行うことが予定されていたと速断することは差し控えなければならない。しかし、『内裏儀式』において蕃客来朝時に豊楽院を使用することが記載されているのは白馬節会のみであり、白馬節会は豊楽院との関係が元日節会・踏歌節会・観射よりも密接であることがうかがわれる。このことから、白馬節会は平安京遷都後の早いうちから豊楽院で行われていたことが推測されよう。倉林正次氏は、白馬節会の方が元日節会よりも朝賀に対応する饗宴として位置づけられると指摘しているが[11]、これらのことから橋本氏は、白馬節会を公的性格の強い饗宴としている。

踏歌節会は、正月十六日に行われる饗宴で、その名のとおり足で地を踏み拍子をとって歌う踏歌が行われる節会である。踏歌節会が豊楽院で行われた初見は弘仁六年である。これ以前では、延暦十八年に朝堂院で行われたことが知られるが、前述したように、これは蕃客来朝時の特例と考えられる。これ以外に弘仁五年以前に踏歌節会が行われた

場所を確認できる例は存在しない。したがって、踏歌節会がいつから豊楽院で行われるようなったのかは不明である。しかし、弘仁六年が儀式の整備・改革にとって重要な年であることを考えれば、(12)弘仁六年から踏歌節会が豊楽院で行われるようになったと推測することも可能であろう。このことから、元日節会ほどではないが、踏歌節会は白馬節会に比べて豊楽院の使用が遅れたであろうことが推定できよう。

新嘗会は、十一月の下卯の日（三卯ある時は中卯の日）に新穀を天神地祇に献上し天皇自らも共食する、新嘗祭の翌日（辰の日）に行われる饗宴である。新嘗会が豊楽院で行われた初見は弘仁三年である。しかし、創建当初の豊楽院は蕃客来朝に備えた国家的饗宴の施設であると同時に、豊明節会のための饗宴の場であるという前述の橋本氏の指摘のように、大嘗祭の豊明節会（大嘗会）を含めれば、大同三年の平城天皇の大嘗会、弘仁元年の嵯峨天皇の大嘗会も豊楽院で行われている。大嘗祭が天皇代はじめの新嘗祭であるのと同様に、大嘗会が天皇代はじめの新嘗会であることや、新嘗会の豊楽院で行われている実例が元日節会・踏歌節会よりも早いことを考慮するならば、新嘗会も白馬節会と同様に、平安京遷都後の早いうちから豊楽院で行われていたと推測できよう。

続いて、神泉苑で行われていた相撲節・重陽節の検討に移りたい。神泉苑は平安宮大内裏の南に隣接して造営された離宮、苑であり、苑内には池や馬場が設けられ、その景観は文人の称讃するところであった。『日本紀略』延暦十九年七月乙卯条に、「幸二神泉一」とあるのが神泉苑の初見であり、平安京遷都後間もなく造営されたことがわかる。太田静六氏によれば、神泉苑は造営当初の延暦期から承和期にかけては歴代天皇の御遊があり、離宮として最大限に活用されたが、仁寿・斉衡期からは離宮として用いられることはなくなり、請雨修法の霊場や池水の開放としての用に供されるようになるということである。(13)

相撲節は、七月七日にその名のとおり相撲が行われる節会である。相撲節が神泉苑で行われた初見は大同二年である。以後、弘仁期まで一貫して神泉苑で行われている。なお、七月七日には、天平六年（七三四）・大同二年・三年・弘仁三年・四年・六年のように、七夕詩が賦せしめられている(14)。また、平安中期以降には七月七日に乞巧奠が行われるようになる(15)。このように、七月七日には相撲以外にも多様な行事が行われているが、これらの行事が整備される以前に、七月七日に行われていた本来的行事は農耕神事であったと考えられている(16)。したがって、相撲節が七月七日に設定されていることから、かつて七月七日に行われていた農耕神事と水との関連によって、水を豊富に湛える神泉苑で相撲節が行われたものと考えられよう。

　重陽節は菊花宴とも呼ばれ、九月九日に文人を召して詩を賦せしめることを特徴とする饗宴である。九月九日に饗宴を行うことは、『日本書紀』天武十四年（六八五）九月壬子条に、

　天皇宴二于旧宮安殿之庭一、是日、皇太子以下、至二于忍壁皇子一、賜レ布各有レ差、

とあるように、古くから行われていたが、前述したように、九月九日は養老雑令諸節日条には規定されていない。これは、九月九日が天武天皇の国忌にあたるからであろう(17)。そして、重陽節が節会の例に加えられるのは、前に触れたように、弘仁三年に三月三日節に準ずるようになってからであり、そのことは『政事要略』巻第二十四、年中行事九月にみえる天長格抄所引の二通の弘仁三年九月九日太政官符に、「応三九月九日節准二三月三日一事」「五畿内志摩近江若狭紀伊淡路等国司応レ進二九月九日節御贄一事（中略）准二廃三月三日節一令レ進レ之」とあることからわかる。このように、重陽節は饗宴としての起源は古いが新しい節会であるといえよう。重陽節は弘仁三年以後、同十三年までずっと神泉苑で行われている。重陽節の中核が作文であることを考えれば、重陽節を神泉苑で行うのは、文人を召して詩を賦せしめるのに池をもつ神泉苑の景観がそれに適していたからではなかろうか。なお、大同二年・四年にも九月九日に神泉苑で饗宴が行われているが、これは本来ならば正月十七日に行うべき観射を、正月は三つの節会があって繁忙であ

るという理由で九月九日に行ったものである。(18)そして、弘仁二年には前殿（紫宸殿）で饗宴が九月九日に行われており、重陽節が神泉苑で行われるようになったのは弘仁三年からであるといえよう。すなわち、重陽節は相撲節より遅れて神泉苑で行われるようになったということが指摘できよう。

以上、六つの節会がそれぞれいつから豊楽院や神泉苑で行われていたのかを検討してきた。その結果指摘できることは、その時期によってこれら六つの節会が二つのグループにわけられることである。一つは、弘仁期に入ってから豊楽院や神泉苑で行われるようになった節会であり、元日節会・踏歌節会・重陽節がそれにあたる。これらは、おそらく弘仁期の儀式の整備・改革の一環として豊楽院や神泉苑で行われるようになったものと考えられよう。今一つは、弘仁期以前からすでに豊楽院や神泉苑で行われていたと推定される節会であり、白馬節会・相撲節・新嘗会がそれにあたる。これらは、平安京遷都後の早いうちから豊楽院や神泉苑で行われていたと推測されよう。

## 三　紫宸殿儀への移行

これら六つの節会は、その後いつから紫宸殿で行われるようになったのであろうか。先程と同様に、表4を参考にして豊楽院儀・神泉苑儀の順にそれぞれ検討していきたい。

元日節会が紫宸殿で行われるようになるのは天長元年（八二四）からであり、以後、一貫して紫宸殿で行われている。前述したように、元日節会は弘仁十年まで前殿（紫宸殿）で行われていた。豊楽院で行われていたのは弘仁十一年から十四年までの四年間で、実例は弘仁十一年・十三年・十四年の三例のみである。こうしてみると、豊楽院で行うことの方がむしろ例外であるかのような感じさえする。このことから、元日節会を豊楽院で行うことが定着しなかったのではないかと推測される。

白馬節会は弘仁・天長期は一貫して豊楽院で行われている。白馬節会が紫宸殿で行われた初見は承和六年（八三九）であり、それ以後、承和期から貞観期のはじめにかけて豊楽院儀と紫宸殿儀とが混在する。そして、豊楽院儀は貞観三年（八六一）を最後に姿を消し、四年間東宮前殿で行われ、[19]貞観八年から白馬節会は紫宸殿儀として定着するのである。

踏歌節会が紫宸殿で行われた初見は天長七年である。しかし、天長四年正月戊寅条に「不レ御二紫宸殿一」とあることから、[20]天長四年にはすでに紫宸殿で行われることが予定されていたことがわかる。したがって、元日節会と同様に踏歌節会も、天長期に入ってすぐに紫宸殿儀へと移行したと考えられる。

新嘗会が紫宸殿で行われるのは天長七年に「内裏」とあるのを初見とし、[21]その後、豊楽院儀と紫宸殿儀とが混在する。新嘗会の豊楽院儀の最後の例は仁寿三年（八五三）であるが、『日本文徳天皇実録』天安元年（八五七）十一月丙辰条に、

不レ御二豊楽院一、便於二冷然院一、命二公卿一開レ宴、百寮供張、五節舞態、尚如下向二龍顔一之時上、賜レ禄亦如レ常、

とあり、結果的には冷然院で行われたものの、天安元年はまだ新嘗会を行う場として豊楽院が予定されていたことがわかる。そして、貞観三年から四年間東宮前殿で行われ、新嘗会が紫宸殿儀として定着するのは貞観七年以後である。このように、天長期にすぐに紫宸殿で行われるようになった元日節会・踏歌節会に比べ、新嘗会は紫宸殿儀に移行するのが、白馬節会と同様に遅れているのである。なお、大嘗会は、新嘗会が紫宸殿で行われるようになって以後も、一貫して豊楽院で行われている。

相撲節は前述したように、大同・弘仁期には一貫して神泉苑で行われていた。しかし、『内裏式』の規定によれば、

相撲節は七月七日と八日の二日間にわたって行われ、七日は神泉苑で、八日は紫宸殿で行われることになっている。すなわち、相撲節を紫宸殿で行う素地がすでにここにできていたといえよう。そして天長期以後、相撲節が数日にわたって場所を遷して行われるために、相撲節が行われる場所として神泉苑の他に、豊楽院・冷然院・建礼門・紫宸殿が登場してくる。承和三年を最後として相撲節を神泉苑で行う例がみられなくなるが、これはその後、天安期まで相撲節の記事が国史にほとんどあらわれなくなることによるものであろう。そして、貞観期以降には相撲節が紫宸殿で行われることが多くなる。このように、相撲節は豊楽院儀における白馬節会・新嘗会と同様に、承和期から貞観期にかけて紫宸殿儀へと移行したと考えられよう。なお、神泉苑で相撲節が行われなくなるのは、式日の変化との関連が憶測される。相撲節の式日ははじめ七月七日であったが、平城上皇の国忌を避けるために天長三年に七月十六日に改められ[22]、その後、承和期には七月八日頃に、貞観前期には一定せず、貞観後期・元慶期には七月二十八日頃に行われ、元慶八年（八八四）に七月二十五日に定められる[23]。前述したように、七月七日の農耕神事との関連で相撲節が神泉苑で行われていたとするならば、相撲節が七月七日に行われなくなることによって、神泉苑との関係も希薄になったのではなかろうか。

重陽節は、天長期に入ると天長三年に内裏（紫宸殿）で行われ、天長五年に一度神泉苑で行われたが、天長七年からは紫宸殿儀として定着する。すなわち、重陽節も豊楽院儀における元日節会・踏歌節会と同様に、天長期にすぐに紫宸殿儀へと移行したと考えられる。なお、『内裏式』が重陽節を神泉苑で行うと規定しているのに対し[24]、『儀式』が紫宸殿で行うと規定していることは興味深い。これは、『儀式』が編纂された貞観後期には、元日節会・白馬節会・踏歌節会・新嘗会のいずれもが紫宸殿儀として定着していたにもかかわらず、『儀式』がそれらを豊楽院で行うと規定しているのとは対照的である。また、『内裏式』は七月七日の相撲節を神泉苑で行うと規定しているのに対し、『儀式』

は式日・式場とも明記していない。これらのことは、神泉苑が豊楽院よりも節会の場としてはやや格が低いことを意味しているのではなかろうか。

以上、六つの節会がそれぞれいつから紫宸殿で行われるようになったのかを検討してきた。その結果指摘できることは、紫宸殿儀へと移行する時期も二つのグループにわけることができ、しかもそれが、前述した、それぞれの節会が豊楽院や神泉苑で行われるようになった時期によってわけた二つのグループと、まさに対応していることが注目される。すなわち、弘仁期になってから豊楽院や神泉苑で行われるようになった元日節会・踏歌節会・重陽節は、天長期になるとすぐに紫宸殿で行われるようになり、豊楽院や神泉苑で行われていたのは弘仁期のみに限定される。これに対し、平安京遷都後の早いうちから豊楽院や神泉苑で行われていたと考えられる白馬節会・相撲節・新嘗会は、承和期から貞観期にかけて紫宸殿儀へと移行するのであり、豊楽院や神泉苑で行われていた期間が、元日節会・踏歌節会・重陽節よりも長いのである。

こうしてみると、元日節会・踏歌節会・重陽節と白馬節会・相撲節・新嘗会との間に、節会の性格上の差があるように思える。そこで、まずそれぞれの節会の参列者に注目してみたい(25)。『内裏式』によると元日節会の参列者は侍臣、『儀式』では次侍従以上となっている。踏歌節会は『内裏式』『儀式』とも次侍従以上となっている。重陽節は『儀式』によれば六位以下の文人も召されているが、これは文人に詩を賦せしめるという節会の特徴によるものであり、それを除けば『内裏式』『儀式』とも五位以上となっている。このように、元日節会・踏歌節会・重陽節の参列者は次侍従以上・五位以上に限定されているのである。これに対し、白馬節会・相撲節には、『内裏式』『儀式』によれば六位以下も参列することになっている。また新嘗会は、『内裏式』では五位以上しか儀式文にみられないが、『儀式』では六位以下も参列することになっている。したがって、白馬節会・相撲節・新嘗会は参列者が六位以下に拡大されているのである。実例によっても、白馬節会は弘仁十一年まで、新嘗会は弘仁十年まで参列者が五位以上に限定されていたが、それ以降には「群臣」が参列するようになっており、弘仁期の儀式整備によって参列者が六位以下に拡大されたことがうかがわれる。これに関連して、少し後の史料であるが、『江家次第』巻第十一、被補次侍従事が注目される。(26)

元日　踏歌　重陽

謂二之小節一、宴二次侍従以上一也

（後略）

この記事から、元日節会・踏歌節会・重陽節は次侍従以上が参列する「小節」であり、その他の節会が「大節」であったことがうかがわれる。そして、参列者が次侍従以上・五位以上に限定されている元日節会・踏歌節会・重陽節は天皇中心のより内輪の公的行事であるのに対し、参列者が六位以下に拡大されている白馬節会・相撲節・新嘗会は、より大規模で国家的饗宴としての性格の強い節会であると考えられる。このような節会の格差が、紫宸殿儀への移行の時期の差にもあらわれているのではないだろうか。

元日節会・踏歌節会・重陽節が弘仁期になってから豊楽院や神泉苑で行われるようになるのは、弘仁期の儀式の整備・改革によるものであろう。しかし、これらの節会が豊楽院や神泉苑で行われていたのは弘仁期のみであり、とくに、元日節会は豊楽院で行われた期間が極端に短く、豊楽院で行われることの方がむしろ例外であるかのような感じさえする。したがって、天長期になってすぐに紫宸殿で行われるようになるのは、元日節会に象徴されるように、これらの節会を豊楽院や神泉苑で行うことが定着しなかったものと考えられよう。これに対し、白馬節会・相撲節・新嘗会は、平安京遷都後の早いうちから豊楽院や神泉苑で行われていたと考えられ、弘仁後期には参列者が六位以下にも拡大され、国家的饗宴としての性格をより強め、天長期以降も豊楽院や神泉苑で行われ続けるのである。したがって、紫宸殿儀に移行する時期としては、天長期よりも承和期から貞観期にかけての方がより重要な意味を有するのである。

このことは、紫宸殿の場のもつ機能の変化にも関連する。『日本三代実録』貞観十三年二月十四日庚寅条によれば、承和期以前は天皇は紫宸殿に出御して日常政務をみていたが、仁寿期以降は紫宸殿に出御して政務をみることはなくなったという(27)。そして日常政務と同様に、天皇が紫宸殿に出御して行われていた政務儀礼・献上儀等に、天皇が出御しなくなるのも、第六章で詳述するように文徳天皇の仁寿・斉衡期からである(28)。このように、日常政務や政務儀礼・献上儀等に天皇が紫宸殿に出御しなくなる時期は、白馬節会・相撲節・新嘗会が紫宸殿で行われるようになる承和期から貞観期にかけての時期と、まさに一致するのである。古瀬奈津子氏によれば、奈良時代には天皇は大極殿に出御して政務をみていたが、延暦八年以後の長岡宮や平安宮で内裏と朝堂院とが分離すると、紫宸殿で政務をみるようになり、紫宸殿が日常政務の場になるという(29)。さらにその後、国家的饗宴としての儀式が紫宸殿で行われるようになり、逆に天皇が紫宸殿に出御して政務をみることがなくなると、清涼殿が日常政務の場兼プライベートの場となり、そして、紫宸殿が儀式の場として確立するということである(30)。すなわち、白馬節会・相撲節・新嘗会が紫宸殿で行われるようになる承和期から貞観期にかけての時期に、紫宸殿が儀式の場として確立するのである。

## 四　紫宸殿儀の特質

これら六つの節会は、紫宸殿で行われるようになると、それ以前の豊楽院や神泉苑で行われていた時と比べ、その儀式構造にどのような変化がみられるのであろうか。『西宮記』『北山抄』『江家次第』等に記載されている各々の節会の紫宸殿儀を、『内裏式』『儀式』に規定されている豊楽院儀・神泉苑儀と比較してみると、儀式構造を根底から覆すような変化はみられない。(31) しかし、六つの節会にほぼ共通する注目すべき相違が見受けられる。

まず第一に、白馬節会・相撲節・新嘗会の三つの節会の参列者が変化していることである。前述したように、これらの節会は豊楽院や神泉苑で行われていた時には六位以下の官人も参列していた。しかし、紫宸殿儀を記載する『西宮記』『北山抄』『江家次第』の相撲節・新嘗会の儀式文には、六位以下が登場してこない。白馬節会のみは六位が登場してくるが、これは当日の位記召給によって五位に叙爵される者で、五位の範疇に入るものと考えられる。そして、『北山抄』の群臣が参入してくる部分に注目すると参入してくる臣下の下限を白馬節会・新嘗会では五位以上、相撲節では次侍従においている。すなわち、これら三つの節会は紫宸殿儀では参列者が次侍従以上・五位以上に限定されるようになると考えられよう。天長期に紫宸殿儀に移行した元日節会・踏歌節会・重陽節は、参列者がもともと次侍従以上・五位以上に限定されていた節会であることを考えあわせるならば、紫宸殿で節会が行われる場合は参列者が次侍従以上・五位以上に限定されるということができよう。(32) このことは、承和期から貞観期にかけて紫宸殿が儀式の場として確立したとはいえ、国家的饗宴の場である豊楽院や御遊の場である神泉苑に比べ、矮小化されたものであることを示している。

そのことは『儀式』の規定からもうかがわれる。前述したように、『儀式』が編纂された貞観後期には紫宸殿儀が定着していたにもかかわらず、『儀式』は元日節会・白馬節会・踏歌節会・新嘗会を豊楽院儀としている。このことは、『儀式』が勅撰の儀式書であることを考えれば、紫宸殿が儀式の場として確立したとはいえ、当時はこれらの節会を豊楽院で行うことが本来の姿であるとする意識が存在したあらわれであろうと思われる。

なお、『日本三代実録』の記事によれば、紫宸殿で行われている白馬節会・新嘗会の参列者は「群臣」となっている。

**表5**　節会の座設定表

| | | 参議・三位以上（王卿） | 四位・五位（次侍従） | 六位以下 |
|---|---|---|---|---|
| 元日節会 | 豊楽院儀<br>紫宸殿儀 | 豊楽殿（内・儀）<br>紫宸殿（西・北・江） | 顕陽堂・承歓堂（内・儀）<br>承明門内東西幄（江） | |
| 白馬節会 | 豊楽院儀<br>紫宸殿儀 | 豊楽殿（内・儀）<br>紫宸殿（西・北・江） | 顕陽堂・承歓堂（内・儀）<br>承明門内東西幄（江） | 観徳堂・明義堂（内・儀） |
| 踏歌節会 | 豊楽院儀<br>紫宸殿儀 | 豊楽殿（内・儀）<br>紫宸殿（北・江） | 顕陽堂・承歓堂（内・儀）<br>承明門内東西幄（江） | |
| 相撲節 | 神泉苑儀<br>紫宸殿儀 | 乾臨閣（内）<br>紫宸殿（江） | 閣東西幕（内）<br>宜陽殿西廂（北・江） | 閣東西幕（内） |
| 重陽節 | 神泉苑儀<br>紫宸殿儀 | 乾臨閣（内）<br>紫宸殿（儀・北） | 閣東西幕（内）<br>承明門内東幄（儀） | |
| 新嘗会 | 豊楽院儀<br>紫宸殿儀 | 豊楽殿（内・儀）<br>紫宸殿（西・江） | 顕陽堂・承歓堂（内・儀）<br>承明門内東西幄（江） | 観徳堂・明義堂（儀） |

内『内裏式』、儀『儀式』、西『西宮記』、北『北山抄』、江『江家次第』

このことからみると、これらの節会は紫宸殿儀に移行してすぐに参列者が次侍従以上・五位以上に限定されたわけではないのであって、おそらく、紫宸殿儀が展開していく過程で徐々に参列者が限定されていったのではないかと推定される。

第二に、次侍従もしくは四位・五位の座の位置に相違がみられることである。諸儀式書によって六つの節会の座の設定を示したのが節会の座設定表（表5）である。(33) 節会によって多少の差はあるが、基本的には、豊楽院儀では、参議・三位以上は天皇の出御している豊楽殿、四位・五位は豊楽殿左右南の顕陽堂・承歓堂、六位以下が参加する場合にはさらに南の観徳堂・明義堂に座が設定される。これは橋本義則氏が指摘するように、天皇・臣下ともに各々の場たる殿堂上にあって南庭に向かうことを特徴としている。また神泉苑儀では、参議・三位以上は天皇の出御している乾臨閣、四位・五位は閣東西の幕（幄）、六位以下が参加する場合はさらに東西の幕に座が設定される。これに対し紫宸殿儀になると、参議・三位以上は豊楽院儀・神泉苑儀と同様に天皇の出御している紫宸殿に座が設定される。しかし、四位・五位の座は、豊楽院儀のような殿堂上でもなければ、神泉苑儀のような天皇が出御している殿舎の左右という、比較的天皇に近い位置に設定されるわけでもない。紫宸殿儀における四位・五位の座は、承明門内東西の幄という殿堂上よりも低い位置に座が設定され、天皇や参議・三位以上と南庭を隔てて向きあう型になっている。このように、紫宸殿儀では豊楽院儀・神泉苑儀よりも参議・三位以上と四位・五位との格差が増大していることが指摘できよう。

ただし、『西宮記』巻一（元日）節会に、「右近設殿上人階下饗」とあり、『江家次第』巻第一、元日宴会・巻第二、七日宴会装束に、

南栄簀子敷下御階東西各鋪座二行、（中略）西殿上侍臣蔵人所雑色以下座、

とあることから、同じ四位・五位でも殿上人は紫宸殿の南階の西という天皇の近くに座が設定されていた。すなわち、同じ四位・五位でも昇殿を許されているか否かによって歴然とした差が設けられていたのである。

第三に、紫宸殿儀における御酒勅使の儀の存在が注目される。御酒勅使の儀とは、南庭に列立して謝座・謝酒を行った群臣が各々の座に着した後、二献または三献において四位・五位に御酒を賜うものである。その儀式次第は、紫宸殿上に着している内弁の大臣が大夫達（四位・五位）に御酒を賜うことを天皇に奏上し、天皇が許可した後、内弁は参議一人にその旨を告げる。その参議は紫宸殿南廂の簀子敷で大夫四人を南階に召し、大夫達に御酒を賜うことを仰す。そして、大夫四人は承明門内東西の大夫の幄に還り大夫達は御酒を賜わるのである。この御酒勅使の儀は、『内裏式』『儀式』に記載される豊楽院儀・神泉苑儀にはみられないが、『西宮記』『北山抄』『江家次第』によれば、紫宸殿儀においては相撲節を除く五つの節会で行われている。(34) すなわち、御酒勅使の儀はこれらの節会が紫宸殿儀に移行してから行われるようになったものと考えられる。そして、『内裏式』『儀式』によれば、豊楽院儀・神泉苑儀では群臣が着座した後、すぐに参議・三位以上が酒を賜わるのに続いて、四位・五位も酒を賜わることになっていた。しかし、紫宸殿儀ではわざわざ御酒勅使の儀を介さなければ、四位・五位は御酒を賜わることができないのである。したがっ

て、これらの節会が紫宸殿儀に移行して御酒勅使の儀が行われるようになったことは、参議・三位以上と四位・五位との格差が豊楽院や神泉苑で行われていた時より増大したことを示しているのである。すなわち、御酒勅使の儀の有無は第二点で指摘した四位・五位の座の設定の相違と同様の意味を有するのである。ただし、紫宸殿儀を記載している『儀式』の重陽節の儀式次第には御酒勅使の儀はみられない。このことから、これらの節会が紫宸殿儀に移行してすぐに御酒勅使の儀が行われるようになったわけではないことがうかがわれる。おそらく、第一点で指摘した参列者の変化と同様に、紫宸殿儀が展開していく過程で御酒勅使の儀が行われるようになったのではなかろうか。

以上、六つの節会の紫宸殿儀への移行に伴う儀式構造の変化について検討してきた。その結果指摘しえたことは、参列者が次侍従以上・五位以上に限定されていき、さらにそのなかでも、参議・三位以上と昇殿を許されていない四位・五位との格差が増大していったことである。ただしこれは、紫宸殿で行われるようになってすぐに変化したのではなく、紫宸殿儀が展開していく過程で徐々に変化していったものと考えられる。節会は、天皇と官人とが一堂に会して行われる饗宴であり、宮廷秩序の維持・強化に有効に機能する儀式である。このことを考慮するならば、このような節会の構造の変化は、節会が対象とする宮廷秩序を矮小化させたものであるということができよう。すなわちそれは、天皇を頂点とする支配者層内部における天皇をとりまく官人層を限定し縮小化させたのである。

同様のことは、朝賀の変遷についてもいえる。承和後期から朝賀が廃される例が頻繁になり、貞観期以降、天皇一代に一度の割合で朝賀が行われるようになる。(35) 朝賀はその儀式構造が即位式とほぼ同一であり、また、日本古代の律令制国家では天皇を頂点とする小世界が観念されており、正月元日に中央・地方の官人と来朝している蕃客が天皇に対し朝賀を行うことで、服属を誓うといった意識が存在したという。(36) このように、朝賀は即位式と同様に宮廷秩序の維持・強化に最も有効に機能する儀式である。したがって、朝賀が行われなくなるということは、宮廷秩序に大きな影響を及ぼすものと考えられる。そして、朝賀に替わって登場してくるのが小朝拝である。小朝拝は、『西宮記』巻一、小朝拝所引醍醐天皇御記の、

延木五年正月一日、是日有レ定、止二小朝拝一、仰曰、覧二昔史書一、王者無レ私、此事是私礼也云々、

という記事を初見とするが、これによれば延喜五年（九〇五）以前から行われていたことがわかる。小朝拝は正月元日に王卿以下・殿上六位以上が清涼殿東庭に列立し、天皇に対して拝舞を行うというものであり、朝賀よりも参列者が限定され、縮小化された儀式である。[37]したがって、朝賀から小朝拝へという変化は、節会の変化と同様に宮廷秩序の限定・縮小化を意味するのである。

以上のことをふまえたうえで、今一度、白馬節会・相撲節・新嘗会が紫宸殿儀へと移行した、承和期から貞観期という時期に注目してみたい。承和の変後、北家藤原冬嗣流の政界での優位性が次第に強固になり、嵯峨源氏の政界進出もめざましくなった。逆に、延暦期以降多くみられた、天皇の恣意による寵臣の登用や、天皇の東宮時代から蕃邸の旧臣の重用は抑制されるようになる。ここに、延暦期から天長期にかけての才用主義、側近登用によって形成された官人社会に替わって、奈良貴族社会とも異なった、藤原・源二氏を頂点とする平安貴族社会が形成されてくる。[38]また、この時期には、天皇の恣意によらない機械的昇進を保障する叙位制度が成立し、整備されていく。[39]このように、承和期から貞観期にかけては、貴族社会の階層の固定化が進む時期なのである。

そして一方では、昇殿制が制度として整備されていくのがこの時期である。[40]古瀬奈津子氏によれば、昇殿制は弘仁期に私的側近の制度として成立するが、天皇の私的伺候者としての近臣・近習が承和期以降に正史に頻出するようになり、制度として整備されていったことがうかがわれるという。昇殿制が公的伺候者の制度として発展するのは寛平期になってからであり、承和期から貞観期にかけての整備は、あくまでも私的側近の制度としての域をこえるもので

はなかったが、それが天皇の伺候者の制度である以上、天皇をとりまく官人社会に与える影響は大きかったと考えられる。

このように、承和期から貞観期にかけては、階層の固定化が進展し、天皇の私的伺候者の制度が整備されるという、官人社会にとって一つの画期であったことが指摘できよう。節会の紫宸殿儀への移行が、節会において対象とする宮廷秩序の限定・縮小化をもたらしたことを考えあわせれば、承和期から貞観期にかけての官人社会の変化と、節会の紫宸殿儀への集中とは無関係ではなく、同時並列的に進行した、密接なつながりをもつものであることが容易に想像できよう。

## 小結

九世紀は、八世紀の律令制社会から十・十一世紀の平安貴族社会への移行期として位置づけられ、そして、九世紀中にその変化の画期を求める研究がなされている(41)。その九世紀中において、承和期から貞観期にかけては白馬節会・相撲節・新嘗会が紫宸殿儀へ移行した時期である。これらは、他の節会に比較して早くから豊楽院や神泉苑で行われ、参列者も六位以下に拡大されていった重要な節会である。また、朝賀が廃される例が頻繁になるのも承和後期からであり、それまで天皇が紫宸殿に出御して行われていた政務儀礼・献上儀等に出御しなくなるのも仁寿・斉衡期からである。これらを考えあわせれば、承和期から貞観期にかけての時期は、『内裏式』『儀式』に記載されている儀式の性格に変化が現れはじめ、十世紀に編纂された『西宮記』に記載されている儀式の萌芽の時期として位置づけることができよう。さらに、これは単なる儀式の変化のみにとどまるものではない。節会の紫宸殿儀への移行が、節会における宮廷秩序の限定・縮小化をもたらしたことは、この時期を画期とする官人社会の変化と密接な関連を有していたと考えられる。以上のことから、承和期から貞観期にかけては、八世紀の律令制社会から十・十一世紀の平安貴族社会への移行という観点において、看過しえない重要な時期であるということができよう。

**註**

（1）橋本義則氏によれば、国家的饗宴とは、天皇と臣下とが一体となって行うことで、彼ら律令国家の支配者層の共同体意識の高揚がなされる饗宴であり、また、来朝している外国使節を参列させることによって、国家の威儀を示す機能も有していたとされる（「平安宮草創期の豊楽院」『平安宮成立史の研究』〔塙書房、一九九五年、初出一九八四年〕）。さらに、支配者層内部の秩序を維持・強化するという機能もあわせもっていたと考えられよう。

（2）『内裏式』上、元正受群臣朝賀式并会・七日会式・十六日踏歌式、中、七月七日相撲式・八日相撲式・九月九日菊花宴式・十一月新嘗会式。『儀式』巻第六、元日御豊楽院儀、巻第七、正月七日儀・十六日踏歌儀、巻第八、相撲節儀・九月九日菊花宴儀、巻第五、新嘗会儀。『西宮記』巻一、（元日）節会・七日節会、巻二、十六日女踏歌、巻四、（相撲）召合、巻五、九日宴、巻六、新嘗会。以下、とくにことわらない限り、『内裏式』『儀式』『西宮記』の記載はこれらによる。

なお、『内裏式』上、十七日観射式、『儀式』巻第七、十七日観射儀で豊楽院儀とされていた正月十七日の観射が、『西宮記』巻二、射礼では建礼門前の大庭儀となっていることから、古瀬奈津子氏は、観射も豊楽院儀から紫宸殿儀へと移行した元日節会・白馬節会・踏歌節会・新嘗会と同様に考えられるとしている（「平安時代の『儀式』と天皇」『日本古代王権と儀式』〔吉川弘文館、一九九八年、初出一九八六年〕）。しかし、観射は完全には紫宸殿儀に移行していないので、本章では検討の対象外とした。

（3）『類聚国史』巻第十三、歳時四、三月三日、大同三年二月辛巳条。

（4）『内裏式』中、五月五日観馬射式・六日観馬射式。『儀式』巻第八、五月五日節儀、六日儀。『西宮記』巻三、供菖蒲。

（5）喜田新六「王朝の儀式の源流とその意義」「令制下における君臣上下の秩序維持策」（『令制下における君臣上下の秩序について』皇學館大学出版部、一九七二年、初出一九五五・一九五八年）。

（6）橋本前掲註（1）論文二五二・二五三・二五八・二六〇・二六四頁、古瀬奈津子「昇殿制の成立」（前掲註（2）書、初出一九八七年）三二八・三二九頁の表を参考にして作成。

（7）大西孝子「『内裏式』の書誌的考察」（『皇學館論叢』五―三、一九七二年）。所功「『内裏式』の成立」（『平安朝儀式書成立史の研究』国書刊行会、一九八五年、初出一九八四年）。西本昌弘「古礼からみた『内裏儀式』の成立」（『日本古代儀礼成立史の研究』塙書房、一九九七年、初出一九八七年）。

（8）『内裏儀式』元旦受群臣朝賀式并会・七日宴会式・十六日踏歌式。

（9）橋本前掲註（1）論文。以下、とくに断らない限り、橋本氏の指摘はすべてこれによる。

（10）『日本後紀』延暦十八年（七九九）正月辛酉条・癸亥条。

（11）倉林正次「正月儀礼の成立」（『饗宴の研究』儀礼編、桜楓社、一九六五年）。

（12）弘仁六年正月二十三日には、内裏での儀式に外記が関与することを認め、庶事遵行に際して失錯のないように文記を検収せしめるという二つの宣旨が出されており（『類聚符宣抄』第六、外記職掌・文譜）、同年十一月十四日には、大蔵省において行われる賜季禄儀についての太政官符が出されている（『類聚三代格』巻第六、賜季禄時服馬料事）。また、それまで一定していなかった観射の行われる場所が、豊楽院に定着するのも弘仁六年からである。橋本義則「『外記政』の成立」（前掲註（1）書、初出一九八一年）。本書第三章参照。

（13）太田静六「神泉苑の研究」（『寝殿造の研究』吉川弘文館、一九八七年）。なお太田氏によれば、その後、仁和期から延喜期にかけて一時的に神泉苑が離宮として活用されるようになるが、同時に請雨修法の霊場、池水の開放としての用にも供され、承平・天慶期以降になると御遊のことは全くなくなるということである。

（14）『続日本紀』天平六年七月丙寅条、『日本後紀』大同三年七月丁亥条・弘仁三年七月癸亥条・弘仁六年七月丙子条、『類聚国史』巻第七十三、歳時四、相撲、大同二年七月壬辰条・弘仁四年七月丁巳条。

(15)『北山抄』巻第二、七日乞巧奠事、『江家次第』巻第八、七日乞巧奠事。
(16)和歌森太郎『年中行事』(至文堂、一九五七年)。倉林正次「七月七日節」(『饗宴の研究』文学編、桜楓社、一九六九年)。
(17)『日本書紀』朱鳥元年(六八六)九月丙午条。『続日本紀』大宝二年(七〇二)十二月甲午条。清水清「重陽節の起源」(皇學館大学史料編纂所報『史料』七五、一九八五年)参照。
(18)『類聚国史』巻第七十四、歳時五、九月九日、大同二年九月癸巳条。
(19)清和天皇は九歳で即位した幼帝であったため貞観七年八月まで東宮を居所として過しており、太政官に一時遷った後、貞観七年十一月にようやく内裏に遷御している(『日本三代実録』天安二年八月二十九日丁巳条・貞観七年八月二十一日己巳条・十一月四日辛巳条)。貞観七年まで、清和天皇が東宮前殿に御して節会を行った例が多くみられるのはこのためである。
(20)『類聚国史』巻第七十二、歳時三、踏歌。
(21)『類聚国史』巻第九、神祇九、新嘗祭、天長七年十一月壬辰条。
(22)『類聚国史』巻第七十三、歳時四、相撲、天長三年六月己未条。
(23)『類聚三代格』巻第十八、相撲事、元慶八年八月五日太政官符。ただし実例によれば、これ以後の寛平期から天暦期にかけて、相撲は七月二十八日頃に行われることが多い。
(24)西山茂「貞観儀式の成立年代について」(『宗教研究』一三二、一九五二年)。
(25)節会によっては、通常の場合と蕃客が参列する場合とで、参列者や座の設定が変化することがあるが、ここでは通常の場合を問題にしたい。
(26)同様の記載が、『西宮記』巻十三、諸宣旨・補次侍従出居侍従事、巻十五、補次侍従事。『北山抄』巻六、輔次侍従事にもみえる。
(27)当条によれば、天皇は再び紫宸殿に出御して政務を視るようになったと解釈される。しかし、清和天皇が紫宸殿に出御して政務を視るという記事は、当条と三日後の『日本三代実録』貞観十三年二月十七日癸巳条のわずか二例のみで、その後再び途絶えるのである。そして、「天皇御㆓紫宸殿㆒視㆑事」という記事が頻出するようになるのは、光孝天皇が即位した元慶八年二月以降になってからである。
(28) 本書第六章、初出一九九〇年。
(29) 古瀬奈津子「宮の構造と政務運営法―内裏・朝堂院分離に関する一考察―」(前掲註(2)書、初出一九八四年)。
(30) 古瀬前掲註(2)論文。
(31) 『北山抄』巻第一、同日(元日)宴会事・七日節会及叙位事・同日(十六日)踏歌宴事、巻第二、相撲召合事・九日節会事・辰日節会事。『江家次第』巻第一、元日宴会、巻第二、七日節会装束・七日節、巻第三、踏歌、巻第八、相撲召仰、巻第十、新嘗会装束・同節会次第。以下、とくに断らない限り、『北山抄』『江家次第』の記載はこれらによる。なお、『西宮記』『内裏式』『儀式』については註(2)参照。
(32) この他、紫宸殿で行われる立后や立太子においても、『儀式』巻第五、立皇后儀・立皇太子儀によれば、五位以上は承明門内に列立するが、六位以下は承明門外に列立することになっている。このように、紫宸殿で行われる儀式は、原則として参列者を五位以上に限定しているように思われる。
(33) 註(25)参照。
(34) 相撲節では四位・五位の座が、承明門内東西ではなく宜陽殿の西廂に設定される。このような座の設定の相違によって、相撲節では御酒勅使の儀が行われなかったとも推測されよう。
(35) 所功「『朝賀』儀式文の成立」(前掲註(7)書、初出一九八三年)。
(36) 和田萃「タカミクラ―朝賀・即位式をめぐって―」(『日本古代の儀礼と祭祀・信仰』上、塙書房、一九九五年、初出一九八四年)。
(37) 古瀬前掲註(6)論文。
(38) 宇根俊範「律令制下における改賜姓について―朝臣賜姓を中心として―」(『史学研究』一四七、一九八〇年)。同「律令制下における改賜姓について―宿禰賜姓を中心として―」(『ヒストリア』九九、一九八三年)。
(39) 高田淳「『巡爵』とその成立―平安時代的叙位制度の成立をめぐって」(『國學院大學紀要』二六、一九八八年)。

(40)　古瀬前掲註（6）論文。

(41)　古瀬前掲註（2）・（6）・(29)論文。吉川真司「律令官人制の再編過程」（『律令官僚制の研究』塙書房、一九九八年、初出一九八九年）。大日方克己「古代における国家と境界」（『歴史学研究』六一三、一九九〇年）。

# 第六章　九世紀の儀式と天皇

## 一　儀式と天皇

日本古代の儀式は国家支配・官人統制の機能を有していたとみられるが、[1]律令国家の展開過程において儀式がその機能を最も有効に発揮したのは、その整備・改革が頂点に達した九世紀初頭の弘仁期であると考えられる。また、十世紀以降の平安貴族社会においては、先例を重視し礼儀作法に則って政務処理が行われるようになり、儀式と政務とは一体不可分の関係となる。[2]このように、律令制から平安貴族社会にかけて、儀式は政治的に重要な位置を占めていたのである。

ところで、古瀬奈津子氏は平安前期（九世紀）から平安中期（十～十一世紀半ば）にかけての、とくに天皇が直接関わる儀式の構造変化について、『内裏式』『儀式』の記載と『西宮記』の記載とを比較することにより、『内裏式』『儀式』で豊楽院儀とされている儀式のうち、国家的饗宴としての儀式が『西宮記』では紫宸殿儀となり、紫宸殿が日常政務の場から儀式の場として確立したこと、また、平安前期の紫宸殿儀のうち、大部分は天皇が直接出御することはなくなり、平安中期に至って清涼殿が天皇の日常政務の場兼プライベートの場となったため、紫宸殿で行われていた

儀式は清涼殿儀へと吸収され、紫宸殿が新たに儀式の場となったことを指摘している。(3)

このうち、豊楽院で行われていた国家的饗宴が紫宸殿で催されるようになったことについては、第五章で検討した。一方、紫宸殿儀の大部分に天皇が出御しなくなることは、弘仁期にとくに天皇出御儀に重点が置かれて整備・改革がなされたことを考慮すれば(4)、弘仁期の儀式に対する理念と儀式の実態の重要な変化を意味するものと考えられる。

そこで本章では、九世紀から十世紀中葉にかけての天皇出御儀から不出御儀への変化を概観し、その変化の時期、両儀式の実質的差異、変化の背景について検討し、変化の意義について考察を加えたい。

## 二　天長〜元慶期の儀式の実態

『内裏式』『儀式』で天皇出御儀とされていた儀式のうち、『西宮記』で不出御儀となるのは、政務儀礼では賜女王禄・奏成選短冊・賀茂祭警固・奏銓擬郡領・任官・任女官・詔書・飛駅、献上儀では献御杖・進御暦・進御薬、神事では奏御卜・御贖・大殿祭、その他大儺などの儀式である(5)。古瀬氏の指摘するように、政務儀礼・献上儀・神事のうち『内裏式』『儀式』で天皇が紫宸殿に出御して行われていた儀式は、ほとんどが『西宮記』では不出御儀とされている(6)。これらの儀式は、政務や献上や神事を挙行することを目的とし、それに関与する官人のみが参加する儀式であり、そのほとんどに天皇が出御しなくなるということは、文武百官あるいは限定されても五位以上の全官人が参加し、君臣関係秩序の維持・強化に最も有効に機能する朝賀・節会等の国家的儀式に天皇が出御し続けるのとは対照的である。

それでは、『内裏式』の編纂された弘仁期以降、一体いつ頃からこれらの儀式に天皇が出御しなくなったのであろうか。『類聚国史』『続日本後紀』『日本文徳天皇実録』『日本三代実録』によって、天長期から仁和期までの実例が確かめられるのは、政務儀礼では奏成選短冊・奏銓擬郡領、献上儀では献御杖・進御暦、神事では奏御卜の五つの儀式だけである。それを示すと天皇出御・不出御表Ⅰ（表6）のようになる。

この表を一見すれば明らかなように、すでに貞観期に天皇が出御しない例が数多くみられ、したがって、十世紀半ばに成立したとされる『西宮記』(7)に記載されている不出御儀の実例が、すでに貞観期にみられるのである。

なお、奏成選短冊では貞観十一年（八六九）から貞観十六年まで、奏銓擬郡領では貞観十一年から元慶二年（八七八）まで各々の記事がみられず、また、奏御卜の記事はわずかに五例しか存在しない。しかし、これらの記事の存在しない期間にも当然これらの儀式は行われたものと考えられる。それでは、これらの期間や、さらに儀式が行われたことを示す記事のみが存在し、天皇が出御したか否かが明記されていない年には、果たして天皇出御儀と不出御儀とどちらが行われていたのであろうか。このことについて検討してみたい。

まず、『日本三代実録』元慶八年四月二十三日癸丑条に、

　天皇御二紫宸殿一、式部省奏二諸国銓擬郡司擬文一、式部卿本康親王、太政大臣、左右大臣及諸公卿侍、参議正四位下行左大弁兼播磨守藤原朝臣山陰奉レ　勅読奏、此儀経レ久停絶、是日、尋二検旧儀一而行レ之、

とある。これは、奏銓擬郡領において天皇が出御した記事であるが、ここで注目すべきは「此儀経レ久停絶、是日、尋二検旧儀一而行レ之」という記載である。宮城栄昌氏は「此儀」を奏銓擬郡領そのものと捉え、元慶六年・七年の二年間途絶えていたために旧儀を尋ねて復活したと解釈し、天皇が出御したのも二年間途絶えていたことによる特例としている。(8)しかし、二年間しか途絶えていなかったことを「経レ久停絶」と記すのは不自然である。ここでは、「此儀」を奏銓擬郡領そのものではなく、奏銓擬郡領における天皇出御儀、ことに「奉レ　勅読奏」の儀をさしていると解釈すべきであり、天皇出御儀が久しく停絶していたので旧儀を尋ねて行ったのである。したがって、奏銓擬郡領の記事の存

**表6**　天皇出御・不出御表Ⅰ

| 年 | 天皇 | 政務儀礼：奏成選短冊 | 政務儀礼：奏銓擬郡領 | 献上儀：献御杖 | 献上儀：進御暦 | 神事：奏御卜 | 神事：奏御卜 |
|---|---|---|---|---|---|---|---|
| 天長元 | 淳和 | | | | | | |
| 2 | | | | | | | |
| 3 | | | | | | | |
| 4 | | | | | | | |
| 5 | | | | | | | |
| 6 | | | | | | | |
| 7 | | | | 正・4○ | | | |
| 8 | | | | | | | |
| 9 | | | | | | | |
| 10 | | | | | 12・6△ | | |
| 承和元 | 仁明 | | | | | | |
| 2 | | | | | | | |
| 3 | | | | 正・3○ | | | |
| 4 | | | | | | | |
| 5 | | | | 正・8○ | | | |
| 6 | | | | | | | |
| 7 | | | | | | | |
| 8 | | | | | | | |
| 9 | | | | | | | |
| 10 | | | | | | | |
| 11 | | | | | | | |
| 12 | | | | | | | |
| 13 | | | | | | | |
| 14 | | | | | | | |
| 嘉祥元 | | | | | | | |
| 2 | | | | | | | |

在しない年や存在しても出御か不出御かが不明である年も、天皇は出御していないのであり、奏銓擬郡領においては貞観・元慶期には天皇不出御儀が恒例となっていたと考えられる。

　また、奏御卜にも同様な記事が存在する。すなわち、『日本三代実録』元慶八年六月十日己亥条に、

　天皇御㆓紫宸殿㆒、神祇官大副従五位上大中臣朝臣有本昇殿、読㆓奏御体御卜㆒、左大臣正二位源朝臣融行㆑事、其事具注㆓別式㆒、承和以後、是儀停絶、是日尋㆓旧式㆒行㆑之、

とあるのがそれである。これも天皇が出御した例であるが、天皇出御儀が久しく停絶していたので旧式を尋ねて行ったとあり、ここでは「承和以後」と明記してある。この「承和以後」の

| 2 | 元慶元 | 18 | 17 | 16 | 15 | 14 | 13 | 12 | 11 | 10 | 9 | 8 | 7 | 6 | 5 | 4 | 3 | 2 | 貞観元 | 2 | 天安元 | 3 | 2 | 斉衡元 | 3 | 2 | 仁寿元 | 3 |
|---|---|---|---|---|---|---|---|---|---|---|---|---|---|---|---|---|---|---|---|---|---|---|---|---|---|---|---|---|
| 陽成 | | 清和 | | | | | | | | | | | | | | | | | | 文徳 | | | | | | | | |
| 4・7△ | 4・7△ | | 4・7× | | | | | | | 4・15△ | 4・7× | 4・7× | 4・7× | 4・7× | 4・7× | 4・7× | | | 4・7× | | | | | | | | | |
| 4・25△ | | 4・23× | | | | | | | | 5・14△ | 5・3× | 5・11× | 4・25× | 4・23× | 4・21× | 5・14× | 5・11× | | 4△ | | | | | | | | | |
| 正・7※ | 正・7◯ | 正・1※ | 正・7※ | 正・6※ | 正・1※ | 正・8× | 正・8× | 正・2× | 正・9× | 正・8△ | 正・2× | 正・2× | | 正・4× | 正・4※ | 正・10× | 正・4× | 正・4× | 正・10× | | 正・4※ | 正・11△ | | 正・6※ | 正・12※ | 正・12△ | | |
| | | | | | | | | | | | | 11・2× | | 11・1× | | 11・1× | 11・1× | | 11・1× | 11・1※ | | | | | | | | |
| | | | | | | | | | | | | | | | | | | | | | | | | | | | | |
| | | | | | | | | | | | | | | | | | | | | 12・10△ | | | | | | | | |

記載については後述するとして、奏御トにおいても少なくとも貞観・元慶期には天皇不出御儀が恒例化していたのである。

次に、献御杖における「付二内侍一奏」という記載に注目したい。『内裏式』『儀式』によれば、天皇出御儀では春宮坊（・大舎人寮・左右近衛府・左右兵衛府）が南庭から南階を昇り、簀子敷に卯杖の案を置き、内侍がそれを天皇に奉覧することになっている。(9) 一方、『西宮記』によれば、不出御儀では上卿が清涼殿にいる天皇に献御杖の儀式を行う旨を奏した後、南庭での儀式は行わず、卯杖を直接内侍所に付してそこから天皇へ献上している。(10) このように、内侍は出御儀・不出御儀のいずれにも関与しているのである。それでは

| | | | | | | | |
|---|---|---|---|---|---|---|---|
| 3 | 陽成 | 4・7△ | 4・25△ | 正・1△ | | | |
| 4 | | 4・7× | 4・27△ | 正・1△ | 11・1△ | | |
| 5 | | 4・9△ | 4・28△ | | 11・1× | | 12・10△ |
| 6 | | 4・7× | | 正・12× | 11・1× | | 12・10× |
| 7 | | 4・7× | | | 11・1△ | | |
| 8 | 光孝 | 4・7× | 4・23◯ | | 11・1◯ | 6・10◯ | |
| 仁和元 | | 4・11× | 5・1× | 正・11× | | | |
| 2 | | 4・7× | 4・20× | 正・11◯ | 11・1◯ | | 12・10× |
| 3 | | 4・7× | 5・20× | | | | |

◯（出御）、×（不出御）、△（記事のみ）、※（付内侍奏など）

「付㆓内侍㆒奏」とはどちらの儀式次第における内侍の所作を示しているのかが問題となるが、ここでは後者と考えられる。まず第一に、不出御儀であることが明記されていると同時に「付㆓内侍㆒奏」と記されている記事が、貞観元年・二年・三年・四年・六年・八年・九年・十一年・十二年・十三年・十四年・元慶六年・仁和元年（八八五）の一三例存在するが、これらは明らかに不出御儀における内侍の所作を示している。第二に、天皇出御儀は勅撰の儀式書である『内裏式』『儀式』に規定されていることからもうかがわれるように、正当であり当然行われるべき儀式次第なのであるから、もし天皇出御儀が行われたならば、その過程における内侍の所作を国史にわざわざ「付㆓内侍㆒奏」と特記するとは考えられない。「付㆓内侍㆒奏」と記されているのは、それが不出御儀という本来あり得べからざる儀式が行われているからであろう。以上の二点から、「付㆓内侍㆒奏」という記載は不出御儀における内侍の所作を示し、単に「付㆓内侍㆒奏」とある貞観五年・十五年・十六年・十七年・十八年・元慶二年も天皇は出御しなかったと考えられる。したがって、献御杖においても、元慶元年(11)を例外として、貞観・元慶期には不出御儀が恒例化していたと考えられよう。

以上、奏銓擬郡領・奏御卜・献御杖について述べてきた。奏成選短冊・進御暦については具体的に説明する史料はないが、以上の趨勢からみて、これらも同様に貞観・元慶期には不出御儀が恒例化していたと推定できよう。

なお、六国史によって貞観・元慶期に天皇が出御していないことが確認できる以上の五つの儀式のほかにも、任官については不出御儀の実例がみられる。『弘仁式』式部の任官条とそれに対応する『延喜式』式部下の任官条とを比較すると、『延喜式』には「或於二太政官庁及外記候庁一唱レ之」という、『弘仁式』にはみられない一文が加えられていることに気付く。奈良時代には天皇が大極殿に出御して行われていた任官が、平安初期には内裏で行われるようになる(12)が、早川庄八氏の指摘するように、『弘仁式』の編纂された時期から『延喜式』の編纂に至る約一世紀の間に、新たに太政官庁及び外記候庁で行われる任官の儀式が加わったのである(13)。内裏で行われる任官には天皇は紫宸殿に出御するが、太政官庁及び外記候庁で行われるそれには天皇は出御しない(14)。すなわち、任官においては、『弘仁式』編纂から『延喜式』編纂の約一世紀の間に、不出御儀が加わったのである。それがいつのことであるのかは不明である。しかし、『西宮記』巻二、除目所引の勘物に次のような記載がみられる。

始二除目議一之後、経二数日一例、

貞観十三年正月九日、公卿就二議所一、有二除目議一云々、廿九日、議定了、於二官庁一令レ召、

これによれば、貞観十三年には正月九日から二十九日まで除目が行われ、終了後、太政官庁において召名すなわち任官が行われている。これは貞観期の太政官庁において任官が行われた実例であり、すなわち、天皇が出御しない任官の例がすでに貞観期に存在したのである。

以上のように、奏成選短冊・奏銓擬郡領・献御杖・進御暦・奏御卜においては貞観・元慶期には不出御儀が恒例化しており、任官においても貞観期に天皇不出御の例が存在するのである。このことから、天皇出御儀から不出御儀へと変化したほかの儀式も、すでに九世紀中葉の貞観・元慶期には天皇が出御していなかったのではないかと推測される。

ところで、貞観期から天皇不出御の例がみられるからといって、貞観期が天皇出御儀から不出御儀への画期であると断定することはできない。なぜなら、貞観期から天皇不出御の例がみられるのは、周知のように、六国史のなかで『日本三代実録』のみが儀式の記事を数多く記載し、それ以前の五国史は儀式の記事をほとんど記載していないので、天安期以前に天皇が儀式に出御していたのか否かが不明であり、したがって、天皇不出御が天安期以前にさかのぼる可能性が十分存在するからである。それでは、天皇出御儀から不出御儀への変化の画期は一体いつに求められるのであろうか。結論をさきにすれば、仁寿・斉衡期がおそらくその画期であると考えられる。

まず第一に、『日本三代実録』貞観十三年二月十四日庚寅条に次のようにみえる。

天皇御二紫宸殿一視レ事、承和以往、皇帝毎日御二紫宸殿一、視二政事一、仁寿以降、絶無二此儀一、是日、帝初聴レ政、当時慶レ之、

これによれば、承和期以前は天皇は紫宸殿に出御して日常政務をみていたが、仁寿期以降は紫宸殿に出御して日常政務をみることはなくなったという。承和期と仁寿期との間に嘉祥期がはさまるが、おそらく嘉祥期にも天皇は出御していたと推測される。なぜなら、承和期以前とは仁明天皇以前をさし、仁寿期以降とは文徳天皇以降をさすと考えられるからである。すなわち、文徳天皇から日常政務をみるのに紫宸殿に出御することはなくなったのである。これは日常政務の場合であるが、政務儀礼は日常の政務手続きを定式化したものであるから、政務儀礼の変化は日常政務の変化に対応するものと考えられる。したがって政務儀礼においても、文徳天皇の仁寿・斉衡期から紫宸殿への出御がみられなくなったと推測される。

第二に、献御杖は天安期以前の実例も存在し、天長・承和期の実例はいずれも天皇出御儀であるが、『日本文徳天皇実録』に記載されている実例に注目したい。『日本文徳天皇実録』には献御杖の記事が五例存在するが、そのうち、仁

寿三年（八五三）正月癸卯条に「内侍伝レ旨」、斉衡元年（八五四）正月辛卯条に「内侍伝レ旨、転而奏二上之一」、天安元年（八五七）正月癸卯条に「内侍転而奏二上之一」と記載されている。前述したように、「付二内侍一奏」という記載は六国史においては不出御儀における内侍の所作を示していると考えられる。さらに、『日本三代実録』貞観十一年正月九日丁卯条に、

　所司献二剛卯杖一、天皇不レ御二紫宸殿一、内侍伝奏焉、

とみえ、天皇不出御を明記した記事のなかに、「内侍伝奏」という『日本文徳天皇実録』の「内侍伝レ旨」・「内侍転而奏二上之一」に酷似した記載が存在する。つまり、これらの『日本文徳天皇実録』の記事も、『日本三代実録』にみられる「付二内侍一奏」との記載と同様に、『西宮記』に記載されている天皇不出御儀における内侍の所作を示しているものとみられる。したがって、これらは不出御儀を示しているのであり、このように献御杖においては文徳天皇の仁寿・斉衡期に不出御儀の実例が見出されるのである。

第三に、『内裏式』中、十一月進御暦式の割註に次のようにみえる。

　自二承和十年一、依二右大臣宣一、闈司退出、即少納言率二内竪六人一、入レ自二日華門一、令二挙レ机而出一、省二侍臣以下之机一、

これによれば、右大臣源常の宣により承和十年（八四三）以降、少納言が内竪を率いて日華門より南庭に入り、机をあげて退出することになったのである。これに対し、『西宮記』の巻六には、

　御暦奏、外記申二上卿一、々々奏付二内侍所一、具注暦并分暦等[15]也、七曜暦、正月一日奏レ之見二内裏式一、

と記載されている。これは、陣座において外記が進御暦の儀式の準備の整ったことを上卿に申し、上卿が蔵人を介して清涼殿にいる天皇に進御暦の儀式を行う旨を奏した後、南庭での儀式を行わずに御暦を直接内侍所に付してそこから天皇へ献上するという天皇の不出御儀を記載していると考えられる。[16]このように、不出御儀においては南庭での儀

式は行われず、南庭での儀式を記載している『内裏式』の割註は天皇出御儀を示しているのである。したがって、承和十年以降の少なくとも数年間は進御暦に天皇が出御していたと考えられる。

第二点で文徳天皇の仁寿・斉衡期にはすでに天皇が献御杖に出御していないことが、第三点で仁明天皇の承和期には天皇が進御暦に出御していたことが明らかとなった。このことは、第一点で承和期以前には天皇が紫宸殿に出御して日常の政務をみていたが、仁寿期以降に出御しなくなったという記事と時期的に一致している。以上の三点から、これらの儀式に天皇が紫宸殿に出御するのはほぼ承和期までであり、仁寿期以降には天皇はこれらの儀式に出御しなくなると考えられよう。なお、前掲の『日本三代実録』元慶八年六月十日己亥条によれば、奏御卜に天皇が出御しなくなるのは「承和以後」と明記されているが、後掲する『日本紀略』天暦三年四月七日庚寅条の奏成選短冊の記事に「去延喜十二年以来不レ御二南殿一」とあるものの、『日本紀略』延喜十二年（九一二）四月七日条によると実際には出御しており、出御しなくなるのは翌延喜十三年からであることを考えあわせれば、この「承和以後」という表現は承和の次からという意味で、奏御卜に天皇が出御しなくなるのは、仁明天皇の承和期からではなく、次の文徳天皇の仁寿期以降と解釈することが可能である。したがって、政務儀礼・献上儀・神事の紫宸殿儀における天皇出御儀から不出御儀へという画期は、文徳天皇の仁寿・斉衡期に求められよう。

## 三　出御・不出御儀の実質的差異

仁寿・斉衡期を画期とする天皇出御儀から不出御儀への変化により、儀式の構造がどのように変化するのであろうか。すなわち、天皇出御儀と不出御儀とで、各々の儀式にどのような相違がみられるのであろうか。以下、この点について考察していきたい。

政務儀礼では、そのすべてを扱うことはできないので、貞観・元慶期に不出御儀の実例のみられる奏成選短冊・奏銓擬郡領・任官について検討することにしたい。

まず、奏成選短冊であるが、これは毎年四月七日に紫宸殿で奏授の対象者である六位以下・八位以上の成選人の擬階奏文と成選短冊を天皇に奏上する儀式である。

『内裏式』『儀式』によって当日の天皇出御儀の概要を示すと次のようなる。[17]まず、擬階奏文をもった大臣以下・参議以上が紫宸殿の南庭に列立し、式・兵両省が成選短冊の入った櫃をその後に置く。天皇の命により参議以上が昇殿し、大臣が擬階奏文を天皇に奉覧し、御覧の終了した後、参議以上は殿上の床子に着す。それから、天皇の命により式部卿が昇殿して成選短冊の入れてある筥を天皇の御前に置く。天皇の御覧の後、それをもち帰り、今度は兵部卿が同様のことを行う。その後、大臣の宣により両省が成選短冊の入った櫃をもって退出する。以上のように天皇出御儀では、天皇は擬階奏文と成選短冊の両方を御覧になるのである。

これに対し、『西宮記』に記載される不出御儀の概要を示すと次のようになる。[18]まず、上卿が陣座に着くと、外記が儀式の準備が整ったことを申し、上卿が蔵人を介して清涼殿にいる天皇に儀式を行う旨を奏す。これに対し天皇は出御しない旨を告げる。次に上卿は、外記に擬階奏文を進上させ、それを蔵人に付して天皇に奏上する。返給の後、上卿は陣座に戻り、諸卿が宜陽殿の座に着す。続いて、上卿は外記に仰せて式・兵両省を召し、両省が小庭に列立する。上卿は、両省に成選短冊をもち帰ることを命じ、両省は退出する。以上のように不出御儀では、擬階奏文は上卿が蔵人に付して清涼殿にいる天皇に奏されるが、成選短冊は奏上されない。すなわち、不出御儀では天皇の擬階奏文の御覧はあるが、成選短冊の御覧はないのである。

このことは、奏授の本質的意義の喪失を意味するのではなかろうか。擬階奏文の実例は『吉記』寿永元年（一一八二）七月六日条に存在するが、それによれば、擬階奏文の内容は、式部・兵部それぞれについて奏授・判授別に進階する等級を項目わけし、成選短冊は成選人毎に作成され、擬階によって何位に叙すべきかを列見に使用された成選短冊に書き加えられたものと考えられる。[19]そして、天皇が擬階奏文の人数と一人ひとりの成選短冊とを対照し点検する行為に、奏授の儀式としての奏成選短冊の意義が存在するのである。したがって、奏成選短冊において天皇が出御しなくなることは、天皇出御儀の単なる簡略化にとどまらず、政務手続きにおける天皇の機能の後退を意味すると考えられる。

次に、奏銓擬郡領であるが、これは奏任官である郡司を任命するのに先立ち、毎年四月二十日以前に銓擬された郡司を天皇に奏上する儀式である。

これも、『内裏式』『儀式』によって当日の天皇出御儀[20]の概要を示すと次のようになる。まず、参議以上が紫宸殿に昇って座に着き、式部少輔が奏筥・硯筥を執って読奏人の前の机の上に置き、さらに、大臣・式部卿の料の勘文の筥を大臣・式部卿の前の机に置く。そして、天皇の命により読奏人の読奏に随って、大臣が勅を奉り定不を点ずる。終了すると、式部大輔・少輔が硯・勘文を執って退出し、大臣以下が退出する。奏銓擬郡領は奏任官である郡司を任ずるにあたり、天皇が最終的な裁可を下す儀式であり、天皇出御儀では天皇が読奏に随い定不を勅すことに意義があるのである。

これに対し、『西宮記』に記載される不出御儀[21]の概要を示すと次のようになる。まず、上卿が陣座に着し、蔵人を介して清涼殿にいる天皇に儀式を行う旨を奏す。これに対し天皇は常のとおり行うようにと告げる。それから上卿以下が宜陽殿に着し、式部省を召す。式部省が奏筥を捧げて参上すると、上卿はそれを清涼殿にいる天皇に奏上する。上卿が宜陽殿の座に戻ると、式部丞が擬文筥を上卿の前に置き、式部輔が読みあげ、上卿は擬文に定字を注す。それから上卿は擬文を清涼殿にいる天皇に奏上し、返給の後、上卿は宜陽殿の座に戻り、式部丞が擬文をもって退出すると、上卿以下も退出する。以上のように、上卿が奏筥と擬文を清涼殿にいる天皇に奏上してはいるが、読奏に随って上卿が定字を点ずることには天皇は関与していない。このことは、郡司の任命にあたって天皇が最終的な裁可を下すという点が形骸化してしまったことを意味するのではなかろうか。したがって、奏銓擬郡領においても、不出御儀には政務手続きにおける天皇の機能の後退がみてとれるのである。

次に、任官であるが、これは任人に口頭で任官のことを告知する儀式である。これについては、『内裏式』『儀式』に記載されている紫宸殿での天皇出御儀と、[22]『西宮記』に記載されている太政官庁での不出御儀とで、[23]天皇が実質的に関与する部分の差異はみとめられない。しかし、官を任ずる唯一の主体である天皇の面前で口頭により任官が告知されることは、単なる任官の手続きにとどまらず、任ずる天皇と任ぜられる臣下との君臣関係を維持するうえで、より感覚的で親近性の強い方式だったと考えられる。[24]これに対し、太政官庁における任官の儀式は、誰を何の官職に任ずるのかを告知することは行われるが、天皇が出御しなくなることによって儀式のもつそのような精神的な性格が失われてしまう。したがって、奏成選短冊や奏銓擬郡領のような天皇の関与する部分の実質的差異はないものの、精神的・感覚的な面での天皇の儀式における機能の後退が、任官の不出御儀にはみられるのである。

続いて、献上儀の検討に移りたい。献上儀では献御杖・進御暦・進御薬のいずれも、天皇出御儀では管轄の官司が献上物を南庭に運び込んで紫宸殿に出御している天皇に奉覧しているのに対し、不出御儀では南庭での儀式は行われず、内侍等の女官に付して清涼殿にいる天皇に奏上される。

これらの献上儀のなかで、天皇出御儀と不出御儀との差異が最も端的にあらわれているのは進御薬である。進御薬とは、十一月下旬に内薬司が御薬（屠蘇）を合し、それを十二月晦日に紫宸殿において内薬司・典薬寮が天皇に献上し、その夕方に御井に漬け、翌正月元日にそれを天皇に供し、天皇が三日間それを飲むというものである。天皇出御儀を記載している『内裏式』『儀式』(25)では、進御薬の項目は十二月晦日の部分に配列されており、天皇が紫宸殿に出御して、内薬司・典薬寮が御薬を献上する十二月晦日の儀式に重点が置かれて記載されている。これに対し、『西宮記』(26)では進御薬の項目は正月元日の部分に配列されており、十二月晦日の儀式は「同日典薬寮進御薬、置二朱高机四脚一、薬女官預云々」という記述にとどめられ、正月元日における供御薬については詳細に記載されている。したがって、『内裏式』『儀式』から『西宮記』へのこのような変化は、御薬を献上する儀式よりも献上された御薬が用いられる儀の方が重要視されるようになったことを示している。

同様のことは献御杖・進御暦についてもあてはまる。『江家次第』巻第二、卯杖事では、卯杖を天皇に献上する手続きよりも、献上された卯杖の用途を詳細に記載しており、前掲した『西宮記』巻六の進御暦の記載が簡略なのも、天皇が出御しなくなることにより御暦を天皇に献上する手続きが重要視されなくなったためであろう。

献上儀においては、天皇出御儀から不出御儀へという変化に伴って、このように献上する行為それ自体よりも献上物の用途の方が重要視されるようになるのである。このことは任官の場合と性格が類似している。すなわち、献上される天皇と献上する臣下とが同一の儀礼空間を有し、献上という行為を通すことによって両者の関係が維持・再確認されるという機能が献上儀には含まれているのである。したがって、天皇が献上儀に出御しなくなると、そのような機能が失われ、単なる献上の手続きにすぎなくなってしまうのである。

最後に、神事の検討を行いたい。これについても、貞観・元慶期に不出御儀の実例のみられる奏御卜を検討の対象としたい。奏御卜は、六月と十二月の各々一日から十日以前に天皇の向う六箇月間の安否を卜し、各々十日にその結果を天皇に奏上する儀式である。神事ではあるが、各々十日に行われる奏上の儀式のみに限れば、政務儀礼的性格の強い儀式である。『儀式』[27]によれば、天皇出御儀では神祇官人が南庭から殿上の簀子敷の上に奏文を乗せた案を置き、内侍がそれを天皇に奉覧するものである。これに対し『西宮記』[28]によれば、不出御儀では上卿が陣座に着し、神祇官人が持参した奏文の函を取り、内侍を介してそれを清涼殿にいる天皇に奏上するものである。天皇が実質的に関与する部分について出御儀と不出御儀とで差異はみとめられない。しかし、奏御卜が天皇の御体を卜した結果の奏上であることを考えれば、天皇が出御しない場合には、精神的・感覚的な面での天皇と臣下との関係の維持・再確認という機能が失われる。このように、奏御卜においても天皇出御儀と不出御儀とで任官や献上儀と同様の差異がみとめられるのである。

以上、天皇出御儀と不出御儀との実質的差異について検討してきた。両者の相違は単なる天皇出御の有無にとどまらない。奏成選短冊・奏銓擬郡領という政務儀礼では、政務処理手続き中における天皇の役割・機能の後退がみとめられる。また、献上儀や神事、そして政務儀礼でも任官では、天皇と臣下とが儀礼空間を共有せず、天皇が可視的に意識されなくなることにより、両者の関係の維持・再確認という精神的・感覚的な機能が失われる。このように、政務儀礼・献上儀・神事における天皇出御儀から不出御儀への変化は、それらの儀式の構造に看過することのできない変化をもたらすのである。

## 四　天皇不出御の背景

これらの政務儀礼・献上儀・神事において、そのような重要な実質的差異を伴った天皇出御儀から不出御儀への変化が、どうして起きたのであろうか。その背景について考察してみたい。

天皇出御儀から不出御儀への変化の画期が仁寿・斉衡期に求められることを考慮するならば、まず文徳天皇の個人的資質がその変化に関連していると推測される。『日本文徳天皇実録』天安二年九月甲子条の「聖体羸弱、頻廃二万機一」という記事によれば、文徳天皇は病弱でそのためにしばしば万機が廃されたという。[29] このことは、前掲した『日本三代実録』貞観十三年二月十四日庚寅条の仁寿期以降に天皇が紫宸殿に出御して毎日の政務をみることが途絶えたという記事とも一致する。したがって、政務儀礼・献上儀・神事において天皇が出御しなくなる要因の一つもここに求められよう。また、文徳天皇のあとを継いだ清和天皇は弱冠九歳で即位した最初の幼帝であり、次の陽成天皇も九歳で即位した幼帝である。幼帝であれば、当然のことながら、政務儀礼・献上儀・神事に出御するのに支障をきたすことがあったであろうと予想される。以上のように、政務儀礼・献上儀・神事に天皇が紫宸殿に出御しなくなるのは、このような文徳・清和・陽成各天皇の病弱あるいは幼帝であるという個人的資質によるところが大であったと考えられよう。[30]

しかし、文徳・清和・陽成各天皇のこのような個人的資質は、あくまでも天皇不出御の直接的契機にすぎない。なぜなら、清和天皇は貞観六年正月朔日に、陽成天皇は元慶六年正月二日にそれぞれ元服するが、[31] 前述したように、貞観・元慶期には不出御儀が恒例化していたと考えられ、したがって、清和・陽成両天皇は元服後も政務儀礼・献上儀・神事において紫宸殿に出御していなかったからである。それではなぜ、清和・陽成両天皇は元服後も儀式に出御しなかったのであろうか。この点については、以下のように推測されよう。文徳・清和・陽成各天皇がその個人的資質によって儀式に出御しなくなると、当然、天皇が出御しなくても支障なく儀式が挙行され得る機構の整備が必要となる。不出御儀はそのような必要性から整備されたものと思われるが、さらに、不出御儀はそれ自体が展開していく過程でより一層整備されていくものと考えられる。このようにして、貞観期には必ずしも天皇が出御しなくても儀式の運営が可能となり、そのために、清和天皇は儀式に出御しなかったのではなかろうか。以上は憶測にすぎないが、清和・陽成両天皇が元服後も儀式に出御しなかったのは、天皇出御を必ずしも不可欠としない儀式の運営機構が成立していたことを示していると推測される。

このように、文徳・清和・陽成という病弱・幼年の天皇の即位が直接的契機となって、天皇出御儀から不出御儀へと変化していったのであり、不出御儀が展開していく過程で不出御儀自体も整備されていき、貞観・元慶期にはそれが恒例化していったものと考えられよう。

天皇出御儀から不出御儀への変化は、前述したように、天皇の実質的機能あるいは感覚的・精神的機能の後退をもたらしたものではあるが、それは天皇にかわってたとえば摂関がその機能を継受したという性質のものではなく、天皇が出御しなくても儀式が支障なく行われるような機構が整備されたことを意味するのである。(32)

## 五　仁和〜天暦期の儀式の展開

政務儀礼・献上儀・神事において、天皇出御儀から不出御儀への変化の画期は仁寿・斉衡期に求められ、貞観・元慶期には不出御儀が恒例化していたことは繰り返し述べてきたとおりである。ところが、元慶八年二月に陽成天皇が退位して光孝天皇が即位すると、(33)表6にみられるように、これらの儀式に天皇が出御する例が散見してくる。光孝天皇の在位期間では、元慶八年には奏銓擬郡領と奏御卜と進御暦に、仁和二年には献御杖と進御暦に出御している。光孝天皇は日常の政務をみるのにも頻繁に紫宸殿に出御していたようで、『日本三代実録』の元慶八年二月以降には「天

**表7** 天皇出御・不出御表Ⅱ

| 年 | 天皇 | 政務儀礼・奏成選短冊 | 政務儀礼・奏銓擬郡領 | 献上儀・献御杖 | 献上儀・進御暦 | 神事・奏御卜 | 神事・奏御卜 |
|---|---|---|---|---|---|---|---|
| 仁和4 | 宇多 | | | | | | |
| 寛平元 | 宇多 | | | | | | |
| 2 | 宇多 | | | | | | |
| 3 | 宇多 | | | | | | |
| 4 | 宇多 | | △・北 | | | | |
| 5 | 宇多 | | | | | | |
| 6 | 宇多 | 4・7○・九 | | 正・3○・紀 | | | |
| 7 | 宇多 | 4・7△・西 | | | | | |
| 8 | 宇多 | | | 正・3△・紀 | | | |
| 9 | 宇多 | 4・7○・紀 | | | | | |
| 昌泰元 | 醍醐 | | | | | | |
| 2 | 醍醐 | | △・北 | | | | |
| 3 | 醍醐 | | | | | | |
| 延喜元 | 醍醐 | | △・北 | | | | |
| 2 | 醍醐 | | | | | | |
| 3 | 醍醐 | | | 正・1○・紀 | | | |
| 4 | 醍醐 | 4・7｜・紀 | | 正・7○・西 | | | |
| 5 | 醍醐 | | | 正・8○・西 | | | 12 △・類 |
| 6 | 醍醐 | | | 正・1○・紀 | | | |
| 7 | 醍醐 | | | 正・2○・北 | | | |
| 8 | 醍醐 | 4・7×・北 | 6・28△・貞 | 正・7※・西 | 11・1※・北 | | |
| 9 | 醍醐 | △・貞 | | 正・12△・貞 | | | |
| 10 | 醍醐 | 4・7○・紀 | 6・25△・貞 | 正・12※・紀 | | | |
| 11 | 醍醐 | | | | | | |
| 12 | 醍醐 | 4・7○・紀 | | | 11・2△・樗 | | |

| 4 | 3 | 2 | 天慶元 | 7 | 6 | 5 | 4 | 3 | 2 | 承平元 | 8 | 7 | 6 | 5 | 4 | 3 | 2 | 延長元 | 22 | 21 | 20 | 19 | 18 | 17 | 16 | 15 | 14 | 13 |
|---|---|---|---|---|---|---|---|---|---|---|---|---|---|---|---|---|---|---|---|---|---|---|---|---|---|---|---|---|
| 朱雀 | | | | | | | | | | | 醍醐 | | | | | | | | | | | | | | | | | |
| | | 4・7△・西 | 4・13△・西 | | 4・7△・西 | 4・7△・西 | 4・7×・西 | | 4・9△・貞 | 4・7△・貞 | 4・7△・北 | | | 4・7△・貞 | | | | | 4・7△・九 | | | | | | | 4・7△・扶 | | |
| 9・19×・本 | 11・28△・貞 | 4・20△・貞 | 9・19△・貞 | | 6・26△・西 | | | | 7・25△・貞 | 4・27△・貞 | | | | 4・20△・貞 | 5・28△・北 | 6・8△・貞 | 6・19△・貞 | | | | 10・22△・貞 | | | | △・北 | | 6・25△・貞 | 5・29△・貞 |
| | 正・1×・園 | | | 正・2※・紀 | | | | | | | | | | | 正・10△・貞 | | | | | | 正・4△・貞 | | | | | 正・12○・紀 | | 正・13※・西 |
| 11・1×・本 | | 11・1×・本 | 12・1×・本 | | | 11・1×・九 | | | 11・2△・樗 | 11・3△・樗 | | | | | | | | | | | 11・1○・貞 | | | 11・1△・平 | | | | |
| | | 6・10△・本 | | | 6・24△・九 | 6・10※・本 | | | | | | | | | | 6・10△・西 | 6・10△・西 | 6・10△・紀 | | | 6・10×・北 | | 6・10△・紀 | 6・10△・紀 | | 6・10△・紀 | | |
| 12・10△・本 | | 12・10△・本 | | | | 12・10△・北 | | | | | | | | 12・10△・北 | | | | 12・26△・ト | 12・12×・西 | | | | | | | 12・24△・九 | | |

| 年 | 天皇 | | | | | | |
|---|---|---|---|---|---|---|---|
| 5 | 朱雀 | 4・7×・本 | 6・13×・本 | | | | |
| 6 | 朱雀 | | | | | ※・西 | |
| 7 | 朱雀 | | | | | 6・11△・西 | |
| 8 | 朱雀 | 4・7△・貞 | 12・5△・貞 | | 11・1×・本 | | 12・10※・本 |
| 9 | 朱雀 | 4・7×・紀 | 9・22△・貞 | 正・11○・西 | | | |
| 天暦元 | 村上 | 4・7×・紀 | 11・5×・紀 | | 11・1×・紀 | 6・10△・紀 | 12・10△・紀 |
| 2 | 村上 | 4・7×・紀 | 8・7△・紀 | 正・5△・紀 | 11・1△・紀 | 6・10※・紀 | |
| 3 | 村上 | 4・7○・紀 | 4・29△・紀 | 正・11△・北 | 11・1○・紀 | 7・29△・紀 | 12・10※・紀 |
| 4 | 村上 | | | | | 6△・九 | 12・10△・北 |
| 5 | 村上 | | | | | 6・10×・西 | |
| 6 | 村上 | | | 正・10○・北 | | 6・10×・西 | |
| 7 | 村上 | | | 正・4○・西 | | | |

○（出御）、×（不出御）、△（記事のみ）、—（停止）、※（付内侍奏など）
紀（日本紀略）、本（本朝世紀）、貞（貞信公記抄）、九（九暦・九条年中行事）、西（西宮記）、北（北山抄）、扶（扶桑略記）、
樗（樗嚢抄）、平（平戸記）、類（類聚大補任）、卜（卜家記）、園（園太暦）

皇御二紫宸殿一視レ事」という記事が散見する。しかし逆に、これらの儀式に不出御の例もそれぞれみられ、とくに奏成選短冊には光孝天皇は一度も出御していない。

それでは、光孝天皇の次の宇多天皇以後はどのような状況なのであろうか。正式な国史が『日本三代実録』で途絶えた後、仁和三年八月から天暦期までの儀式の実施状況を諸史料から蒐めて示したのが天皇出御・不出御表Ⅱ（表7）である。

この表では、貞観・元慶期との比較を行うため、貞観・元慶期に出御・不出御の実例のみられる儀式のみを掲げた。(34)

また、天徳期以降にこれらの儀式に天皇が出御する例が、特殊な場合を除いてはほとんどみられなくなるので、天徳

期以降は捨象した。

表6と光孝天皇の仁和期の例をあわせて、仁和期から天暦期にかけての儀式の展開を概観すると、まず第一に、仁和・寛平・延喜期と天暦期には天皇出御儀の例が散見するが、承平・天慶期にはほとんどみられないということがいえよう。出御・不出御を明確に示す史料が少ないため、そのように断定するには慎重を要さなければならない。しかし、これに関しては『日本紀略』天暦三年（九四九）四月七日庚辰条の、

天皇御㆓南殿㆒奏㆓擬階文㆒、去延喜十二年以来不㆑御㆓南殿㆒

という奏成選短冊の記事が注目される。前述したように、延喜十二年には天皇は奏成選短冊に出御しているので、天皇が出御しなくなるのは翌延喜十三年からと考えられる。したがって、延喜十三年から天暦二年までの三六年間は天皇出御儀が途絶えており、不出御儀が恒例化していたことが確認される。これは、奏成選短冊の場合であるが、前述した仁和期から天暦期にかけての出御・不出御の時期区分と一致する。したがって、仁和・寛平・延喜期と天暦期には天皇出御儀がしばしば行われたが、承平・天慶期には天皇はほとんど儀式に出御しなかったということが指摘できよう。すなわち、光孝・宇多・醍醐・村上各天皇は儀式にしばしば出御したが、朱雀天皇は天慶九年（九四六）の献御杖を例外として、儀式にほとんど出御しなかったのである。

第二に、仁和・寛平・延喜期や天暦期にも不出御の例がみられ、これらの時期には出御儀と不出御儀とが混在していることがわかる。たとえば、延喜八年の奏成選短冊や同十三年の献御杖、天暦元年の奏銓擬郡領・進御暦等である。さらに、同一年においても、ある儀式には出御し、ある儀式には出御しないという例もみられる。たとえば、仁和二年等である。このことは、仁和・寛平・延喜期や天暦期に天皇出御儀が頻繁に行われてはいたが、恒例化していたわけではないことを意味している。

以上の二点をふまえて、仁和期から天暦期にかけての天皇出御・不出御の移行について考えたい。仁和・寛平・延喜期に再び天皇がこれらの儀式に出御するようになるのは、当時において、天皇出御儀がやはり正当な儀式次第であると意識されていたからではなかろうか。この点で注目されるのは『儀式』の規定である。通説に従えば、『儀式』は『貞観儀式』として理解されており、その成立は貞観十四年十二月以降、元慶元年十一月以前と考えられている。[35]そして、この『儀式』はこれらの儀式について天皇出御儀を規定しているのである。これは、『儀式』が『内裏式』の儀式文の骨子を継承し、より詳細にしているからであるが、[36]さらに、『内裏式』における儀式の理念をも継承し発展させているからにほかならない。すなわち、貞観・元慶期にいかに不出御儀が整備され、恒例化していったとしても、天皇出御儀こそがあくまでも正当な儀式次第であるという意識が存在したのである。この意識は、光孝・宇多・醍醐各天皇にも強く存していたに違いない。たとえば、日常の政務の場合であるが、『寛平御遺誡』に「延暦帝王、毎日御南殿帳中、政務之後、解脱衣冠、臥起飲食」と桓武天皇の故事がひかれているのは、紫宸殿に出御して毎日の政務をみることが本来のあり方であると、[37]宇多天皇が意識していたからではなかろうか。したがって、父仁明天皇の時代を強く意識していたと思われる光孝天皇や天皇親政を旨とする宇多・醍醐両天皇、さらに村上天皇はこれらの儀式に出御したものと推測されよう。

しかし、同じ天皇出御儀でも、承和期以前と仁和期以降とでは天皇の出御する意義において大きな差異がみとめられる。承和期以前は、天皇の出御がその儀式に必要不可欠であったために、天皇は儀式に出御したのである。これに対し、天皇が出御しなくても儀式が支障なく挙行される機構が整備されるようになると、必ずしも天皇は儀式に出御する必要はなくなり、仁和期以降は、天皇出御儀が正当であるという意識のみによって出御するのである。したがって、儀式に毎回出御する必要はなく、不出御儀も同時に散見するのである。そして、そのような意識が薄れれば、天皇は再び出御しなくなるのであり、それが朱雀天皇の承平・天慶期なのである。この承平・天慶期は忠平政権期にあたり、儀式・故実の成立した時期として捉えられている。すなわち、十世紀中葉以降に展開する儀式の小野宮流・九条流の形成は、藤原忠平の口伝と教命を核としてなされたものであることはすでに指摘されている。(38)このことから、この時期に不出御儀のより一層の整備がなされたものと考えられよう。さらに、源高明は九条流儀式の創始者である藤原師輔から多大の影響を受け、著書『西宮記』も『九暦』『九条年中行事』を根本資料として作成されたと考えられる(39)ることから、『西宮記』に記載されている儀式次第が完成したのもこの時期であると推測されよう。したがって、天暦期に天皇出御儀が復活するものの、それは一時的なものであり、以後、不出御儀が恒例化していくのである。

## 小　結

仁寿・斉衡期を画期とする政務儀礼・献上儀・神事の天皇出御儀から不出御儀への変化は、単なる天皇出御の有無の差異にとどまらず、儀式において天皇の有する実質的機能及び感覚的・精神的機能の後退を伴った重要な変化であった。しかしそれは、決して意図的になされたものではない。そのことは、不出御儀が恒例化していた貞観期に編纂された『儀式』が、弘仁期に整備・強化された天皇出御儀を規定している『内裏式』の政務儀礼・献上儀・神事の規定を継承しており、少なくとも理念の面においては、弘仁期の儀式に対するそれを貞観期は継承・発展させて完成に近づけていたことからもうかがわれる。この変化は、むしろ病弱な天皇や幼帝の出現という事情によってもたらされたものであるが、不出御儀が展開していく過程で不出御儀自体が整備されていき、貞観・元慶期には『西宮記』に記載される不出御儀が成立するのである。すなわち、貞観・元慶期は十世紀中葉以降に展開する儀式の成立した時期として重要な位置を占めているといえよう。したがって、仁和・寛平・延喜期や天暦期に、天皇出御儀が正当であるという意識によって出御儀が復活するが、もはや天皇が儀式に出御する必要性は希薄となっており、それは一時的なものにすぎず、逆に、承平・天慶期に不出御儀が完成するのである。

## 註

（1）喜田新六「王朝の儀式の源流とその意義」「令制下における君臣上下関係の秩序維持策」（『令制下における君臣上下の秩序について』皇學館大学出版部、一九七二年、初出一九五五・一九五八年）。
（2）土田直鎮「平安時代の政務と儀式」（『奈良平安時代史研究』吉川弘文館、一九九二年、初出一九七四年）。橋本義彦「貴族政権の政治構造」（『平安貴族』平凡社、一九八六年、初出一九七六年）。
（3）古瀬奈津子「平安時代の『儀式』と天皇」（『日本古代王権と儀式』吉川弘文館、一九九八年、初出一九八六年）。
（4）本書第三章、初出一九九〇年。
（5）奏成選短冊が擬階奏、奏銓擬郡領が郡司読奏、献御杖が卯杖、進御暦が御暦奏、進御薬が供御薬、奏御卜が御体御卜、大儺が追儺など、一つの儀式に複数の呼称が存在する場合があるが、本章では勅撰の儀式書である『内裏式』『儀式』の項目の呼称に統一した。
（6）政務儀礼・献上儀・神事のうち、『西宮記』でも天皇出御儀であるのは巻八、賜節刀事のみである。これは、節刀を賜うことが、天皇大権の一部を将軍に一時的に付与することを意味するからであろう。なお、奏成選短冊・奏銓擬郡領・献御杖・大儺について、『西宮記』は不出御儀だけでなく出御儀をも記載している。
（7）所功「『西宮記』の成立」（『平安朝儀式書成立史の研究』国書刊行会、一九八五年）。
（8）宮城栄昌「延喜・天暦時代の郡司の任命法」（古代学協会編『延喜天暦時代の研究』〔吉川弘文館、一九六九年〕）。
（9）『内裏式』上、上卯日献御杖式。『儀式』巻第八、正月上卯日進御杖儀。なお、『儀式』には巻第六にも上卯日進御杖儀が存在する。

(10)『西宮記』巻一、御杖事に天皇出御儀が記載されている後に、「近代上卿、奏二事由一付二内侍所一」とある。また、『北山抄』巻第一、上卯日献御杖事には「不出御時、上卿仰二外記一、令レ付二内侍所一」とあり、さらに『江家次第』第二、卯杖事には「上古有下出二一御　南殿一皇太子参上儀上、近代不レ行」とある。

(11)陽成天皇が豊楽院で即位（『日本三代実録』元慶元年正月三日乙亥条）した直後であり、献御杖が七日節会と重なるなどの事情により出御したものと考えられよう。

(12)橋本義則「『外記政』の成立」（『平安宮成立史の研究』塙書房、一九九五年、初出一九八一年）。本書第三章。

(13)早川庄八「八世紀の任官関係文書と任官儀について」（『日本古代官僚制の研究』岩波書店、一九八六年、初出一九八一年）。

(14)『内裏式』下、任官式。『儀式』巻第八、内裏任官儀。『西宮記』巻二、除目。

(15)『新訂増補故実叢書西宮記』第一（明治図書、一九七七年）二一七頁。

(16)『九条年中行事』十一月、同日中務省奏御暦事には、旬による出御儀を記載した後に「外記申二御暦候之由一、上卿付二蔵人一令レ奏二事由一之後、仰二外記一令レ付二内侍所一」とあり、『政事要略』巻二十五、年中行事十一月、同日中務省奏御暦所引『清涼記』には「若不レ御二南殿一及降雨、付二内侍所一令レ奏レ之」とあり、『北山抄』巻第一、同日奏御暦事に「若不出御、上卿奏二事由一、令レ付二内侍所一」とあることから、『西宮記』の記載も同様に解釈されよう。

(17)『内裏式』中、奏成選短冊式。『儀式』巻第九、四月七日奏成選短冊儀。

(18)『西宮記』巻三、七日擬階奏。

(19)寺崎保広「考課・選叙と木簡」（『古代日本の都城と木簡』吉川弘文館、二〇〇六年、初出一九八六年）。

(20)『内裏式』中、奏銓擬郡領式。『儀式』巻第九、奏銓擬郡領儀。

(21)『西宮記』巻三、郡司読奏。

(22)註（14）参照。

(23)同前。

（24）早川前掲註（13）論文。同「前期難波宮と古代官僚制」（前掲註（13）書、初出一九八三年）。
（25）『内裏式』中、十二月進御薬式。『儀式』巻第十、進御薬儀。
（26）『西宮記』巻一、供御薬事。
（27）『儀式』巻第五、奏御卜儀。
（28）『西宮記』巻四、御体御卜。
（29）『日本文徳天皇実録』天安二年には「九月」という字句が欠けているが干支から庚申条以下が九月である事は確実である。
（30）幼帝が出現するということは、天皇が国政を直接領導しなくても万事に支障をきたさないということであり、そのような体制・機構が確立していないまでも、ある程度の整備がなされているということである。たとえば叙位制度に関してではあるが、天皇の恣意によらない機械的な昇進が保障されたシステムが、承和期後半から貞観期にかけての時期に成立し整備されていったことが指摘されている。このようなことも、当然、天皇出御儀から不出御儀への変化に影響していると推測される。高田淳「『巡爵』とその成立―平安時代的叙位制度の成立をめぐって―」（『國學院大學紀要』二六、一九八八年）参照。
（31）『日本三代実録』貞観六年正月戊子朔条。元慶六年正月二日乙巳条。
（32）前述したように、一方で天皇は朝賀・節会の国家的儀式には出御し続けており、このことは天皇があくまでもその機構の頂点に位置することを示している。したがって、政務儀礼・献上儀・神事に天皇が出御しなくなるからといって、それを単純に天皇権力の後退と捉えることは差し控えるべきであろう。吉川真司「律令官人制の再編過程」（『律令官僚制の研究』塙書房、一九九八年、初出一九八九年）参照。
（33）『日本三代実録』元慶八年二月四日乙未条・同月二十三日甲寅条。
（34）たとえば、朔旦冬至と進御暦が重なる場合（『本朝世紀』正暦四年〔九九三〕十一月一日庚寅条）等である。
（35）『儀式』を『貞観儀式』とみなすことは、江戸時代の荷田在満以来の通説である。なお、『儀式』の成立時期については、西山茂「貞観儀式の成立年代について」（『宗教研究』一三一、一九五二年）参照。
（36）所功「『儀式』の成立」（前掲註（7）書）。

(37)　たとえば、文芸面のことではあるが、『日本三代実録』元慶八年二月二十八日己未条に「効二承和天子之旧風一」とある。彌永貞三「菅原道真の前半生」(『日本人物史大系』第一巻、一九六一年)、同「仁和二年の内宴」(『日本古代の政治と史料』高科書店、一九八八年、初出一九六二年)参照。

(38)　竹内理三「口伝と教命―公卿学系譜(秘事口伝成立以前)―」(竹内理三著作集第五巻『貴族政治の展開』〔角川書店、一九九九年、初出一九四〇年〕)。さらに竹内氏は、藤原忠平の口伝と教命は本康親王と貞保親王を介して藤原基経の儀式を継承したものであると指摘している。

(39)　山中裕「藤原師輔の時代」「源高明と師輔」「『西宮記』と『九条年中行事』」(『平安時代の古記録と貴族文化』思文閣出版、一九八八年)。

# 第七章　平安初期の成選擬階儀

## 一　成選と擬階

日本古代の律令国家における官人叙位方式には、五位以上の叙位を天皇が勅裁する勅授、六位以下内八位外七位以上の結階案を太政官が奏上して天皇が裁可する奏授、外八位内外初位の結階案を太政官が審査して叙位する判授の三種類が存在した[1]。このうち、六位以下の官人叙位方式における結階案は、官人が毎年の考を一定年数重ね、それを総合判定して進階数を算出したものである[2]。官人が考を重ねて選の対象となる資格を得ることを成選といい、また、進階を擬議することを擬階という。すなわち、六位以下の官人は成選年における擬階によって叙位されるのであり[3]、その手続きは、十月の考選文の提出にはじまり、考選目録の作成、翌年の考選目録読申、二月の列見、四月の奏成選短冊と続き、位記の作成・請印・召給をもって終了する。ここでは、この一連の手続きを成選擬階儀と呼称することにする。

さて、この成選擬階儀の式日が、『弘仁式』と『貞観式』[4]『延喜式』とで相違していることが、すでに佐伯有義氏・宮地直一氏・宮城栄昌氏等によって指摘されている。しかし、それらは単に式日の相違を指摘したにとどまるものである。その後、吉川真司氏が、考選目録読申の式日について、同じ『弘仁式』のなかで太政官と式部下とで相違するという、より重大な矛盾を指摘し、それを『弘仁式』の編纂過程から解明している(5)。これは、成選擬階儀のうち考選目録読申のみにとどまるものの、貴重な成果である。本章では、その成果を継承し、より包括的に平安初期の成選擬階儀の式日がどのような変遷過程をたどったのかをあとづけ、さらに、その意義について考察を加えたい。

## 二　『延喜式』における成選擬階儀

最初に、成選擬階儀がどのような流れで行われていたのかを概観しておきたい。これについて、最も詳細に知ることのできる史料は『延喜式』(6)であり、すでに、東野治之氏・寺崎保広氏によって、『延喜式』における成選擬階儀の流れがあとづけられている。そこで、両氏の整理を参考にしながらみていくことにする。『延喜式』では成選擬階儀の関係条文の主なものは、太政官と式部下に収められており、それを掲げると次のようになる(7)（傍線・傍註筆者、以下同じ）。

A『延喜式』式部下考問条

考問并引唱

毎年十月一日、諸司畿内職事考選文進二左弁官一、二日下レ省、是日諸司、畿内亦以二番上考選文一進レ省、三日諸家進二家司并雑色人等考選文一、（中略）其在京諸司及畿内国司十月卅日以前校定了、大宰及七道諸国司、十一月卅日以前校定、訖十二月卅日以前、勘定考選目録、已訖以二二月十日一、申二送太政官一、考番史生各写二考別記一、選番史生亦写二選別記一、兼書二短冊一、専当丞執レ冊、録執二別記一令二史生読レ案、共相計会、知レ無二失謬一、以候二列見一、

B『延喜式』式部下考選条

二月十日考選目録申太政官

当日平旦、弁官未レ申レ政之前、中務、式部、兵部三省輔、各引二其丞一、就二太政官版位一、如二弁官申レ政儀一、輔読二申内外諸司諸家考目録一、丞読二申選目録一、次兵部、次中務、並如二式部儀一、訖退出、（事見二儀式一）

C『延喜式』式部下列見条

十一日諸司長上成選人列見太政官

当日早朝、掃部寮設二座於弁官南門内一、輔已下就レ座、省掌預計二列専当官朝集使及選人等一、弁官申レ政、訖輔已下列二立南門前一、召使出召、輔称唯、丞参入就二版位一、大臣宣、率二成選人等一参来、丞称唯出還二本列一、輔率二丞録各二人一、入就二版位一、省掌取二版位一、率二選人等一、入屯二立屏下一、訖大臣宣、召之、輔已下称唯、昇就レ座如レ常、史生等執二研筥并短冊筥一、授レ録退出、録伝授レ丞、輔起レ座申云、式部省申久司長上能某年尓選成留申給登申、丞執二研筥短冊筥一、置二大臣前案一、及省掌置二版位一、録唱二選人名一有二常儀一、（事見二儀式一）

D『延喜式』式部下成選短冊条

四月七日奏二成選短冊一

諸司選人無レ故不レ到者判降、已訖解二散短冊一、(8) 即依二階及年一、以レ次綴貫、訖丞録各執二別記一計会、盛レ筥納レ櫃、又造二擬階簿一進二太政官一、官即勘会、更造二奏文一奏レ之、其日質明、二省以二冊櫃一於二宣陽門外一候之、（事見二儀式一）

E『延喜式』式部下授位記条

十五日授二成選位記一

奏二短冊一訖、令三諸番各写二其冊一、立二位案一訖、令レ書二位記一、丞録共執二位記案別記等一、令二史生読レ冊、計会訖申二送太政官一、十一日請印、外記覆勘、印之如レ常、当日式部、兵部引二成選人一、赴レ官就レ座、宣命畢、即選人称唯拝舞、其後唱授如レ常、若当二賀茂祭日一者、改用二他日一、事見二儀式一

F『延喜式』太政官列見条

凡諸司官人得レ考并応二成選一数者、中務式部兵部三省、二月十日申二太政官一、其成選応二叙位一者、式部兵部二省各率二諸司主典已上一、十一日列二見大臣一、二省依レ簿引唱、若当二昇降一者、親自執レ筆点定、余儀如二定考一、事見二儀式一番上者於二式部兵部一引唱、

G『延喜式』太政官擬階条

凡式部兵部二省進二成選擬階短冊一者、各預造レ簿、三月内入二外記一、外記惣造二奏文一、請二参議以上署一、四月七日、大臣以下共率奏聞、事見二儀式一

H『延喜式』太政官位記召給条

凡成選応レ叙レ位者、奏二短冊一後預書二位記一、式部四月十日、（一脱カ）兵部十三日請印、十五日大臣已下就二朝座一、二省率二応レ叙人一就二標位一、弁大夫宣命、内記進二宣命文一、外記請二其文一授二宣命大夫一、任二郡司一亦同、畢叙人称唯再拝舞踏、任二郡司一拝舞亦同、二省互唱レ名授之、於曹司庁行之亦同、事見二儀式一若当二賀茂祭一、改用二他日一、

成選擬階儀は、まず、十月上旬に諸司・諸国・諸家の考文・選文、すなわち考選文が式部省に集められることからはじまる。諸司・畿内の長上官の考選文は十月一日にまず弁官に進められてから式部省に下され、番上官の考選文は二日に、諸家の考選文は三日にそれぞれ直接式部省に進められる[9]（A）。この他、外国の長上官の考選文は十一月一日にまず弁官に進められてから式部省に下され、番上官の考選文は二日に直接式部省に進められる[10]。なお、武官の考選文は兵部省に集められるが、式部省における手続きとほとんど変わらないので[11]、相違するところを除き、以下、式部

省における手続きを中心にみていくことにする。

考選文が集められると、十・十一月中に式部省で考問・引唱が行われる（A）。考問とは、提出された考選文の内容に誤りや不備がないかを確認するために、各官司の官人を喚問するものであり、引唱とは、それによって確定した評定を各官人にいい渡すことである。

考問・引唱が終わって評定が確定すると、十二月中に式部省で、考選文をもとに、考目録・選目録・考別記・選別記・短冊が作成される（A）。考目録・選目録、すなわち考選目録は、考課・成選に関係する官人の数の一覧と考えられ、これに対し、考別記・選別記、すなわち考選別記は、関係官人の位階・姓名を官司別に記したより詳細な記録と推定されている。そして短冊は、そのうちの成選人のみに関係する、いわゆる成選短冊であり、成選人毎に作成される。[12]

年が明けると、まず、二月十日に太政官曹司庁において考選目録の読申が行われる（A・B・F）。これにより、成選文書が太政官に上申されると考えられる。

続いて、翌二月十一日には、同じく太政官曹司庁において列見が行われる（C・F）。これは、大臣が成選人を引見するもので、成選人の姓名が呼ばれ、評定を改めるべき者は成選短冊に記入されることになっていた。なお、番上官の列見は式部省において行われる。[13]

列見が終わると、四月上旬までに式部省では、成選短冊と選別記とを計会して成選人を何位に叙すべきかを成選短冊に記入し、また、擬階簿を作成して太政官に送り、太政官ではさらにそれをもとに擬階奏文が作成される（D・G）。擬階簿は、成選人を官司別ではなく現有位階別に記したものと考えられ、擬階奏文は、進階する等級を項目わけし、各項目に該当する官人数を官人の現有位階別に記した目録である。[14]

そして、四月七日に奏成選短冊が行われる（D・G）。これは擬階奏とも呼ばれ、紫宸殿に出御した天皇に擬階奏文と成選短冊が奏上される儀式である。前述したように、六位以下内八位外七位以上の官人叙位方式は、結階案を太政官が奏上して天皇が裁可する奏授である。そしてこの奏成選短冊は、まさに六位以下の官人の叙位を最終的に天皇が裁可する儀式なのである。したがって、奏成選短冊は成選擬階儀において中核に位置する儀式であるということができよう。

奏成選短冊が終わると、成選短冊をもとに位記が作成され、位記請印が行われる（E・H）。位記請印は式部省が四月十一日、兵部省が四月十三日にそれぞれ外記庁において行われる(15)。

そして、四月十五日に太政官曹司庁において、成選人に位記が授与される位記召給が行われ、六位以下の官人の叙位の手続きは完了する(16)（E・H）。

以上が、『延喜式』における成選擬階儀の概略である。

## 三　『弘仁式』における成選擬階儀

続いて、『弘仁式』における成選擬階儀の式日が、『延喜式』と具体的にどのように相違しているのかを検討していきたい。

『弘仁式』は散逸していて、現在ほとんど存在していない。わずかに、九条家本『延喜式』の紙背に、式部下と主税上の断簡が現存しているにすぎず、それらは写真版が『古簡集影（八・九）』に収められ、『新訂増補国史大系』によって活字化されている。ほかには、部分的に諸書に引用された逸文が残されているのみである。しかし、ここで問題にしている成選擬階儀の関係条文は、前述したように、太政官と式部下に収められているので、『弘仁式』では、少なくとも式部下における関係全条文は現存しているのである。そこでまず、『弘仁式』式部下における成選擬階儀の式日について、『延喜式』と比較検討してみたい。前掲の『延喜式』に対応する『弘仁式』式部下の条文を列挙すると次のようになる。

a『弘仁式』式部下考問条

考問并引唱

毎年十月一日、諸司畿内職事考選文進二左弁官一、二日下レ省、是日諸司畿内亦以二番上考選文一進レ省、三日諸家進二家司并雑色人等考選文一、（中略）其在京諸司及畿内国司十月卅日以前校定了、大宰及七道諸国司十一月卅日以前校定訖、十二月卅日以前勘二定考選目録一、已訖以二正月三日一申二送太政官一、考番史生各写二考別記一、選番史生亦写二選別記一、兼書二短冊一、専当丞執レ冊、録執二別記一、令二史生読一レ案、共相計会、知レ無二失謬一、以候二列見一、

b『弘仁式』式部下考選条

考選目録申太政官

毎年正月三日、中務式部兵部三省輔各引二其丞一就二太政官版位一、如二弁官申レ政儀一、輔読二申内外諸司諸家考目録一、丞読二申選目録一、次兵部、次中務、並如二式部儀一、訖退出、事見二儀式一

c『弘仁式』式部下列見条

諸司長上成選人列見太政官

三省申二考選目録一、訖弁官預命二期日一、諸番史生注二選人名一以授二省掌一牓示、諸司依レ期会集、其日質明、省掌預計二列専当官朝集使及選人等一、弁官申レ政、訖輔先入レ自二南門一就二前版位一、丞録各執下別記及諸司申二不参一簿上、就二後

**表8** 成選擬階儀式日対照表（諸司・畿内の長上官のみ）

| | 『弘仁式』式部下 | 『弘仁式』太政官（承和七年太政官式） | 『貞観式』太政官 | 『延喜式』 |
|---|---|---|---|---|
| 考選文提出 | 10月1日 a | | | 10月1日 A |
| 考問・引唱 | 10月中 a | | | 10月中 A |
| 考選目録・別記・短冊作成 | 12月中 a | | | 12月中 A |
| 考選目録読申 | 1月3日 ab | 2月11日 f | 2月10日 f′ | 2月10日 ABF |
| 列見 | 「預命期日」 c | 2月11日 f | 2月11日 f′ | 2月11日 CF |
| 成選短冊・擬階簿・擬階奏文作成 | （「其日」～4月上旬） | | | （2月11日～4月上旬） |
| 奏成選短冊 | 4月11日 d | 「其日」 g | 4月7日 g′ | 4月7日 DG |
| 位記作成 | | | | （4月7日～11日） |
| 式部省位記請印 | （式日示さず） e | （式日示さず） h | （式日示さず） h′ | 4月11日 EH |
| 兵部省位記請印 | | | | 4月13日 H |
| 位記召給 | 「預択吉日」 e | （式日示さず） h | 4月15日 h′ | 4月15日 EH |

版位一、史生各執二硯筥及短冊椷一、省掌一人執二版位一、諸司主典朝集使及選人随レ色陳列、各有二常儀一、（事見二儀式一）

d 『弘仁式』式部下成選短冊条

奏二成選短冊一

諸司選人无レ故不レ到者判降、已訖解二散短冊一[17]、即依二階及年一、以レ次綴貫、訖丞録各執二別計会一盛レ椷納レ櫃、又造二擬階簿一進二太政官一、々即勘会、更造二奏文一、四月十一日奏、其日質明、二省以二冊櫝一於二宣陽門一候レ之、（事見二儀式一）

e『弘仁式』式部下授位記条

授二成選位記一

奏二短冊一訖令三諸番各写二其冊一、立二位案一訖令レ書二位記一、丞録共執二位記案別記等一、令二史生読一レ冊、計会訖申二送太政官一請印、外記覆勘印レ之如レ常、預択二吉日一申二送太政官并弁官一、宣二示諸司一、其日式部兵部引二成選人一、赴レ官就レ座、唱授如レ常、（事見二儀式一）

さて、『弘仁式』『延喜式』両書の相違として、まず第一に注目されるのは考選目録読申の式日である。『延喜式』では「二月十日」となっているが（A・B）、『弘仁式』では「正月三日」となっていて（a・b）、両書の間には一カ月以上の隔たりがみられる。次に、奏成選短冊の式日が、『延喜式』では「四月七日」となっているが（D）、『弘仁式』では「四月十一日」となっていた[18]（d）。これもわずか四日ながら、式日に相違がみられる。このほか、列見の式日が、『延喜式』では「二月十一日」となっているが（C）、『弘仁式』では「預命二期日一」となっており（c）、同様に、位記召給の式日も、『延喜式』では「四月十五日」となっているが（E）、『弘仁式』では「預択二吉日一」となっていた（e）。すなわち、『弘仁式』では列見や位記召給の式日は固定されていなかったのである。ちなみに、位記請印の式日も、『延喜式』では式部省は「四月十一日」となっているが（E）、『弘仁式』では式日が明示されていない[19]（e）。したがって、『弘仁式』段階においては、位記請印の式日も不定であったと考えられる。

以上のように、『弘仁式』『延喜式』両書の式部下の比較検討から、考選目録読申・列見・奏成選短冊・位記請印・位記召給の式日の相違を確認することができた。

ところで、成選擬階儀の関係条文は、式部下だけではなく太政官にも存在する。『弘仁式』太政官は現存しないが、幸いにも、『本朝月令』（四月）七日奏成選短冊事に成選擬階儀に関係する『弘仁式』太政官の条文が、また、『小野宮年中行事』（四月）七日二省奏成選短冊事にそのうちの擬階条のみが引用されている。そこで次に、『弘仁式』太政官における成選擬階儀の検討を行いたい。(20)『本朝月令』及び『小野宮年中行事』所引の『弘仁式』太政官の条文を列挙すると次のようになる。

f 『弘仁式』太政官列見条

凡諸司官人得レ考、并応二成選一数者、中務式部兵部三省、二月十一日申二太政官一、其成選応二叙位一者、式部兵部二省、各率二諸司主典已上一列二見大臣一、二省依レ簿引唱、若当二昇降一者、親自執レ筆点定、事見二儀式一、番上者於二式部一引唱、

g 『弘仁式』太政官擬階条

凡式部兵部二省、進二成選擬階短冊一者、各預造レ簿、三月内入二外記一、惣造二奏文一、預申二参議以上一、其日、大臣以下共率奏聞、事見二儀式一、

h 『弘仁式』太政官位記召給条

凡成選応レ叙者、奏二短冊一後、式兵二省、預書二位記一請印、所レ須丹謬等物預先請受、大臣就二朝座一、二省率二応レ叙人一就レ位、弁大夫宣命、二省唱レ名賜レ之、事見二儀式一、

『弘仁式』太政官における成選擬階儀で注目すべきことは、同じ『弘仁式』でありながら、今までみてきた式部下と式日が相違するものがあることである。まず、考選目録読申の式日が、式部下では「正月三日」となっていたが（a・b）、太政官では「二月十一日」となっていることである（f）。同一書でありながら、両者の間には一カ月以上の隔たりがあり、これは看過することのできない重要な相違であると考えられよう。なお、『延喜式』では太政官・式部下ともに「二月十日」となっており（A・B・F）、『弘仁式』は両者とも『延喜式』の式日と異なっている。ただし、

太政官の方はわずか一日の相違にすぎない。次に、奏成選短冊の式日が、式部下では「四月十一日」となっていたが（d）、太政官では「其日」となっていて、式日を明示していないことである（g）。これも、『延喜式』では太政官・式部下ともに「四月七日」となっており（D・G）、『弘仁式』は両者ともに『延喜式』と異なっている。このように、『弘仁式』では、式部下で明示されていた考選目録読申と奏成選短冊の式日が、太政官では相違していた。さらに、式部下では明示されていない列見の式日も（c）、太政官では一見、明示されていないようにみえるが（f）、後述するように、「二月十一日」と規定されていると考えられることから、式部下と太政官とで相違していた。

以上のように、『弘仁式』では式部下と太政官との間に矛盾がみられるのである。

最後に、『貞観式』における成選擬階儀の式日を検討してみたい。『貞観式』も散逸していて現存しないが、成選擬階儀の関係条文のうち、太政官の逸文が、『弘仁式』と同様に『本朝月令』（四月）七日奏成選短冊事に引用されている。それを列挙すると次のようになる。

f′『貞観式』太政官列見条

凡諸司官人得考、并応成選数者云々、三省、二月十一日、申二太政官一云々、（今案改二十一日一為二十日一、列見如レ旧、）

g′『貞観式』太政官擬階条

凡式部兵部二省、奏二成選短冊一、三月内云々、（今案四月七日奏レ之、）

h′『貞観式』太政官位記召給条

凡成選応叙位云々、（今案四月十五日、授二位記一、）

凡授二成選位記一并補二任郡司一、内記進二宣命文一、外記直進請二其文一、授二宣命大夫一、宣命畢、選人任人称唯、再拝舞踏、（事見二儀式一、）

虎尾俊哉氏によれば、『貞観式』の体裁は、『弘仁式』を改訂する場合にはまず『弘仁式』の条文を掲げ、続いて「今案」として改訂の内容を示すとのことである。[21] したがって、まず考選目録読申の式日が、「今案改㆓十一日㆒為㆓十日㆒」とあるように(f′)、『弘仁式』で「二月十一日」であったのを(f)、『貞観式』で二月十日に改めたのである。同様に、奏成選短冊の式日も「今案四月七日奏㆑之」とあり(g′)、『弘仁式』で「其日」であったのを(g)、『貞観式』で四月七日としたのである。また、位記召給の式日も、「今案四月十五日、授㆓位記㆒」とあり[22](h′)、『弘仁式』で不定であったのを(h)、『貞観式』で四月十五日に固定したのである。そして、『貞観式』で改定されたこれらの式日は、それぞれ『延喜式』の規定と一致している。したがって、『貞観式』編纂以前の段階で、考選目録読申・奏成選短冊・位記召給の式日は、『延喜式』制に固定したのである。[23]

以上のことを表示したのが、成選擬階儀式日対照表(表8)である。

それでは、これら『弘仁式』における成選擬階儀の式日が、なぜ、式部下と太政官とで矛盾し、また、どのような過程を経て、『貞観式』編纂までに『延喜式』に規定されている式日へと変遷していったのであろうか。以下、そのことについて検討していきたい。

## 四　考選目録読申の式日

『弘仁式』の式部下と太政官との矛盾、さらには『延喜式』との相違で最も甚だしいものは、考選目録読申の式日である。このうち、同じ『弘仁式』のなかでその式日が矛盾していることについては、前述したように、すでに吉川真司氏が『弘仁式』の編纂過程から解明している。[24] そこでまず、それを簡単に紹介したい。

周知のように、『弘仁式』は三段階の編纂過程を経ており、[25]「弘仁十一年式」「天長七年式」「承和七年式」の三種類の『弘仁式』が存在した可能性が考えられ、さらに、「天長七年式」と「承和七年式」は弘仁十一年（八二〇）以後の制度改正を含むものと推定されている。[26]さて、『弘仁式』の式部下と太政官の考選目録読申の式日のうち、太政官の二月十一日という式日は、『貞観式』で二月十日に改められ、それが『延喜式』に継承されている。したがって、考選目録読申の式日は、二月十日に行われる以前には翌日の二月十一日に行われていたのである。さらに、『本朝月令』所引『弘仁式』太政官が、『貞観式』に引用されているということは、それが「承和七年式」であることを示している（以下、これを便宜的に「承和七年太政官式」と呼称することにする）。一方、九条家本『延喜式』紙背『弘仁式』式部下の断簡が、いつの式であるかは不明であるが、天長期の制度改正を反映していないことから、[27]そこに規定されている考選目録読申の正月三日という式日は、当然、二月十一日よりも古い形態を示すものと考えられる。したがって、式部下で考選目録読申の式日が正月三日となっていたのが、「承和七年太政官式」で二月十一日となっているのは、その間の制度改正を反映したものである。

弘仁期までは、勅授である五位以上の叙位のうち叙爵については成選と関連していた。そのため、正月五日の御前における叙位儀、及び正月七日の白馬節会における位記召給に先立って、考選目録を太政官に上申する必要があったのである。考選目録読申が正月三日に行われていたのはそのためであり、『弘仁式』式部下はその式日を規定していたのである。[28]ところが、天長期になると成選と叙爵とが分離するようになる。そのことによってこの時期に、考選目録読申の式日が正月三日から二月十一日に移行したと考えられ、「承和七年太政官式」はそれを反映しているのである。

以上が、吉川氏の指摘の要約である。吉川氏は、五位以上の叙位制度に重点を置いて論じているため、六位以下についてはほとんど言及しておらず、成選擬階儀のなかでも、考選目録読申についてしか触れていない。しかし、次の二点において、他の成選擬階儀の式日の変遷の解明に重要な示唆を与えてくれている。第一に、『本朝月令』所引『弘仁式』太政官を「承和七年式」と指摘し、そのなかで、『弘仁式』の改訂の具体的な一例を示した点である。天長七年（八三〇）と承和七年（八四〇）の改訂が弘仁十一年以降の制度改正を含むことに疑問を呈する見方もあるが、考選目録読申以外の成選擬階儀の式日においても『弘仁式』の式部下と太政官では相違しており、『弘仁式』太政官が『貞観式』に引用されていることを考えれば、『弘仁式』式部下は単なる記載間違いというよりは、より古い内容とみてよいのではないか。したがって、考選目録読申以外の成選擬階儀の式日においても同様に解釈され得ると考えられる。第二に、成選と叙爵とが分離したことで、天長期を叙位制度の再編の画期とした点である。このことは、五位以上のみならず、本章で問題にしている六位以下の叙位制度についても影響を与えたものと考えられる。以上の二点をふまえたうえで、以下、考察していきたい。

なお吉川氏は、成選と叙爵とが分離したことによって、考選目録読申の式日が正月三日から二月十一日に移行したと述べているが、それがなぜ二月十一日なのか、さらにまた、それがなぜ二月十日に移行したのかについては触れていない。そこで、まず、それについて考えてみたい

二月十一日といえば、すぐに想起されるのは列見の行われる日ということである。すなわち、成選と叙爵とが分離したことにより、考選目録読申は五位以上の叙位とは無関係になり、六位以下の叙位のみに関係するようになる。そのため、六位以下の成選叙位のみに関係する最初の手続きとして行われる列見の当日に、考選目録を読申するようになったと考えられよう。

ところで、列見は奈良時代から二月に行われていたことはすでに指摘されているが、(29)前述したように、『弘仁式』式部下では、「預命二期日一」とあって式日が固定されていなかった。しかし、考選目録読申が二月十一日に行われるよう

になったということは、明らかに列見もその日に行われるようになったということである。そうすると、列見の式日が二月十一日に固定したのは、考選目録読申の式日が正月三日から二月十一日へと移行した段階、すなわち、天長期ということになろう。このことは、「承和七年太政官式」の列見条からもうかがわれる。これには、一見、列見の式日が明示されていないようにみえるが、考選目録読申の二月十一日という式日が列見までかかっていると考えられる。なぜなら、『貞観式』太政官列見条において、「承和七年太政官式」を引用した後、「今案改二十一日一為二十日一、列見如レ旧」としているが、この記載によれば、考選目録読申と列見はいずれも二月十一日に行われていたが、考選目録読申の式日のみ二月十日に改め、列見は今までどおり二月十一日に行うということになる。そうすると、「承和七年太政官式」では列見の式日は二月十一日と規定されていたということになる。したがって、列見の式日が二月十一日に固定したのは、考選目録読申の式日が正月三日から二月十一日に移行したのと同様に、天長期であると考えられよう。(30)

最後に、考選目録読申の式日が二月十一日から二月十日へと移行したことについて考えたい。これは、単に式日を前日に移したにすぎないが、その理由として、成選人の増加による措置と推測したい。延暦期を一時的な例外として、奈良時代から九世紀にかけて五位以上の官人数は増加傾向にあり、(31)同様に、六位以下の官人数も増加していったと推測される。このことは、後掲する天長九年九月十九日宣旨からもうかがわれる。(32)このような成選人の増加によって、考選目録読申と列見の両者を同日に行うことが物理的に困難になったのではなかろうか。これは、あくまでも憶測にすぎないが、そのために考選目録読申の式日が列見の前日に移行したのではなかろうか。また、その移行の時期について、確定することはできないが、「承和七年太政官式」が二月十一日と規定しており、(33)それが『貞観式』で二月十日に改定されていることから、承和七年以後、貞観期以前であるということができよう。

いる。

## 五　奏成選短冊の式日

続いて、奏成選短冊の式日についての検討に移りたい。これは、『弘仁式』式部下では四月十一日となっていたが、「承和七年太政官式」では「其日」となっており、それが『貞観式』で四月七日に定められ、『延喜式』に継承されている。

それでは、奏成選短冊の式日が、なぜ四月十一日から四月七日へと移行していったのか、また、それがどのような変遷過程をたどっていったのか。これについては、奏成選短冊を独立したものとしてではなく、四月上旬から中旬にかけて行われる奏成選短冊から位記召給までを一連のものとして考えていかなければならない。それらは、『弘仁式』式部下では、奏成選短冊のみが四月十一日に行われるようになっていたほかは、位記請印・位記召給ともに式日が固定されていなかった。それが、『延喜式』では、奏成選短冊の式日が四月七日に移行し、式部省位記請印が四月十一日に、兵部省位記請印が四月十三日に、位記召給が四月十五日にそれぞれ式日が固定されている。したがって、奏成選短冊の式日の移行は、位記請印・位記召給の式日の固定化を含めた、これらの式日の再編成の過程において行われたということになろう。

ここで疑問となるのは、奏成選短冊が式日の再編成の中核となっていないことである。『弘仁式』式部下で、奏成選短冊の式日のみが四月十一日に固定されていたのであるから、普通に考えれば、それだけは動かさずに、他の式日をそれにあわせて固定させていくはずである。前に、奏成選短冊は成選擬階儀の中核に位置する儀式であると述べたが、それならばなおさらのことである。それにもかかわらず、実際には式日の再編成の過程で奏成選短冊の式日は四月七日に移行しているのである。

そこで注目されるのは、「承和七年太政官式」の擬階条が奏成選短冊の式日を「其日」とだけ記し、具体的な日付を明示していないことである。対応する『延喜式』太政官擬階条と比較してみると、「承和七年太政官式」で「其日」となっている部分が、『延喜式』で四月七日となっている以外は、ほとんど字句の異同はない。このことから、擬階条を引用する『本朝月令』や『小野宮年中行事』が、式日を省略しているわけではなく、もとから「承和七年太政官式」の擬階条が式日を明示していなかったということがわかる。もし、奏成選短冊が特定の日に行われていたのならば、その式日を明示するはずであろう。それにもかかわらず、明示されていないということは、「承和七年太政官式」の段階では奏成選短冊の式日が固定されていなかったことを示しているのではなかろうか。『弘仁式』式部下成選短冊条では奏成選短冊の式日を四月十一日としているが、考選目録読申の式日にみられるように、同じ『弘仁式』であっても「承和七年太政官式」では弘仁十一年以後の制度改正を反映していると考えられる。したがって、「其日」を四月十一日と解釈するのではなく、特定の式日を示しているのではないと解釈することも可能であろう。以上のことから、奏成選短冊の式日は、四月十一日から四月七日へと直接に移行したのではなく、その過程において、式日の固定していなかった段階、すなわち、四月十一日から七日へと近づく段階の存在を想定することができるのではなかろうか。

それでは、なぜそのような段階が生じたのであろうか。前に、奏成選短冊を成選擬階儀の中核であると述べたのは、それが六位以下の官人の叙位を最終的に天皇が裁可する儀式だからである。しかし、天皇が六位以下の個々の官人をどれだけ把握し、その叙位に際して天皇の意志がどれだけ反映されたかは疑問である。そのようなことが全くなかったとはいえないが、むしろ、奏成選短冊においては、奏進された擬階奏文と成選短冊を天皇が覧るという象徴的行為をもって、裁可におきかえられていたのである。したがって、奏成選短冊は、成選擬階儀の中核とはいっても、それは多分に形式的側面が強いものであったのである。

　このように考えると、奏成選短冊から位記召給までのなかには、位記作成や位記請印といった実務的な手続きの方がより重要になってくるはずである。そこで注目されるのは、次に掲げる天長九年九月十九日宣旨である(34)（以下、天長九年宣旨と略す）。

大納言清原真人宣、請印位記、若七十張已上、自今以後、須二三四張捺印一而後令二参議踏印一者、

天長九年九月十九日　　少外記韓室諸成奉

本来ならば、位記請印はいずれも上卿の指示のもとに、勅授であれば内印を少納言に、奏授であれば外印、すなわち太政官印を史生に押捺させる(35)。しかし、この天長九年宣旨によれば、位記が七十張以上におよぶ場合の請印手続きは、今後、まず上卿の指示のもとに三・四張の位記に捺印させ、残りは参議の指示のもとに踏印させるということである。これは「若七十張已上」の文言からうかがわれるように、官人増加に伴う位記請印の手続きの繁雑化に対する措置と考えられよう。また、位記請印に限らず太政官印の請印では、急事によっては結政請印、すなわち上卿が参議に命じて少納言・外記・史生らとともに結政所に向かわせ、捺印させる場合がある(36)。したがって、ここで参議の指示のもとに捺印させるのは、位記請印を簡略化させるための措置であったといえよう。

　ところで、天長九年宣旨が勅授とここで問題にしている奏授と、いずれの位記請印に対する措置であったのか判然としない。しかし、たとえ勅授の位記請印に対する措置であったとしても、当然、奏授の位記請印にも適用されたと考えられる。そのことは、次に掲げる『延喜式』太政官位記請印条からうかがわれる。

凡式兵二省請二印准蔭成選等位記一、先令レ印二廿張已下一、後更定レ日、参議於二弁官結政所一捺了、所レ須丹謬等物預先請受、

天長九年宣旨と当条とを比較してみると、字句や数量などが若干異なっているが、内容的にはほぼ一致し、両者は密

接な関係を有するものといえよう。[37] さらにいえば、天長九年宣旨における「三四張」という数量を「廿張已下」と改めることによって、位記請印条は成立したのではなかろうか。すなわち、当条のもととなった単行法は天長九年宣旨であり、位記請印条は『貞観式』によってたてられたものと考えられよう。[38] さて、当条は奏授に関係するものである。なぜなら、文中に「成選等位記」とあるが、『延喜式』段階で成選と関係するのは六位以下の叙位のみである。また、『延喜式』において当条は、前掲した擬階条と位記請印条との間に配列され、ちょうど奏成選短冊・位記請印・位記召給の順になっているからである。このように、位記請印条が奏授に関係するものであれば、当然、そのもととなった天長九年宣旨は奏授の位記請印にも適用されたものと考えられよう。

天長九年にこのような位記請印の手続きを簡略化させる措置がとられたということから、この時期に、それを中心とした奏成選短冊から位記召給までの手続きの簡略化がはかられたことがうかがえよう。したがって、奏成選短冊から位記召給までの式日の再編成も天長期を契機としてはじめられ、その過程において、奏成選短冊の式日は四月十一日から式日の固定されていない段階へと移行したと推定されよう。しかし、「承和七年太政官式」においてもそれらの式日は固定されていない。最終的に奏成選短冊の式日が四月七日に、位記召給の式日が四月十五日に固定するのは、承和七年以後、貞観期以前のことになるのである。[39]

## 六　式日固定化の意義

以上の検討を要約すると、平安初期の成選擬階儀の式日は、弘仁期には不定であったが、天長期と承和七年以後の二つの段階を経て固定化されていくということになる。すなわち、弘仁期までは、考選目録読申が正月三日に、奏成選短冊が四月十一日に固定されていたのみで、これは、考選目録読申が五位以上の叙爵に関係し、奏成選短冊が天皇の出御する儀式だったからであろう。そのほか、列見・位記請印・位記召給は式日が固定されていなかった。しかし、天長期に成選と叙爵とが分離すると、考選目録読申の式日は二月十一日に移行し、列見の式日も二月十一日に固定する。同時に、天長期は奏成選短冊から位記召給までの式日の再編成の契機となり、奏成選短冊の式日も、一旦、固定されていない段階を迎える。そして最終的に、考選目録読申の式日が二月十日に、奏成選短冊の式日が四月七日に、位記召給の式日が四月十五日にそれぞれ固定するのは、承和七年以後、貞観期以前のことである。以上の趨勢から考えて、位記請印の式日が、式部省が四月十一日に、兵部省が四月十三日に固定するのも、『貞観式』にはみられないが、考選目録読申・奏成選短冊・位記召給と同様に、承和七年以後、貞観期以前のことであろう。

それでは、このような成選擬階儀の式日の固定化は、一体どのような意義を有しているのであろうか。以下、そのことについて検討していきたい。

式日が不定であるということは、手続きの進行状況に応じて柔軟に対処できるということである。これに対し、式日が固定化されたということは、固定された式日にあわせて機械的に手続きが進行するということである。したがって、式日不定の段階から固定化への移行は、そのような手続きの進行を可能にするシステムが確立されたことを示していよう。それでは、なぜそのようなシステムが確立されたのであろうか。これについては、やはり天長期に成選と叙爵とが分離したことが注目されよう。周知のように、律令制下において五位以上は特権階層として六位以下と一線を画しており、六位以下から五位以上へいかに昇叙するかということは、律令官人にとっての重大な関心事であったはずである。しかし、成選と叙爵とが分離したことで、五位以上と六位以下とが叙位の手続きにおいて完全に切断されたことになり、五位以上の叙位においては、やがて特定の官職の年労を重視した叙位制度が確立されていったことが指摘されている。[40]一方、ここで問題にしている六位以下の叙位においては、それが五位以上の叙位の手続きと直結しなくなることにより、その手続きの重要性は相対的に低下していったと憶測される。そしてそのことによって、六位以下の叙位の手続きを簡略化し、機械的に進行させていくシステムの確立がはかられたと考えることができよう。天長九年宣旨による位記請印の手続きの簡略化の措置も、その一端を示しているといえよう。

平安初期の成選擬階儀の式日の固定化は、天長期を契機とするこのようなシステムの確立によってなされたのであるが、そのことはさらに、個々の手続きの儀式化と形骸化を促したと考えられる。たとえば、考選目録読申・列見・位記召給は太政官曹司庁で行われるが、橋本義則氏によれば、弘仁十三年を契機として公卿聴政の場が太政官曹司庁から外記庁へと移行し、太政官曹司庁は儀式の場として確立したという。[41]したがって、それら三つの式日が、天長期と承和七年以後の二つの段階を経て固定化したことは、まさにそれら三つの手続きが儀式化したことを示していよう。また、奏成選短冊においては、仁寿・斉衡期になると天皇が出御しなくなる。[42]天皇が出御しなくなるのは、当該期の天皇の個人的資質が直接的契機となったと考えられるが、他方、天皇不出御を可能ならしめた潜在的要因として、今まで述べてきた、機械的に手続きが進行するシステムの確立があげられよう。さて、天皇が奏成選短冊に出御しなくなると、天皇が成選短冊を覧ることはなくなる。前述したように、天皇は成選人毎に作成された成選短冊を覧ることにより、六位以下の官人の叙位を裁可したという形式を経てきたのである。したがって、それを覧なくなるということは、象徴的行為すら放棄したことになり、奏成選短冊の儀式の実質的意義は低下し、形骸化していったものと考えられよう。

最後に、位階そのものについてみてみると、九世紀を通じて、五位以上と六位以下との階層格差は増大していき、[43]十世紀以降になると六位以下の位階が形骸化していったことが指摘されている。[44]このことは、徐々にではあるが、六位以下の位階そのもののもつ意義が、五位以上と比較して相対的に低下していったことを意味していよう。したがって、天長期の成選と叙爵との分離、さらに、それに伴う成選擬階儀の式日の再編成と手続きのシステム化は、単に六位以下の叙位の手続きの儀式化・形骸化を促したのみでなく、六位以下の位階そのものにも、それを意図したものではなかったであろうが、結果的にそのような影響を与えたものと推定されよう。

## 小結

本章では、『弘仁式』と『貞観式』『延喜式』とにおける成選擬階儀の式日の相違を検討し、それらの式日が、天長期と承和七年後の二つの段階を経て固定化していった過程をあとづけた。さらにそこから、それらの手続きが機械的に進行していくシステムが確立したことを推定し、それが各々の手続きの儀式化・形骸化を促したこと、そして六位以下の位階そのもののもつ意義の低下をもたらしたことについて言及してきた。

ところで、律令制下における位階は、天皇によって授与され、天皇と官人との身分的距離を示す、官人の基本的身分秩序の標識であった。したがって、位階のもつ意義の問題は、宮廷社会全体に影響を与えるものと考えられよう。第五章・第六章で、承和期から貞観期にかけての儀式の変化について述べたが、その変化は宮廷社会の変化に対応するものであった。これに対し、本章で検討してきた平安初期の成選擬階儀の式日の固定化と手続きのシステム化は、六位以下の位階の低下をもたらしたことで、宮廷社会に影響を与えたと考えられる。時期的にも、後者の方が前者にやや先行するものの、両者はほぼ重なりあっており、したがって、このような儀式の変化にも、成選擬階儀の手続きのシステム化が影響を与えたと考えられるのである。

## 註

（1）養老選叙令内外五位条。

（2）六位以下の官人叙位方式については、野村忠夫『律令官人制の研究』増訂版（吉川弘文館、第一篇、一九七〇年、初出一九六一・一九六二・一九六四・一九六六年）参照。

（3）養老選叙令選代条に「計レ考至二五位以上一、奏聞別叙」とあることから、成選年における擬階によって叙位されるのは、基本的に六位以下の官人であった。ただし、成選擬階が五位以上の叙位に機械的に結びつくわけではないが、養老期まで加階と成選とが、弘仁期まで叙爵と成選とが関連していたことが指摘されている。吉川真司「律令官人制の再編過程」（『律令官僚制の研究』塙書房、一九九八年、初出一九八九年）参照。

（4）佐伯有義「弘仁式及貞観式に就て」（『国学院雑誌』二九―一〇・一一、一九二三年）。宮地直一「延喜式について」（『本邦史学史論叢』上、冨山房、一九三七年）。宮城栄昌『延喜式の研究』論述篇（大修館書店、一九五七年）第三篇第六章。

（5）吉川前掲註（3）論文。

（6）東野治之「成選短冊と平城宮出土の考選木簡」（『正倉院文書と木簡の研究』塙書房、一九七七年）。寺崎保広「考課・選叙と木簡」（『古代日本の都城と木簡』吉川弘文館、二〇〇六年、初出一九八六年）。

（7）ここでは煩雑を避けるため、『延喜式』の関係全条文のうち、後述する『弘仁式』との相違に関連する条文のみの列挙にとどめた。また便宜上、『延喜式』の記載順ではなく、成選擬階儀の手続きの進行順に条文を列挙した。

（8）この部分の返り点は東野氏の説によった。前掲註（6）論文参照。

（9）ほかに、『延喜式』太政官諸司畿内条、式部下長上考条、番上考条、諸家考条に規定がみえる。

（10）『延喜式』太政官諸国考文条、式部下長上考条、番上考条。なお、京・畿内の考文を十月一日に、外国の考文を十一月一日に太政官に申送するという規定は、すでに養老考課令内外官条にみえている。

（11）『延喜式』兵部考選条。

（12）式部省における校定を、十月一日から十二月三十日までの間に行うという規定は、すでに養老選叙令応叙条にみえている。

(13) ほかに、『延喜式』式部下番上列見条に規定がみえる。

(14) 擬階奏文の実例は、『吉記』寿永元年（一一八二）七月六日条にみえる。

(15) 『延喜式』太政官位記召給条は、式部省位記請印の式日を「四月十日」としているが、『延喜式』式部下授位記条、『西宮記』巻三、請印位記事、『北山抄』巻第一（四月）十一日式部省成選位記請印事はすべて「四月十一日」としているので、「一」の文字が脱落したものと考えられる。
なお、位記請印を外記庁で行うことについては、『西宮記』巻三、請印位記事に「上卿着レ庁外記」とあることからわかる。

(16) 『延喜式』太政官位記召給条は、位記召給を行う場として、太政官曹司庁以外に朝堂を挙げ、むしろそちらを主としている。しかし、同じ『延喜式』式部下授位記条、掃部寮成選位記条や、『儀式』巻第九、四月十五日授成選位記儀、『西宮記』巻三、位記召給は太政官曹司庁とし、実例でも太政官曹司庁で行われることが一般的であった。

(17) 註（8）参照。

(18) なお、『弘仁式』奏進の翌年に奏進された『内裏式』では、現在四種の活字本（『群書類従』『新註皇学叢書』『新訂増補故実叢書』『神道大系』）はすべて奏成選短冊の式日を「四月七日」としており、わずか一年の奏進の差でありながら、両書は相違している。しかし、東山御文庫本『内裏式』や、宮内庁書陵部所蔵九条家本『内裏式』は、奏成選短冊の式日を「四月十一日」としており、また、鎌倉時代に成立したとされる『年中行事抄』には「（四月）七日、奏二省奏成選短冊事、内裏式十一日」とあり、これらは『弘仁式』式部下の式日と一致している。写本の系統の精査が必要であるが、『弘仁式』と『内裏式』との奏進の年の差を考慮すると、『内裏式』は本来、奏成選短冊の式日を、『弘仁式』と同様に「四月十一日」としていたが、後に筆写の過程で「四月七日」に書き改められたという可能性も指摘できよう。所功「『内裏式』の成立」（『平安朝儀式書成立史の研究』国書刊行会、一九八五年、初出一九八四年）、西本昌弘「『内裏式』の古写本について」（『日本古代儀礼成立史の研究』塙書房、一九九七年、初出一九九三年）参照。

(19) なお、兵部省位記請印の式日も、『延喜式』太政官位記召給条では「十三日」としているが、後掲する『本朝月令』所引『弘仁式』太政官位記召給条では式日が明示されていない。

（20）ここでは、宮城栄昌「弘仁・貞観式逸」（『横浜国立大学人文紀要』一―七、一九六二年）、虎尾俊哉編『弘仁式貞観式逸文集成』（国書刊行会、一九九二年）によった。
（21）虎尾俊哉「貞観式の体裁」（『古代典籍文書論考』吉川弘文館、一九八二年、初出一九五一年）。
（22）『群書類従』所収の『本朝月令』では、この部分を「四月五日」としているが、そうすると奏成選短冊以前に位記召給が行われることになって矛盾が生じる。内閣文庫所蔵『本朝月令』に従って「四月十五日」とすべきものと考えられる。
（23）『貞観式』の奏進は貞観十三年（八七一）八月二十五日のことである（『日本三代実録』同日条）。しかし、奏成選短冊が四月七日に、位記召給が四月十五日に行われた初見はともに貞観元年である（『日本三代実録』貞観元年四月七日壬辰条、同月十五日庚子条）。考選目録読申については実例で確認することはできないが、以上の趨勢からみて、それを含めたこれらの式日が『貞観式』『延喜式』制へと移行したのは、貞観期以前のことと考えられよう。
（24）吉川前掲註（3）論文。
（25）『弘仁式』の編纂過程については、虎尾俊哉「弘仁式」（坂本太郎・黒板昌夫編『国史大系書目解題』上〔吉川弘文館、一九七一年〕）、鎌田元一「弘仁格式の編纂と施行について」（『律令国家史の研究』塙書房、二〇〇八年、初出一九七六年）参照。
（26）鎌田前掲註（25）論文。福井俊彦『交替式の研究』（吉川弘文館、一九七八年）第六章。
（27）註（4）参照。
（28）『続日本紀』の正月の定例叙位記事をみると、それが正月七日にほぼ完全に定着するのは、本書第一章で指摘したように延暦期からである。叙位記事の原史料と考えられる位記の日付は位記召給の日付になっているから、このことは、延暦期の五位以上の位記召給が正月七日の白馬節会に定着したことを示している。その関連でいえば、叙位儀が正月五日に、考選目録読申が正月三日に、それぞれ式日が固定化したのも延暦期のことと考えられよう。
（29）寺崎前掲註（6）論文。
（30）実例では、『西宮記』巻三の裏書の勘物中にある仁寿元年（八五一）の例が、列見が二月十一日に行われた初見である。

（31）高田淳「光仁・桓武朝の官人構成について—律令貴族官人数の変動を中心に—」（『国學院大學大学院紀要』文学研究科、一四、一九八三年）。
（32）『類聚符宣抄』第六、請印。
（33）註（23）参照。
（34）註（32）参照。
（35）『西宮記』巻一（正月）五日叙位儀・巻三、請印位記事
（36）『西宮記』巻七、結政請印事。
（37）清水潔『類聚符宣抄の研究』（国書刊行会、一九八二年）第三章。
（38）『延喜式』太政官位記請印条の鼇頭標目に「貞延」とあることからもそのことは推測されよう。
（39）註（23）参照。
（40）高田淳「『巡爵』とその成立—平安時代的叙位制度の成立をめぐって—」（『国學院大學紀要』二六、一九八八年）。同「加階と年労—平安時代における位階昇進の方式について—」（『栃木史学』三、一九八九年）。玉井力「平安時代における加階と官司の労」（『平安時代の貴族と天皇』岩波書店、二〇〇〇年、初出一九八八年）。ただし、特定官職の年労による叙位が固定化するのは九世紀中・後期であることから、吉川氏は前掲註（3）論文において、それ以前の段階として、位階の年労による叙位の段階の存在を想定している。
（41）橋本義則「『外記政』の成立」（『平安宮成立史の研究』塙書房、一九九五年、初出一九八一年）。
（42）本書第六章、初出一九九〇年。
（43）たとえば、六位以下も参加して行われていた白馬節会・相撲節・新嘗会が、承和期から貞観期にかけて紫宸殿儀に移行することにより、参列者が五位以上に限定されていくのは、その一例であろう。本書第五章参照。
（44）黒板伸夫「位階制変質の一側面—平安中期以降における下級位階—」（『平安王朝の宮廷社会』吉川弘文館、一九九五年、初出一九八四年）。

# 第八章　平安宮の大庭と儀式

## 一　平安宮の大庭

大庭とは、平安宮内裏の正面、内裏外郭の建礼門前に位置する広場のことである。

周知のように、宮の構造の面で画期となるのは長岡宮である。すなわち、平城宮では、藤原宮以前の宮室のあり方を基本的に継承した、内裏・大極殿・朝堂院が一直線上に並ぶ構造であった[1]。このような構造においては、大庭という空間が存在する余地はない。しかし、長岡宮では、当初、内裏は大極殿・朝堂院の北方に位置していたが、延暦八年（七八九）に内裏が東方に遷されたことにより[2]、はじめて内裏と大極殿・朝堂院とが分離した。さらに、平安宮では最初からこの構造を承けつぎ、内裏は大極殿・朝堂院の東北に位置していた。そして、大庭は内裏が大極殿・朝堂院と分離されることによって新たに設けられた空間だと考えられる。ただし、延暦八年以後の長岡宮の東方の内裏の正面に、大庭が存在していたかどうかは不明である。したがって、現在のところ大庭の存在が確認できるのは平安宮においてである。

さて、平安宮の大庭においては、観射・駒牽・大祓・荷前・即位奉幣等の儀式が恒例化して行われていたことが確認できる。[3] このことから、大庭は単なる広場として存在していたわけではなく、儀式の場の一つでもあったということができよう。日本古代の儀式が、宮廷秩序を維持・強化する有効手段として用いられていたことを考慮すれば、それを反復して行う式場のもつ意味は重要である。[4] そこで、大庭で行われていた五つの儀式について個々に検討することにより、大庭が儀式空間としてどのように機能していたのかについて考察していきたい。

## 二　観　射

観射は、射礼ともいい、正月十七日に天皇と親王以下五位以上・六位以下の官人が、射手の歩射を覧る儀式である。[5] 射手は、親王以下五位以上、そして衛府官人から選ばれていた。その儀式次第を簡単に示すと、天皇出御、群臣参入、射手参入、射、群臣退出、天皇還御という順で進行する。

ところでこの観射は、最も古い儀式次第を記載していたとされる『内裏儀式』では、[6]「便処」とあってとくに式場が固定されていなかった。[7] また、九世紀に編纂された勅撰の儀式書である『内裏式』『儀式』では、ともに豊楽院儀と記載されていた。[8] すなわち、観射は平安宮において一貫して大庭で行われていたわけではなかったのである。それが、十・十一世紀の私撰の儀式書である『西宮記』『北山抄』になると、いずれも豊楽院儀とともに大庭儀が並記されている。[9] そして、院政期に成立した『江家次第』では、大庭儀のみが記載されるようになった。[10] このように、儀式書の記載から、観射の式場は、はじめは固定されていなかったが、それが豊楽院儀に固定され、さらに大庭儀へと移行していったことがわかる。なお、豊楽院儀と大庭儀とで基本的な儀式構造の相違はみられない。

それでは、実際には観射の式場はどのような変遷をたどったのか、実例をみていきたい。平安京遷都後の延暦十四年以後の観射の式場を示したのが観射式場表（表9）である。[11]

まず、弘仁五年（八一四）までは、朝堂院・馬埒殿・御在所南端門外・南庭・神泉苑・豊楽院と、式場が多岐にわたっており一定していない。これは、『内裏儀式』に「便処」とあり式場が固定されていなかったことに対応するものと考えられる。[12]ここで、延暦二十四年の御在所南端門外と弘仁四年の南庭は、ともに建礼門の南庭だと考えられることから、すでに平安京遷都後の早い時期に大庭儀が行われていたことが知られる。それが、弘仁六年以後になると、『内裏式』にあるように豊楽院儀に固定されていった。これは、弘仁期における儀式の整備・改革の一環として捉えられよう。[13]この後、天長期に射宮・建礼門・武徳殿の例がみられるが、ほぼ貞観六年（八六四）まで豊楽院儀が続いている。この間、大庭儀は天長二年（八二五）・十年・承和十二年（八四五）の三例がみられる。しかし、貞観七年以後になると、今度は建礼門前の大庭儀が定着していく。ちょうど『儀式』が編纂された時期であるにもかかわらず、その記載と実例とが一致していない。このことは『儀式』の性格を考えるうえで注目されよう。[14]なお、この後、宇多・醍醐天皇の寛平・延喜期と村上天皇の天暦期に、また豊楽院儀がみられるようになる。『西宮記』や『北山抄』で豊楽院儀と大庭儀とが並記されているのも、この時期のことを反映しているからであろう。そしてこれ以後は、再び大庭儀が定着するのである。

以上のように、観射の式場の実例による変遷をたどってみると、それが豊楽院儀から大庭儀への移行という、さきに儀式書の記載によってあとづけた変化とほぼ一致していることが確認できた。

さて、このような変化について、古瀬奈津子氏は、観射と同じく『内裏式』『儀式』で豊楽院儀とされていた正月元日節会・七日白馬節会・十六日踏歌節会・十一月新嘗会が、『西宮記』では紫宸殿儀へと移行していることと同様に考えられるとしている。[15]なるほど大庭は、内裏の正面、紫宸殿の南方延長線上に位置しており、観射が豊楽院儀から大

**表 9**　観射式場表

| | | | | | | | | | | | |
|---|---|---|---|---|---|---|---|---|---|---|---|
| 延暦 14 | | | 承和 5 | 豊 | 続後 | 元慶 6 | 建× | 三実 | 延長 4 | 建× | 貞信 |
| 15 | | | 6 | 豊○ | 続後 | 7 | 豊× | 三実 | 5 | 建× | 貞信 |
| 16 | 朝○ | 後紀 | 7 | 豊× | 続後 | 8 | 建× | 三実 | 6 | | |
| 17 | | | 8 | | | 仁和元 | 建○ | 三実 | 7 | | |
| 18 | 朝○ | 後紀 | 9 | 豊○ | 続後 | 2 | 建○ | 三実 | 8 | | |
| 19 | | | 10 | | | 3 | 建○ | 三実 | 承平元 | | |
| 20 | 馬○ | 類国 | 11 | | | 4 | | | 2 | 建 | 貞信 |
| 21 | 馬○ | 類国 | 12 | 建○ | 続後 | 寛平元 | 内○ | 紀略 | 3 | | |
| 22 | 馬○ | 類国 | 13 | 豊○ | 続後 | 2 | | | 4 | | |
| | 朝○ | 類国 | 14 | 豊○ | 続後 | 3 | 豊× | 紀略 | 5 | | |
| 23 | 馬○ | 後紀 | 嘉祥元 | 豊× | 続後 | 4 | | | 6 | | |
| 24 | 御× | 後紀 | 2 | 豊× | 続後 | 5 | | | 7 | | |
| 大同元 | | | 3 | 豊× | 続後 | 6 | 豊○ | 紀略 | 天慶元 | 建○ | 貞信 |
| 2 | 神○ | 類国 | 仁寿元 | | | 7 | | | 2 | 建 | 貞信 |
| 3 | | | 2 | 豊○ | 文実 | 8 | | | 3 | 庭× | 貞信 |
| 4 | 神○ | 類国 | 3 | 豊× | 文実 | 9 | | | 4 | | |
| 弘仁元 | | | 斉衡元 | 殿× | 文実 | 昌泰元 | 建○ | 紀略 | 5 | | |
| 2 | 豊○ | 後紀 | 2 | 豊× | 文実 | 2 | | | 6 | | |
| 3 | | | 3 | 殿× | 文実 | 3 | | | 7 | | |
| 4 | 庭 | 後紀 | 天安元 | 豊× | 文実 | 延喜元 | | | 8 | 建 | 貞信 |
| 5 | 馬○ | 類国 | 2 | 豊× | 文実 | 2 | 建○ | 西宮 | 9 | 建○ | 紀略 |
| 6 | 豊○ | 後紀 | 貞観元 | | | 3 | | | 天暦元 | 豊× | 紀略 |
| 7 | 豊○ | 類国 | 2 | 豊○ | 三実 | 4 | | | 2 | 豊○ | 紀略 |
| 8 | 豊○ | 類国 | 3 | 豊× | 三実 | 5 | | | 3 | 建 | 九暦 |
| 9 | 豊○ | 類国 | 4 | 豊○ | 三実 | 6 | | | 4 | | |
| 10 | 豊○ | 類国 | 5 | 豊× | 三実 | 7 | 豊○ | 西宮 | 5 | | |
| 11 | 豊○ | 類国 | 6 | 豊○ | 三実 | 8 | 豊○ | 紀略 | 6 | 豊× | 西宮 |
| 12 | | | 7 | 建× | 三実 | 9 | | | 7 | | |
| 13 | 豊○ | 類国 | 8 | 建× | 三実 | 10 | | | 8 | | |
| 14 | | | 9 | 建× | 三実 | 11 | 豊× | 貞信 | 9 | | |
| 天長元 | 射○ | 類国 | 10 | 建○ | 三実 | 12 | 豊○ | 紀略 | 10 | | |
| 2 | 建× | 類国 | 11 | 建× | 三実 | 13 | | | 天徳元 | 豊× | 紀略 |
| 3 | | | 12 | 建× | 三実 | 14 | 豊× | 貞信 | 2 | 建 | 紀略 |
| 4 | | | 13 | 建○ | 三実 | 15 | 豊× | 紀略 | 3 | 建 | 紀略 |
| 5 | 射○ | 類国 | 14 | | | 16 | | | 4 | | |
| 6 | | | 15 | 建× | 三実 | 17 | | | 応和元 | 建 | 紀略 |
| 7 | 豊 | 類国 | 16 | 建× | 三実 | 18 | 南○ | 紀略 | 2 | 建 | 紀略 |
| 8 | 武 | 類国 | 17 | 建× | 三実 | 19 | 豊○ | 紀略 | 3 | 建 | 紀略 |
| 9 | | | 18 | 建× | 三実 | 20 | 豊 | 貞信 | 康保元 | 建× | 紀略 |
| 10 | 建○ | 類国 | 元慶元 | 建○ | 三実 | 21 | | | 2 | 建 | 紀略 |
| 承和元 | 豊○ | 続後 | 2 | 建○ | 三実 | 22 | | | 3 | | |
| 2 | 豊○ | 続後 | 3 | 建× | 三実 | 延長元 | | | 4 | | |
| 3 | 豊○ | 続後 | 4 | 建○ | 三実 | 2 | | | | | |
| 4 | 豊○ | 続後 | 5 | | | 3 | 建○ | 貞信 | | | |

豊（豊楽院）、建（建礼門）、朝（朝堂院）、神（神泉苑）、武（武徳殿）、馬（馬埒殿）、御（御在所南端門外）、庭（南庭）、内（内裏）、南（南殿）、射（射宮）、殿（殿前）、
○（出御）、×（不出御）
後紀（日本後紀）、類国（類聚国史）、続後（続日本後紀）、文実（日本文徳天皇実録）、三実（日本三代実録）、紀略（日本紀略）、西宮（西宮記）、貞信（貞信公記抄）、九暦（九暦）

庭儀へと移行することは、他の豊楽院で行われていた節会が紫宸殿儀へと集中していくことの一環として捉えることができよう。しかし、観射は完全には紫宸殿儀に移行しておらず、あくまでも内裏外郭外の大庭において行われていたのである。したがってここでは、なぜ、観射だけが他の豊楽院で行われていた節会と相違して、大庭で行われるようになったのかが重要な問題となる。

このことについては、大日方克己氏が重要な指摘をしている(16)。すなわち、観射が大庭儀へと移行する承和期から貞観期にかけての時期に、観射に天皇が出御しない例が散見されるようになり、かわって弓場始と賭弓が成立する。弓場始は、十月五日に紫宸殿で行われるもので、天皇の弓矢と射席が設定され、実際に射るわけではないが、天皇の弓射が観念的に設定された儀式である。賭弓は、観射の翌日の正月十八日にやはり紫宸殿で行われるもので、参列者は王卿・五位以上に限定された儀式である。そして承和期以降、天皇と公卿が射る弓場始、天皇と公卿の前で衛府官人が射る賭弓、天皇が出御せず公卿の前で衛府官人が射る建礼門前大庭の観射の三重構造として再編される。

以上、大日方氏が指摘するように、確かに大庭儀に移行してから観射に天皇が出御しなくなる傾向にある。しかし、『西宮記』『北山抄』では天皇出御儀の大庭儀も記載されており、実際に大庭儀に天皇が出御した例もみられる。したがって、天皇が出御しなくなることのみが、観射が大庭で行われた理由だったわけではない。

そこでここでは、さらに賭弓と観射との参列者の相違に注目したい。第五章で、豊楽院儀だけではなく神泉苑儀を含めた六つの節会が、紫宸殿儀へと集中していくことについて検討したが、その際、六つの節会が二つのグループにわけられることを指摘した。すなわち、参列者が次侍従以上・五位以上に限定されている元日節会・踏歌節会・重陽節は、弘仁期になってから豊楽院や神泉苑で行われるようになるが、それは一時的なことであり、天長期になるとすぐに紫宸殿儀へと移行する。これに対し、白馬節会・相撲節・新嘗会は、平安京遷都後の早い時期から豊楽院や神泉苑で行われていたと考えられ、弘仁後期には参列者が六位以下にも拡大され、紫宸殿儀に移行するのも承和期から貞観期にかけてであり、前者より国家的饗宴としての性格の強い節会である。しかし、これらの節会が紫宸殿儀に移行すると、やがて参列者が次侍従以上・五位以上に限定されていった。このことから、紫宸殿で行われる儀式は、原則として五位以上に限定されていたのではないかと推定した。

さて観射は、弘仁期になってから豊楽院で行われるようになったという点が一致しないものの、六位以下も参列する点、また承和期から貞観期にかけて大庭儀へ移行したという点を考慮すれば、後者のグループにより近いということができよう。しかし、それらとの最大の相違点は、大庭儀に移行してからも六位以下が参列し続けていることである。

すなわち観射は、他の豊楽院で行われていた節会と同様に、その式場を内裏の方向へ移行させていった。ところが、紫宸殿で行われる儀式は、原則として参列者が五位以上に限定されていた。つまり、紫宸殿は六位以下とは区別された、天皇と五位以上官人の占有空間であった。そこで、紫宸殿儀としては参列者が王卿・五位以上に限定された賭弓が成立した。一方、観射には六位以下が参列し続けた。それは観射が、天皇に対し全官人が軍事的に服属奉仕することを象徴する儀式だったからであろう。しかし、六位以下が参列し続けることによって、観射は紫宸殿儀にはなり得なかった。そこで、内裏・紫宸殿に最も近く、しかもその延長上に位置し、さらに内裏・紫宸殿を意識させる空間である建礼門前の大庭で、観射は行われるようになったと考えられよう。

このように観射では、六位以下が参列し続けることによって全官人の階級結集意識が保持されたが、逆に、大庭を式場とすることによって、紫宸殿儀へと移行して参列者が五位以上に限定された節会と同様に、五位以上と六位以下との階層格差が強調されるようになったのである。

## 三　駒　牽

駒牽は、甲斐・信濃・武蔵・上野に設けられていた御牧（勅旨牧）から貢上される馬を、毎年八月に宮中において天皇が覧る儀式である。『延喜式』左馬寮御牧条・年貢条には、各国の御牧とそこから貢上される馬の数について規定されている。また、平安時代の各儀式書によれば、駒牽の式日は八月七日甲斐諸牧・十二日武蔵秩父・十五日信濃諸牧（後に朱雀天皇の国忌により十六日）・十七日甲斐穂坂・二十日武蔵小野・二十三日信濃望月・二十五日武蔵諸牧・二十八日上野諸牧と記載されており、各御牧によってそれが異なっていたことが知られる。[17] このうち、信濃諸牧は最も重要で、その儀式次第を簡単に示すと、左衛門陣饗、御馬解文の奏上、御馬の牽廻し、馬の分給（取馬）、馳馬、王卿拝舞という順で儀式が進行する。上野諸牧ではこのうち左衛門陣饗がなく、その他の諸牧では馬の王卿への分給もない。

この駒牽も、平安宮において一貫して大庭で行われていたわけではなく、『内裏式』『儀式』には八月駒牽の篇目自体が存在しない。[18] それが、『西宮記』『北山抄』になると、基本的に信濃諸牧・上野諸牧では紫宸殿儀または大庭儀とされ、甲斐諸牧ではこれにさらに仁寿殿儀が加えられていた。[19] その他の御牧の駒牽の式場についての記載はないが、『政事要略』巻二十三、年中行事八月所引『西宮記』の上野駒牽に「除二十五日一之外、他牧御馬御覧儀、准レ此可レ知、但他牧者、臣下不レ給二御馬一」とあり、上野諸牧に準じ、紫宸殿儀または大庭儀だったと考えられる。『江家次第』は信濃諸牧について大庭儀と記載されている。[20] さて、ここで注目すべきは、甲斐諸牧では『西宮記』に「不二出御一者於二大庭一分取如レ前」、『北山抄』に「若不二出御一上卿就二建礼門一」、信濃諸牧でも『北山抄』に「若不二出御一上卿等在二左

表10　駒牽式場表

| 天皇 | 件数 | 武徳殿 | 紫宸殿 | 大庭 | 仁寿殿 | 承明門（雨儀） | その他 |
|---|---|---|---|---|---|---|---|
| 嵯峨 | | | | | | | |
| 淳和 | 5 | 5 | | | | | |
| 仁明 | | | | | | | |
| 文徳 | | | | | | | |
| 清和 | 7 | | 7 | | | | |
| 陽成 | 2 | | 2 | | | | |
| 光孝 | 3 | 1 | 2 | | | | |
| 宇多 | 1 | | | | | | |
| 醍醐 | 33 | | 10 | | 5 | 3 | 4 |
| 朱雀 | 45 | | 10 | 11 | | 6 | 1 |
| 村上 | 60 | | 17 | 4 | 12 | 1 | |
| 冷泉 | 3 | | | | | | |
| 円融 | 26 | | 2 | 2 | | 2 | |
| 花山 | 10 | | 5 | 1 | 1 | | |
| 一条 | 44 | | 3 | 2 | 1 | 5 | |
| 三条 | 17 | | | | | | |
| 後一条 | 53 | | | 5 | | 2 | |

衛門陣一王卿以下相引就二大庭一」とあることである。実際の大庭儀の儀式次第をみても、天皇は出御しておらず、これらのことから、駒牽における紫宸殿儀と大庭儀との最大の相違点は、天皇が出御するか否かということになろう。すなわち、紫宸殿儀は天皇出御儀であるのに対し、大庭儀は不出御儀なのである。なお、天皇出御の有無以外の両者の相違点をあげれば、大庭儀では、馬の分給の後の馳馬がなく、最後の拝舞も春華門より参入して御在所である清涼殿にきわめて近い弓場殿で行われる。

それでは、実際には駒牽の式場がどのような変遷をたどったのか、実例をみていきたい。駒牽の初見は、淳和天皇の『日本紀略』弘仁十四年九月乙亥条であり、それ以後の各天皇ごとの駒牽の行われた件数と式場の内訳を示したのが駒牽式場表（表10）である。[21] 史料上の制約もあり、必ずしも正確な数値とはいえないが、これによっておおよその傾向は把握できるのではないか。

　さて、このような駒牽の変遷については、すでに大日方克己氏が検討し、次のような指摘を行っている。(22)まず、弘仁・天長期に武徳殿儀が五例みられることから、(23)この時期に武徳殿儀が成立したと考えられる。しかし、これらはすべて九・十月に行われていた。それが貞観期になると、諸国の御馬貢進時期が改定され、式日が八月に、式場が紫宸殿に定着する。(24)したがって、後の儀式書に記載される駒牽儀は貞観期に成立したと考えられる。そしてこの後、十一世紀中葉に大きな変化が現れる。十一世紀中葉以前は、大幅に式日が遅れながらも、天皇が出御する紫宸殿儀が行われる場合が多く、天皇の覧ている前で御馬をそれぞれの立場で牽かせることが最も重要な意義であった。これに対し、十一世紀中葉以降になると、信濃以外の三国の貢馬・駒牽は廃絶し、信濃望月も八月十六日の信濃諸牧の駒牽に吸収され、式日も厳守される。また、一条天皇の寛弘期を最後に天皇出御を明確に示す史料はなくなり、大庭儀として続けられ、貢馬の引分が儀式の中心になっていく。以上が、大日方氏の指摘の要約である。

　表10をみて今一つ補足できることは、天皇出御儀である紫宸殿儀が行われていた十一世紀中葉以前でも、朱雀天皇の承平・天慶期に大庭儀が集中してみられることである。これ以後、紫宸殿儀が行われていた一条天皇の寛弘期まで、大庭儀の例は紫宸殿儀に比して多いわけではない。しかし、式場が特定できない例が多く、このなかには、実は大庭儀が多く含まれているのではなかろうか。第六章で、天皇が紫宸殿に出御して行われていた政務儀礼・献上儀・神事に、天皇が出御しなくなる時期について検討した。そして、その画期を文徳天皇の仁寿・斉衡期とし、貞観・元慶期には不出御儀が定着したが、光孝・宇多・醍醐天皇の仁和・寛平・延喜期と村上天皇の天暦期に、一時的ではあるが出御儀が復活し、不出御儀が恒例化したのは承平・天慶期以後であることを指摘した。この傾向は、前述した観射の豊楽院儀から大庭儀への移行の時期とも一致する。したがって、承平・天慶期以後、大庭儀が多く行われたのではないかという推測が正しければ、仁和期以降に関し、駒牽の紫宸殿儀から大庭儀への移行の時期とも一致するのである。

駒牽が紫宸殿儀から大庭儀へと移行した最も大きな要因は、天皇出御儀から不出御儀へと移行したことにあるが、それと関連して今一つ注目されることは、駒牽は、弘仁・天長期に武徳殿儀であったということである。武徳殿は平安宮の中央西方に位置する東向きの殿舎で、東庭は殿舎や廻廊などで囲まれることのない広場になっており、騎馬武力の示威の場であった。このような広場が、馬を牽廻したり馳せたりする駒牽を行う場所として最も適していたのではなかろうか。同じように馬を馳せ、さらに弓を射る五月五日の馬射が、一貫して武徳殿で行われていたことからもそのことはうかがわれる。(25) こうしてみると、武徳殿儀こそが駒牽の本来のあり方であったと推測されよう。

しかし、前述したように、豊楽院や神泉苑で行われていた節会は、承和期から貞観期にかけて紫宸殿で行われるようになる。そして、観射が大庭で行われるようになるのも貞観期以後のことである。したがって、儀式の紫宸殿への集中傾向のなかで、駒牽も紫宸殿儀へと移行するのである。殿舎や廻廊などで囲まれた紫宸殿南庭は、駒牽を行うにはあまり適切な空間とは思えないが、駒牽の最も重要な意義は、前述したように、天皇が覧ている前で御馬をそれぞれの立場で牽かせることにあった。これは、馬の貢上が天皇への服属を意味し、その馬を天皇から分与されることは、天皇への臣従を意味するからである。(26) したがって、駒牽は天皇の出御している紫宸殿の南庭で行われなければならなかったのである。ところが、天皇が出御しなくなると、天皇と五位以上官人の占有空間であった紫宸殿で駒牽を行う必要性が希薄となったと考えられる。しかしながら、駒牽が天皇と臣下との関係を密接に繋ぐ儀式である以上、天皇からかけ離れた場所で行うわけにはいかない。そこで選ばれたのが大庭である。すなわち大庭は、内裏に最も近く、その北方延長線上に天皇の存在を意識させ、なおかつ武徳殿の東庭と同様に、殿舎や廻廊などで囲まれることのない広場である。このような性格の空間であったので、天皇不出御の傾向になるにつれ、大庭が駒牽の式場となっていったと推測されよう。

## 四　大祓

大祓は、一般的には、六月・十二月の晦日に親王・諸王以下百官男女が、宮城の朱雀門前に参集して罪・穢を解除する儀式をさす。平安時代の各儀式書も、この六月・十二月晦日の朱雀門前の大祓を記載している。(27)

さて、建礼門前の大庭において大祓を行うことについては、儀式書には記載されていないが、(28)『類聚国史』巻一七三、災異七、火、天長三年正月壬申条に「縁二左兵衛府失火事一、祓二除於南庭一」とあるのを初見とし、以後、多数の実例を見出すことができる。(29)すなわち、建礼門前大祓は、臨時の大祓として平安時代に数多く実施されていたのである。

それではなぜ、建礼門前で大祓が行われたのであろうか。このことについては、すでに三宅和朗氏が検討しており、それを簡単に紹介しておきたい。(30)建礼門前大祓は、朱雀門前大祓のように多数の参列者がいるわけではなく、参議以上一人（上卿）・弁官・外記・史・史生・官掌・召使・祝詞師程度に限定されていた。このことから、天皇・百官人及び宮城全体を祓禳する朱雀門前大祓に対し、建礼門前大祓は、天皇及び天皇が居住する内裏を祓う役割を担っていた。そして、実例がちょうど九世紀前半からあらわれることから、長岡宮・平安宮において内裏が大極殿・朝堂院から分離したことをうけて、その頃に建礼門前大祓は成立したものと考えられる。さらに、紫宸殿南庭・建礼門前・朱雀門前の三箇所で行う三所大祓の例が散見されるが、これは、内裏の外へ向かって三重の浄化を目的として行われたもので、建礼門前大祓の発展したものと捉えられる。以上が、三宅氏の指摘の要約である。

平安時代には、天皇・内裏を中心として同心円状に広がる清浄観が形成され、儀式が整備されていくという。(31)三所大祓はそれを端的に示すものといえよう。このような、大祓の重層構造のなかで、建礼門前大祓の占める位置は大きい。穢は、垣で囲まれた閉鎖空間には波及するものの、道路のような空間には伝染しないとされる(32)。したがって、建礼門前に広がる大庭は、殿舎や廻廊によって囲まれることのない広場であり、しかも、内裏に最も近接する空間であることから、天皇・内裏の浄化を目的として大祓を行うには最適の場所であったということができよう。

このことについて、今一つ補足しておきたい。『延喜式』宮内省巡行条に次のような規定が存在する。

凡車駕巡二行京外一還宮日、神祇官進二御麻一者、省丞以上一人候二宮門外一奏、其詞曰、宮内省申久、御麻進牟登、神祇官姓名候登申、若遊覧経レ宿遣二行宮一者亦同、

これによれば、天皇が京外の行幸から還宮する際に、宮門外で神祇官が御麻を進上し、宮内丞が詞を奉ることになっていた。これについて、仁藤智子氏は、行幸中に天皇が帯びた穢を祓うための儀式であり、朱雀門前や建礼門前で行う大祓と共通点があると指摘している(33)。ここでいう「宮門外」とは、必ずしも建礼門前に限定されるわけではないであろうが、当然、それを含み込んでいるものと考えられよう。そして、必ずしも京外への行幸に限らないが、里内裏から、あるいは八省院行幸等から還宮するに際し、天皇が建礼門前で御麻で身体を浄化する例をいくつも見出すことができる(34)。このように建礼門前では、穢が宮外から内裏に侵入することを防ぐための祓も行われていたのである。

以上、建礼門前大祓について検討してきたが、建礼門前の大庭は、大祓において天皇・内裏を穢から守る空間として機能していたのである。

## 五　荷　前

荷前は、本来、諸国から献上される初穂のことをいうが、平安時代には、毎年十二月にそれを諸陵へ奉献する儀式

をさして荷前というようになった。荷前の儀式には、諸陵寮から諸陵・諸墓に奉献する常幣と、内裏から近陵・近墓に奉献する別貢幣の二種類が存在し、それらが同時並行して行われていた。

平安時代の各儀式書をみてみると、常幣は、大蔵省正倉院の中庭で、上卿参議一人、弁官・外記・史各一人、治部省の輔・丞・録、諸陵寮の属以上によって行われ、参集してきた各陵墓の預人に幣物を頒つ班幣であった。これに対し、別貢幣は、大庭において天皇の出御のもと大臣以下五位以上が参列して行われ、特定陵墓に使者を立てて幣物を献じる奉幣であった。とくに後者は、『儀式』以下の各儀式書が、一貫して式場を建礼門前の大庭と記載しているのである(35)。その儀式次第を簡単に示すと、上卿着座、使の公卿以下参集、天皇出御の後、幣物が運び込まれ、天皇御拝の後、使等が幣物を舁き出すという順で進行する。

それでは、荷前は実例ではどこで行われていたのであろうか。常幣は養老令制定段階では制度的に確立されていたと考えられるが(36)、一方、別貢幣の成立はそれより遅れ、実例の初見は『日本紀略』天長三年十二月丙午条の「分レ使奉二諸陵荷前幣一」という記事である。しかし、『類聚符宣抄』第四、帝皇荷前に所収される弘仁四年正月七日宣旨に、山陵物使不参者に対する罰則が規定されているので、弘仁四年以前から別貢幣が行われていたことがうかがわれる。さらに、『類聚三代格』巻十二、諸使并公文事に所収される延暦十六年四月二十三日太政官符には、

応レ停三土師宿祢等例預二凶儀一事

右太政官今月十四日論奏偁、(中略)夫喪葬之事人情所レ悪、専定二一氏一為二其職掌一、於レ事論レ之実為レ不レ穏、臣等伏望、永従二停止一、縦有二吉凶一、同二於諸氏一、其殯宮御膳誄人長、及年終奉幣諸陵使者、普択二所司及左右大舎人雑色人等一充之、伏聴二天裁一謹以申聞者、画聞既訖、省宜下承知、年終幣使者、依二治部省移一、差二蔭子孫散位位子等一充上レ之、自今以後永為二恒例一、

とあり、[37]ここにみられる「年終奉幣諸陵使」「年終幣使」は別貢幣をさすと考えられることから、別貢幣の成立はさらにさかのぼって延暦十六年以前ということになる。そして、『日本紀略』天長七年十二月庚申条に「鳳輦臨二建礼門一分二幣諸陵一」とあるのを初見とし、以下、式場の特定できる例は雨儀や不出御儀を除きすべて大庭で行われていた。[38]

以上のように、荷前別貢幣は儀式書においても実例においても、すべて建礼門前の大庭で行われていたのである。

ところで、岡田荘司氏は荷前の常幣と別貢幣との関係について次のように述べている。[39]神祇令に規定されている一九の国家祭祀は、そのほとんどが神祇官において各神社に所属する祝部に幣帛を頒つ班幣であった。これに対し、奈良時代に氏神祭祀として行われていた一四の神社恒例祭祀が、平安時代になると朝廷から奉幣使が派遣され、その幣物が内廷的財政機関である内蔵寮から支給されるなど、国家公的な祭祀の待遇を受けるようになった。前者を律令祭祀、後者を公祭と呼ぶが、養老令段階で制度的に確立していた荷前の常幣に対し、別貢幣が遅れて成立し、奉幣使が派遣され、その幣物が内蔵寮から支給されていることは、律令祭祀と公祭との関係に類似しており、常幣が律令祭祀に、別貢幣が公祭に対応しているという。そして、別貢幣が行われた大庭について、岡田氏は、それが内廷化の象徴的祭場であり、令制下における大内裏の朱雀門とは対照的な場所であったとしている。別貢幣が大庭で行われたのは、それが令制下の陵墓祭祀とは異なり、天皇の出自にかかわる個人的崇祖観にもとづいて生まれた儀式だったからである。

さて、荷前の別貢幣は奈良時代から行われていたという指摘があるが、[40]それが大庭で行われるようになったのは平安時代になってからである。なぜなら、平城宮には大庭が存在し得なかったからである。さらに、平安宮においても、最初から大庭で行われていたかどうかは疑問である。それは、前掲した延暦十六年四月二十三日太政官符によれば、土師氏のみが凶儀に預るのは穏当でないので以後は停止するように願い出て許可されているが、そのなかに、殯宮の御膳や誄人の長とともに荷前の奉幣使が含まれており、延暦十六年段階では、明らかに荷前の奉幣使が凶儀と意識され忌避されているからである。(41) そのような儀式に天皇が出御していたとはとても考えられない。したがって、この段階ではまだ、荷前別貢幣は天皇が建礼門に出御して大庭で行われていたわけではなかったのではないか。ところが、服藤早苗氏によれば、弘仁・天長期に、使者の点定方式の確立、使者の官位の上昇、神事としての天皇の衣服着用など、荷前儀式が強化され、(42)天皇の祖先陵墓への奉幣儀式が国家的儀式として発展していき、荷前日時の決定も吉日が選ばれるようになったという。このことは、前述の岡田氏の、常幣に対する別貢幣が、氏神祭祀の平安時代における公祭化に類似するという指摘とも一致する。こうしてみると、このような荷前儀式の強化の過程において、弘仁・天長期になってから荷前別貢幣は、天皇が建礼門に出御して大庭で行われるようになったとの推測が可能となろう。

以上のように、荷前別貢幣は、儀式書においても実例においても、すべて建礼門前の大庭で行われていたが、しかしそれは、平安京遷都後の当初からのものではなく、弘仁・天長期に儀式が強化され、国家公的な儀式となる過程において、大極殿・朝堂院と分離した内裏の正面に位置する建礼門に天皇が出御し、大庭で行われるようになったと推測されよう。

## 六　即位奉幣

即位奉幣は、即位式・大嘗祭に前後して、伊勢神宮・天下諸社に奉幣する儀式のことである。まず、即位式の数日前に伊勢神宮に即位の由を告げる奉幣が行われ、即位式の数日後に天下諸社に奉幣が行われる。そして、大嘗祭に先立って天下諸社に奉幣が行われ、大嘗祭の数日前には伊勢神宮に大嘗祭の由を告げる奉幣が行われる。以上、即位奉幣は計四度行われるが、即位の由、大嘗祭の由を伊勢神宮に告げる奉幣を由奉幣、天下諸社に行われる奉幣を大奉幣という[43]。

　このうち、伊勢神宮に即位の由を告げる奉幣（以下、即位由奉幣）の奉幣使発遣儀だけが、建礼門前の大庭で行われていた。そのことは、『内裏式』『儀式』には記載されていないが、『北山抄』『江家次第』の記載から知ることができる[44]。この他の奉幣では、『西宮記』巻七に「御即位後被㆑立㆓京畿七道幣使㆒、於㆓八省㆒被㆑立」という篇目が存在するので、即位式後の大奉幣は、八省院すなわち朝堂院（以下、八省院）で行われるようになっていた。また、大嘗祭の大奉幣と由奉幣については、儀式書の記載からは見出せないが、実例から八省院で行われていたことがわかる[45]。

　続いて、即位由奉幣が実際にはどこで行われていたのか、実例をみていきたい。平安京遷都後に即位した平城天皇以後の、平安時代の歴代天皇の即位由奉幣が行われた場所を示したのが即位奉幣表（表11）である。これをみると、即位由奉幣はすべてが建礼門前の大庭で行われていたわけではなく、八省院でも数多く行われ、また、神祇官で行われた例もみられるのである。しかし、『江家次第』巻十四、建礼門行幸に「諒闇之年幷幼主無㆓此行幸㆒、大臣於㆓大極殿㆒立㆑之」とあり、さらに実例をみても[46]、十世紀後半以降の八省院や神祇官における即位由奉幣は、そのほとんどが摂政によって行われたものである。したがって、この時期には、即位由奉幣に天皇が出御して行われる場合は儀式書にあるように大庭で、幼帝のかわりに摂政によって行われる場合には八省院でという原則であったということができよう。ところが、九世紀には仁明天皇・光孝天皇とも自ら八省院の大極殿や小安殿に出御して即位由奉幣が行われている[47]。唯一、建礼門で行われた陽成天皇の例も、この時期に八省院が焼失しておりその影響が考えられよう。このことから、九世紀にはむしろ、天皇が八省院に出御して即位由奉幣が行われることが恒例だったと推測されよう。したがって、天皇出御の場合は大庭で、摂政の場合は八省院でという原則が確立されるのは、十世紀になってからのことではなかろうか。

このように考えると、本来、八省院が伊勢神宮に奉幣使を発遣する儀式を行う場であったということができよう。なぜなら大嘗祭の由奉幣も、九月十一日例幣も[48]、さらに臨時奉幣も、すべて八省院で奉幣使発遣の儀式が行われ、即位由奉幣も九世紀には八省院でそれが行われていたと推定されるからである。

ところが、十世紀以降になると、即位由奉幣だけが例外的に大庭で行われるようになった。このことについて注目

**表11**　即位奉幣表

| | | | |
|---|---|---|---|
| 平城 | | | |
| 嵯峨 | | | |
| 淳和 | 弘仁14・4・21 | | 日本紀略 |
| 仁明 | 天長10・3・4 | 大極殿 | 続後紀 |
| 文徳 | | | |
| 清和 | 天安2・11・1 | | 三代実録 |
| 陽成 | 貞観18・12・17 | 建礼門 | 三代実録 |
| 光孝 | 元慶8・2・19 | 朝堂院小安殿 | 三代実録 |
| 宇多 | 仁和3・11・13 | | 日本紀略 |
| 醍醐 | 寛平9・8・13 | | 日本紀略 |
| 朱雀 | 延長8・11・14 | | 日本紀略 |
| 村上 | 天慶9・4・22 | 建礼門 | 貞信公記 |
| 冷泉 | 康保4・9・19 | 八省院※ | 日本紀略 |
| 円融 | 安和2・9・20 | 八省院 | 北山抄 |
| 花山 | 永観2・9・5 | 建礼門 | 日本紀略 |
| 一条 | 寛和2・7・2 | | 日本紀略 |
| 三条 | 寛弘8・8・27 | 建礼門 | 日本紀略 |
| 後一条 | 長和5・2・1 | 八省院※ | 日本紀略 |
| 後朱雀 | 長元9・6・26 | 建礼門 | 扶桑略記 |
| 後冷泉 | | | |
| 後三条 | 治暦4 | 神祇官 | 江家次第 |
| 白河 | 延久4・12・17 | 建礼門 | 扶桑略記 |
| 堀河 | 応徳3・12・1 | 小安殿※ | 師通記 |
| 鳥羽 | 嘉承2・11・7 | 八省院※ | 中右記 |
| 崇徳 | | | |
| 近衛 | | | |
| 後白河 | 久寿2・10・11 | 神祇官 | 兵範記 |
| 二条 | 保元3・9・17 | 建礼門 | 兵範記 |
| 六条 | 永万元・7・17 | 八省院※ | 山塊記 |
| 高倉 | 仁安3・3・8 | 八省院※ | 兵範記 |
| 安徳 | 治承4・4・3 | 神祇官※ | 玉葉 |
| 後鳥羽 | 寿永2・9・2 | | 百錬抄 |

※摂政

すべきは、『西宮記』巻七、臨時奉幣の「御即位之後、未レ行二八省一之前、於二建礼門前一、進二伊勢幣使一、可レ尋レ数依二時議一之」、『北山抄』巻第五、伊勢大神宮告即位由事の「雖レ不レ御二大極殿一、即位以前幸二八省院一猶不レ快云々」という割注である。『西宮記』のいう「御即位之後」を単純に即位式ととれば、次の八省院行幸は大嘗祭ということになる。しかしそうすると、即位式の後、大嘗祭を行う前の臨時の奉幣は建礼門前の大庭で行うということになるが、前述したように、大嘗祭に先立つ大奉幣や由奉幣は、実例では八省院で行われていた。そこで、『西宮記』のいう「御即位之後」を践祚ととらえ、八省院行幸を即位式と考えれば、建礼門前の大庭で行う奉幣使発遣儀は、即位由奉幣のことをさすことになり、矛盾なく解釈することができる。そして、即位由奉幣だけが例外的に大庭で行われるようになった理由は、『西宮記』『北山抄』の割注にみられるように、即位式をまだ挙行していなかったことに求められる。すなわち、十世紀以降になると、即位式を行う以前の天皇はまだ正式に天皇位に即いていないことから、天皇自身が八省院で伊勢神宮奉幣使発遣の儀式が行えないという意識が形成されたのである。そこで、即位由奉幣は大庭で行われるようになったのであるが、それは、荷前別貢幣にみられるように、建礼門が、奉幣使発遣儀に天皇が出御して行われる場として機能していたからであろう。

## 七　大庭と儀式

ここまで、観射・駒牽・大祓・荷前・即位奉幣の五つの儀式について、個別に検討してきた。最後にそれらをふまえて、儀式空間としての大庭について考察を加えたい。

今までの検討を通してみると、まず、これらの儀式が大庭で行われるようになった時期が一定していないことに気づく。建礼門前大祓は平安京遷都後の早い時期から行われていたと考えられるが、荷前別貢幣は弘仁・天長期に大庭で行われるようになったと推測される。観射は降って貞観期以後に、駒牽はさらに降って承平・天慶期以後に大庭儀が定着した。即位由奉幣も十世紀以降に大庭で行われるようになった。また、天皇出御の有無をみても、観射は大庭儀へと移行すると不出御化の傾向がみられ、駒牽も天皇が出御しないと大庭で行われるようになった。建礼門前大祓も不出御儀であったと考えられる。(49) 一方、荷前別貢幣は天皇出御を前提としており、即位由奉幣も即位前の天皇が出御するために大庭儀となったのである。このように、これらの儀式では、大庭儀へと移行した時期やそこでの天皇出御の有無という点で、統一性に欠けるのである。

しかし、これらの儀式に共通していることは、最初から大庭で行われていたわけではないということ、さらに注目すべきは、勅撰の儀式書である『内裏式』『儀式』で大庭儀と記載されている儀式が、荷前を除いて存在しないということである。

『内裏式』『儀式』では、観射は豊楽院儀、大祓は朱雀門前とされ、駒牽・即位奉幣については記載されていない。とくに駒牽は、前述したように、弘仁・天長期に行われていた武徳殿儀こそが本来のあり方ではないかと推測したが、それにもかかわらず、『内裏式』『儀式』には駒牽の篇目が存在しないのである。(50) そして、『西宮記』『北山抄』において、観射は豊楽院儀とともに、駒牽は紫宸殿儀とともに大庭儀が記載されるようになる。しかし、建礼門前大祓は、早くから実例がみられたにもかかわらず、『西宮記』『北山抄』に至ってもその記載は存在しない。そして、即位由奉幣は、『北山抄』『江家次第』で大庭で行われることになっていたが、九世紀には、大嘗祭の由奉幣や即位・大嘗祭の大奉幣と同様に八省院で行われていた。

勅撰の儀式書である『内裏式』『儀式』において、大庭儀を記載していないということは、これらの儀式は、平安京遷都後の当初は、大庭で行うことを想定されていなかったということである。唯一の例外として、荷前は『儀式』において建礼門前で行われるとされ、実例をみても大庭で行われていたが、平安京遷都後の当初は天皇が出御して大庭で行われていたわけではなかったと推測される。したがって、本来、大庭は儀式を行うために設定された空間ではなかったと考えられる。

それではなぜ、大庭でこれら五つの儀式が行われるようになったのであろうか。それは、これまで検討してきたように、各儀式それぞれに固有の事情が存在したからであり、これらの儀式の大庭儀に移行した時期や天皇出御の有無が不統一なのも、そのためではなかろうか。しかし、大庭儀への移行のさらに根本的要因として、長岡宮・平安宮における宮の構造の変化が考えられる。

冒頭に述べたように、長岡宮・平安宮で内裏と大極殿・朝堂院とが分離したことによって、おそらく、新たに大庭という空間が設けられた。内裏の分離・独立は、平安初期に官僚機構が成立し、政務形態が変化することによってはじめて可能になったものである(51)。そして内裏は、分離・独立したことによって新たに政務の中心となり、さらに、豊楽院や神泉苑で行われていた儀式が、承和期から貞観期にかけて紫宸殿儀へと集中していくことにより、紫宸殿が儀式の場として確立した。この過程において、豊楽院や武徳殿で行われていた観射や駒牽は、その一環として式場を内裏の方向へ移行させていった。しかしその際、観射は六位以下が参列し続けることにより紫宸殿儀とはならず、一方、駒牽も一旦は紫宸殿儀となるが、天皇不出御や馬を牽廻したり馳せたりするという事情により、紫宸殿南庭で行うのは不適切であった。そこで両儀式は、内裏正面に新たに設けられた空間である大庭で行われるようになった。このようにして、大庭は儀式空間化していったのである(52)。

また大庭は、内裏の正面の建礼門前に位置することから、令制下における儀式の場である朝堂院や饗宴の場である豊楽院と異なり、内廷化の象徴的祭場となった。荷前別貢幣が強化され、天皇出御のもと大庭儀となったのも、そのような性格の場所であったからである。そして即位由奉幣も、即位式を挙行していない天皇は、自ら八省院に出御して奉幣使発遣儀を行うことはできないという意識の形成から、十世紀以降になると大庭で行われるようになる。これも大庭が、荷前別貢幣にみられるように、天皇が出御して奉幣使発遣儀を行う場として確立していたからであろう。

大祓も、内裏と大極殿・朝堂院とが一直線上に並び、一体化している構造においては、宮全体を祓えばそれで十分であった。そこで平城宮では宮城門である朱雀門や壬生門の前で大祓が行われていた(53)。しかし、内裏が分離・独立して以後、天皇の居処である内裏は清浄観の中心としてとくに祓う必要が生じた。そこで、内裏外郭の宮門である建礼門前に位置する空間、すなわち大庭で大祓が行われるようになった。このように、大庭は天皇や内裏を穢から守る空間として機能したのである。

こうしてみると、長岡宮・平安宮で宮の構造が変化し、内裏が大極殿・朝堂院から分離・独立したことの重要性に、改めて気づかされるのである。

## 小　結

大庭は、本来は儀式を行う場所ではなく、おそらく、内裏と大極殿・朝堂院とが分離したことによって新たに設けられた空間である。そして、内裏は分離・独立したことによってやがて政務・儀式、さらには清浄観の中心となっていった。大庭で儀式が行われるようになったのも、内裏の正面に位置していたからであろう。

平安時代になると、官僚機構が確立することにより、天皇が国政を直接領導することがなくても、支障なく政務が運営される体制が整備されていく。一方で、内廷が強化され、律令貴族層よりも範囲が限定された、恩寵や姻戚関係など、天皇との特別な関係をもった特権集団が形成されていったことも事実である。(54) このことは、当然、儀式にも影響を与えた。まず、それまで天皇が出御することによって天皇と官人との位置関係を確認させていた儀式に、可視的に天皇を意識させる必要がなくなり、天皇不出御の傾向が生じてきた。また、儀式の参列者、すなわち天皇と儀式空間を共有する官人の範囲が次第に限定されていったのである。大庭における儀式をみても、もともと天皇の個人的崇祖観にもとづいた荷前別貢幣が、まず、弘仁・天長期に強化され大庭儀として確立した。しかし、全官人の軍事的奉仕儀礼である観射や、天皇への服属と臣従を表現する駒牽では、次第に天皇が出御しなくなる傾向のなかで大庭儀へと移行し、荷前別貢幣もやがて不出御儀が目立つようになっていくのである。

以上のように、平安時代における天皇制と天皇を頂点とする宮廷社会の変質は、大庭における儀式からもうかがうことができるのである。

## 註

（1）平城宮には東西二つの宮殿地域が存在し、天皇の居処である内裏と日常の政務の場である朝堂院との関係について、いまだ不明な点が多いが、いずれにせよ、平城宮に大庭という空間が存在しなかったことは確実である。

（2）『続日本紀』延暦八年(七八九)二月庚子条。

（3）このほかにも、大庭では、臨時に相撲が行われたり（『類聚国史』巻七十三、歳時四、相撲、天長八年七月辛亥条、同九年七月丙午条、『日本三代実録』貞観七年七月二十一日庚子条）、仁王経や金剛般若経の転読が行われたり（『続日本後紀』承和元年六月甲午条、『日本三代実録』貞観七年七月十二日辛卯条）、行幸に際し帯剣を賜わったり（『日本三代実録』仁和二年(八八六)十二月十四日戊午条）、鷹・鶏・小鳥を放ったりしていた（『続日本後紀』承和七年五月癸未条）。

（4）喜田新六「王朝の儀式の源流とその意義」「令制下における君臣上下の秩序維持策」（『令制下における君臣上下の秩序について』皇學館大学出版部、一九七二年、初出一九五五・一九五八年）。

（5）養老雑令大射者条にすでに「凡大射者、正月中旬、親王以下、初位以上、皆射之、其儀式及禄、従二別式一」と規定されている。

（6）『内裏儀式』の成立については、大西孝子「『内裏式』の書誌的考察」（『皇學館論叢』五―三、一九七二年）、所功「『内裏式』の成立」（『平安朝儀式書成立史の研究』国書刊行会、一九八六年、初出一九八四年）、西本昌弘「古礼からみた『内裏儀式』の成立」「『内裏式』逸文の批判的検討―二つの『内裏式』をめぐって―」（『日本古代儀礼成立史の研究』塙書房、一九九七年、初出一九八七・九三年）参照。

（7）『内裏儀式』十七日観射条。

（8）『内裏式』上、十七日観射条。『儀式』巻第七、十七日観射儀。なお、『延喜式』掃部寮観射条・春宮坊射礼条においても、豊楽院儀とされている。

（9）『西宮記』巻二、射礼。『北山抄』巻第一、十七日観射事・巻第三、射礼儀。

（10）『江家次第』巻第三、射礼。

（11）安和元年（九六八）以降はほとんど大庭で行われているので、本表は康保四年（九六七）でとどめた。なお、本表作成にあたっては、大日方克己氏から御教示を賜った。

（12）古瀬奈津子「初期の平安宮」（『日本古代王権と儀式』吉川弘文館、一九九八年、初出一九八〇年）。

（13）橋本義則「平安宮草創期の豊楽院」（『平安宮成立史の研究』塙書房、一九九五年、初出一九八四年）。

（14）このほかにも、『儀式』の記載と貞観期に行われていた儀式の実態とがくい違っている場合が多い。『儀式』が勅撰の儀式書であることを考慮すれば、『儀式』は、当時の儀式の実態ではなく、国家が志向した儀式の本来的なあり方を示していたと推測されよう。本書第五章・第六章参照。

（15）古瀬奈津子「平安時代の『儀式』と天皇」（前掲註（12）書、初出一九八六年）。

(16) 大日方克己「射礼・賭弓・弓場始―歩射の年中行事―」(『古代国家と年中行事』吉川弘文館、一九九三年)。
(17) たとえば、『年中行事御障子文』など。なお、武蔵国の秩父牧と小野牧については『延喜式』に規定されていないが、『政事要略』巻二十三、年中行事八月下に所収されている承平元年(九三一)十一月七日太政官符・同三年四月二日太政官符に示されるように、二つの牧がともに『延喜式』奏進後の承平年間に勅旨牧に制定されたためである。
(18) 『儀式』巻第八には「四月二十八日牽駒儀」の篇目が存在するが、これは五月五日の馬射に先立つ駒牽である。
(19) 『西宮記』巻五、駒牽事。『北山抄』巻第二、七日牽甲斐勅旨御馬事・十五日牽信濃勅旨御馬事・二十八日牽上野勅旨御馬事。これより早い例では、『政事要略』巻二十三、年中行事八月所引『清涼記』や『九条年中行事』にみられるが、式場は『西宮記』『北山抄』とかわらない。
(20) 『江家次第』巻第八、信濃御馬。
(21) 後朱雀天皇以後は、紫宸殿に天皇が出御して行われたことを明確に示す史料がなくなるので、本表は後一条天皇までとどめた。なお、本表作成にあたっては、大日方克己氏から御教示を賜わった。
(22) 大日方克己「八月駒牽―古代国家の貢馬の儀礼―」(前掲註(16)書、初出一九八七年)。
(23) 『日本紀略』弘仁十四年九月乙亥条・天長五年九月庚子条・同六年九月己亥条・十月丁未朔条・同七年九月癸巳条。
(24) 『日本三代実録』貞観六年四月二十一日丁丑条・六月二十三日戊寅条・同七年十二月十九日丙寅条に、御馬の貢進期限の改定がみられる。
(25) 『内裏式』中、五月五日観馬射式、六日観馬射式。『儀式』巻第八、五月五日節儀、六日儀。『西宮記』巻三、供菖蒲。なお、『延喜式』太政官五月五日条においても、武徳殿儀とされている。
(26) 高橋富雄「古代東国の貢馬に関する研究―『馬飼』の伝統について―」(『歴史』一七、一九五八年)。ところで、首長制社会における経済的特徴として、首長が余剰生産物の貢納を受け、その再配分のセンターとしての機能をもつことがあげられる。したがって、駒牽儀に組み込まれている馬の天皇への貢上と、臣下への再配分という構造は、日本古代における首長制社会的要素の一例とみることもできよう。

(27)『儀式』巻第五、大祓儀。『西宮記』巻四、大祓。『北山抄』巻第二、同日（晦日）大祓事。『江家次第』巻第七、大祓。なお、『延喜式』神祇一大祓条・式部下大祓条においても朱雀門前とされている。

(28) ただし、三宅和朗氏によれば、『延喜式』大蔵省大祓条・掃部寮大祓条にみられる臨時大祓の規定は、ともに具体的には建礼門前大祓を指し示しているとしている。三宅和朗「古代大祓の基礎的考察」（『古代国家の神祇と祭祀』吉川弘文館、一九九五年、初出一九九〇年）参照。

(29) 三宅前掲註（28）論文、山本幸司『穢と大祓』（平凡社、一九九二年）所収の古代の大祓の実施状況一覧表参照。

(30) 三宅前掲註（28）論文。

(31) 大日方克己「古代における国家と境界」（『歴史学研究』六一三、一九九〇年）。

(32) 西垣晴次「民衆の精神生活—穢と路—」（『歴史公論』一〇一、一九八四年）。山本前掲註（29）書参照。

(33) 仁藤智子「行幸時における留守形態と王権」（『平安初期の王権と官僚制』吉川弘文館、二〇〇〇年、初出一九九一年）。

(34) たとえば、『九暦』天慶九年（九四六）八月二十八日条、『御堂関白記』長和元年（一〇一二）閏十月二十七日条・同二年十二月二十九日条、『小右記』寛和元年（九八五）十月二十五日条・寛弘八年（一〇一一）八月十一日条・万寿元年（一〇二四）九月十九日条など。

(35)『儀式』巻第十、奉山陵幣儀。『西宮記』巻六、荷前事。『北山抄』巻第二、荷前事。なお、『延喜式』太政官山陵幣条においても、大庭儀となっている。

(36) 養老職員令諸陵司条の正の職掌に「掌祭二諸霊一、謂、十二月奉二荷前幣一、是也」とあることからうかがわれる。服藤早苗「山陵祭祀より見た家の成立過程—天皇家の成立をめぐって—」（『家成立史の研究』校倉書房、一九九一年、初出一九八七年）参照。

(37) 同一の太政官符が『類聚三代格』巻十七、蠲免事にも所収されている。

(38) ただし、荷前別貢幣では、すでに九世紀に、『類聚符宣抄』四、帝皇荷前所収の宣旨から数多くの官人の闕怠がうかがわれ、さらに十世紀には、天皇の不出御が目立つようになる。

(39) 岡田荘司「平安前期神社祭祀の公祭化」（『平安時代の国家と祭祀』続群書類従完成会、一九九四年、初出一九八六年）。

(40) 服藤前掲註（36）論文。

(41) 田中久夫『祖先祭祀の研究』（弘文堂、一九七八年、初出一九六九・一九七〇年）第一章。高取正男『神道の成立』（平凡社、一九七九年、初出一九七六年）第三章・第四章。

(42) 服藤前掲註（36）論文。

(43) 岡田荘司「即位奉幣と大神宝使」（前掲註（39）書参照、初出一九九〇年）。

(44) 『北山抄』巻第五、伊勢大神宮即位由事。『江家次第』巻第十四、建礼門行幸。

(45) 大奉幣については、一条天皇の大嘗祭に先立ち、『日本紀略』寛和二年七月五日条に「於二八省院一奉レ遣二大奉幣使一」とある。由奉幣については、淳和天皇・光孝天皇・冷泉天皇・一条天皇・後一条天皇が、それぞれ大嘗祭に先立ち八省院において奉幣使発遣儀を行ったことが確認できる。『日本三代実録』元慶八年（八八四）十一月十日丁卯条、『日本紀略』弘仁十四年十一月癸丑条・安和元年十一月二十一日庚子条・寛和三年十一月一日乙丑条、長和五年十一月四日甲辰条参照。

(46) 六条天皇の即位由奉幣のことを記載した『山槐記』長寛三年（永万元年・一一六五）七月十七日条には「幼主時摂政参二八省一被二奉幣一」とみえる。

(47) 『日本三代実録』貞観十八年四月十日丁巳条。

(48) 『儀式』巻第五、九月十一日奉伊勢大神宮幣使。『西宮記』巻五、十一日奉幣。『北山抄』巻第二、十一日奉幣伊勢大神宮事。『江家次第』巻第九、十一日小安殿行幸。なお、『延喜式』神祇二伊勢条においても、大極殿で行うとされている。

(49) 三宅前掲註（28）論文。

(50) このことは、駒牽の儀式としての性格を考えるうえで注目される。駒牽の篇目が『内裏式』『儀式』に存在しないのは、駒牽の整備が貞観期に行われ、儀式の成立が遅れたからということが要因の一つとして考えられる。しかし、弘仁・天長期に行われていた武徳殿儀が本来の駒牽のあり方であるという推測が正しければ、その理由では説明がつかない。同じように、弘仁期に成立したにもかかわらず、『内裏式』『儀式』に記載されていない儀式に、内宴・花宴などがある。『内裏式』『儀式』に記載されている儀式とそうでない儀式とでは、公私等、性格に差があったのではなかろうか。

（51）古瀬奈津子「宮の構造と政務運営法―内裏・朝堂院分離に関する一考察―」（『日本古代王権と儀式』吉川弘文館、一九九八年、初出一九八四年）。

（52）『続日本後紀』承和十三年十月癸巳条に「白鷺集二建礼門上一、須臾レ陣集二大庭版位一」とあることから、承和十三年段階では、大庭に版位が設定され、儀式空間化していたと考えられる。

（53）金子裕之「平城京と祭場」（『国立歴史民俗博物館研究報告』七、一九八五年）。

（54）笹山晴生「平安初期の政治改革」（『平安の朝廷―その光と影』吉川弘文館、一九九三年、初出一九七六年）。

# 第九章　平安時代の摂政と儀式

## 一　摂政と儀式

平安時代においては、一般政務や儀式の場への天皇の出御が次第にみられなくなり、その一方で、天皇の代行・補佐を行う摂政・関白が設置されるようになる。こうした現象から、当時期の政治形態は摂関政治と呼ばれている。ただし、『西宮記』巻八、摂政・関白の項に、

摂政、代二天皇一摂二万機一、載二幼主受禅宣命一後、或詔賜二随身一、（加二内舎人一）弁申二官奏一、於二議所一行二除目一、有レ障時於二宿所一行レ之、

関白、詔、内外奏請上下、大少雑事、先白二其人一宣行、賜二随身一、除目時、候二御前一不二執筆一、或為二日上一行事、

とあるように、摂政は幼帝に代わって万機を総摂するのに対し、関白は成人天皇を補佐するにとどまり、両者の権能は明らかに相違していた[1]。

ところで、第六章で、天皇が紫宸殿に出御して行われていた政務儀礼・献上儀・神事等に、天皇が出御しなくなる問題について検討したが、その時期的変遷を要約すると次のようになる。まず、文徳天皇の仁寿・斉衡期を画期として天皇出御儀から不出御儀へと変化し、清和・陽成天皇の貞観・元慶期には不出御儀が恒例化した。その後、光孝・

宇多・醍醐天皇の仁和・寛平・延喜期に天皇出御儀が復活したが、朱雀天皇の承平・天慶期に再び不出御儀となった。そして、村上天皇の天暦期に一時的に出御儀がみられたものの、冷泉天皇の安和期以降に不出御儀が定着した。

これを一見すると、天皇親政の時には出御儀が、一方、幼帝が即位し摂政が置かれた天皇の時には不出御儀が行われていたように思える。したがって、天皇不出御の傾向と摂政の設置とは密接な関係にあったと考えられる。しかし、必ずしも不出御儀と摂政の設置時期とが正確に一致しているわけではない。それでは、摂政は儀式においていかなる役割を果たしたのであろうか。本章では、この問題について検討し、さらにそのことが王権とどのように関連するのか考察を加えたい。

最初に、摂政の職掌について概観し、摂政がどのような儀式に関わっていたのかを確認しておきたい。

周知のように、摂政はいわゆる令外官であるが、今江廣道氏が指摘したように、令外官は大きく二種類に分類される(2)。一つは、官位相当があり除目によって任官される「除目官」で、准令制官ともいうべき性格のものである。今一つは、官位相当がなく宣旨によって任命されるもので、官とはいいがたく「宣旨職」と呼ばれるものである。後者は、当該期の天皇との特別な関係によって設置された、本来ならば臨時の職であり、令はもとより式にも明確な規定がみられないが、次第に恒久の官職として定着していったものである。摂政は、詔によって任命されるものの官位相当がないなど、むしろ「宣旨職」に近い。したがって、その職掌を具体的に規定したものはなく、前掲した『西宮記』巻八、摂政の項のように、総括的ではあるが曖昧ともいえる表現しかみられない。

しかし、儀式書の記載や実例を追うことによってある程度のことを明確にすることはできる。そして、先学によってすでにそのような試みがなされているので、はじめにそれについて紹介しておきたい。

まず、橋本義彦氏は、摂政は幼少の天皇に代わって政務を総攬する職であり、その具体的な職掌の主要なものとして、次の五つをあげている。(3) すなわち、詔書の御画日、詔書覆奏の「可」または「聞」を代筆すること、(4) 天皇に代わって官奏を覧ること、叙位・除目の儀を代行すること、官中奏下一切の文書を内覧すること、幼帝の諸出御儀に際し、これを扶持し、あるいは代行することである。なお、このうちの官中奏下一切の文書を内覧することは、関白および内覧の臣の職能でもあるが、その他は摂政のみの権能なので、制度上は明らかに摂政と関白とは区別があった。しかし、実際政務の上では、その別はさほど大きな意味はなかったとしている。(5)

さらに、宮内庁書陵部編『皇室制度史料』摂政二では、橋本氏があげた職掌に加えて、伊勢神宮に奉幣使を発遣するにあたり、天皇に代わって宸筆宣命を書き仰詞を奉幣使に伝え代拝を行うこと、天皇の即位式に先立つ礼服御覧において、天皇に代わって礼服を覧ること、天皇の御元服にあたり加冠を奉仕することの三つをあげている。(6)

以上が、摂政の具体的な職掌として指摘されていることであるが、これらを分類すると、まず、詔書の御画日、詔書覆奏の御画可・聞の代筆と、官中奏下一切の文書の内覧は、一般政務に関することであり、摂政の本来的職掌として日常行われていたものということができよう。これに対し、残りは儀式に関することであるが、このうち、幼帝出御儀の扶持・代行も、儀式に限らず、摂政の幼帝輔弼という一般的職掌の一端を示すものといえよう。また、天皇御元服の加冠奉仕は、単に摂政というよりは、摂政太政大臣の職掌であった。橋本義彦氏によれば、太政大臣は最初は天皇の外戚が任ぜられ、摂政と一体化していたのであり、天皇御元服の加冠もこのような摂政太政大臣が奉仕していた。(7) そして、太政大臣が摂政と分離して名誉職化しても、太政大臣の本来の任である師範訓道・万機総摂と幼帝を輔弼する摂政の任とが合体し、天皇御元服の加冠は摂政太政大臣が奉仕するのが定制となり、さらに、摂政は加冠奉仕のために太政大臣の任につき、終われば辞任するのが常例となったという。このように、天皇御元服の加冠奉仕は、太政大臣と一体化した職掌であり、寛仁二年（一〇一八）正月三日の後一条天皇の御元服に際し、太政大臣藤原道長が加冠を奉仕し、摂政藤原頼通は理髪を行っている例をみると、むしろ、太政大臣の職掌であるといえよう。[8]

さて、その他の官奏、叙位・除目、伊勢神宮奉幣使発遣、礼服御覧は、幼帝に代わって摂政が行う儀式という共通点がある。このうち、礼服御覧を例外として、[9]他の儀式は院政期に成立した『江家次第』において、それぞれ天皇が行う御前儀に続いて、[10]摂政が行う摂政儀の項目が立てられ、その儀式次第が記載されている。[11]『江家次第』は、平安時代の三大儀式書のなかでは成立が最も新しく、記載も他の儀式書に比べて詳細であり、平安時代の儀式書の集大成であるといえよう。これら摂政儀の儀式次第も比較的詳細であり、したがって官奏、叙位・除目、伊勢神宮奉幣使発遣は、それまでに摂政儀として確立していたと考えられる。

## 二　摂政儀の特質

摂政は、儀式においてどのような役割を果たしたのであろうか。この問題を考えるにあたり、以下、官奏、叙位・除目、伊勢神宮奉幣使発遣について、天皇御前儀と摂政儀との儀式次第を比較することにより、摂政儀の特質を明らかにしていきたい。

### 1　官奏

官奏は、太政官が諸国の国政に関する重要文書を天皇に奏上し、その勅裁を受ける政務が、次第に不堪佃田奏・不動倉開用奏等に限定されて儀式化していったものである。[12]平安時代の各儀式書によって、さきにその御前儀の儀式次第の概略を示すと次のようになる。

まず、大臣が陣座に着し、大弁が床子座に着す。史が奏すべき文書を大臣に奉り、大臣はこれを一通ずつ披見して、終わるとまとめて史に下給する。史は一枚を開いて押しあわせ、枚数を確認してから退出する。

続いて、天皇が清涼殿昼御座に出御し、大臣は射場で史から文書を受けとり、御前座に進む。大臣は文書を天皇に奉り、天皇はこれを一通ずつ披見して、終わるとまとめて大臣に下給する。大臣はこれを一通ずつ開き、文書の事書を読みあげ、天皇が勅裁を下すと大臣は称唯してその文書を巻く。これを全文書について繰り返し、終わると大臣は退出する。

次に、大臣は射場で史に文書を手渡し、陣座に着す。史が奏された文書を大臣に奉り、大臣はまず一通を披見して史に給い、大臣が奏報の詞を仰すと史は称唯する。これを全文書について繰り返す。史は決裁された文書の枚数を確認し、退出する。

以上が官奏御前儀の儀式次第であり、吉川真司氏によれば、内容と枚数の確認をする覧文儀、結申を伴う決裁である奏上儀、結申を伴わない決裁である伝宣儀の三段階の儀によって構成されているという(13)。このうち、天皇が直接関係するのは奏上儀である。

それでは、これと摂政儀とを比較してみたい。『江家次第』巻第九、摂政時官奏によれば、御前儀に対し摂政儀では、御所ではなく摂政の直廬において、大臣ではなく奏者弁が奏上を行っているものの、天皇と摂政との行為に相違はみられない。前述したように、官奏は諸国国政の重要政務を天皇が勅裁する儀式であり、このことから、官奏は天皇の日常の政務大権行為を象徴する儀式と性格づけられる(14)。したがって、官奏において、摂政が御前儀における天皇と同様の行為を行っていることは、摂政儀は天皇の政務大権行為を摂政が代行していることを示すものであると考えられよう。

## 2 叙位・除目

叙位は、正月七日の白馬節会における五位以上官人の召給に先立ち、正月五日に御前において叙位を決定する儀式であり、除目は、新しい叙位結果にもとづき、正月中旬または下旬に御前において任官を決定する儀式である。これについても、平安時代の各儀式書によって、その御前儀の儀式次第の概略を示すと、まず、叙位は次のようになる。(15)

諸卿がまず陣座、続いて議所に着し、さらに清涼殿に参上して、筆・硯や叙位に必要な文書・申文等の入った筥を御前に置き、着座する。それから、執筆の大臣が参上する。

執筆の大臣が十年労帳を天皇に奏覧し、天皇は覧終わると執筆の大臣に返給する。また、天皇から執筆の大臣に外記勘文・申文が下給され、蔵人が執筆の大臣に続紙を奉る。

そして、六位以下の官人を五位以上に叙す叙爵が行われる。執筆の大臣はまず、叙すべき者を奏し、可許の後、続紙に記し、それを読みあげ申文に印をつける。巡爵からはじめ、その途中、院宮御給の名簿をとり寄せる。それから、氏爵・年労叙爵・諸司労・外衛労・年爵と続ける。その後、五位以上の官人をさらに上級の位階に叙す加階が行われる。

終わると、執筆の大臣は叙位結果を記した続紙を天皇に奏覧し、天皇は覧終わると執筆の大臣に返給する。続紙は入眼の上卿に授けられ、位記が作成され、天皇に奏覧された後、請印される。また、下名が作成され、天皇に奏覧された後、式部省・兵部省に付される。こうして叙位御前儀は終了する。

また、除目は次のようになる。(16)

諸卿がまず陣座、続いて議所に着し、さらに清涼殿に参上して、筆・硯や除目に必要な文書・申文等の入った筥を御前に置き、着座する。それから、執筆の大臣が参上する。

執筆の大臣が欠官帳を天皇に奏覧し、天皇は覧終わると執筆の大臣に返給する。続いて、執筆の大臣は大間書を開き、欠官が記された寄物をみる。

そして、除目が行われる。執筆の大臣は、申文を筥からとり出して天皇に対し読みあげ、可許の後、寄物を開いて任ずべき官を調べ、大間書に任官された者の名を記入して天皇に読みあげ、申文に印をつけて成文に加え、寄物に印をつける。四所籍からはじめ、その途中、院宮御給の名簿を取り寄せる。第一夜は、三局史生・内給・当年給と続ける。第二夜は、未給・国替・名替・文章生・内舎人・上召使・諸道挙・院宮挙・親王・参議以下兼官・宿官・顕官挙を任じ、第三夜は、諸宮内官未給・受領挙・新叙・公卿を任ずる。

終わると、執筆の大臣は除目結果を記した大間書を天皇に奏覧し、天皇は覧終わると執筆の大臣に返給する。大間書は陣座で清書され、天皇に奏覧された後、下給される。同時に下名が作成され、式部省・兵部省に付される。こうして除目御前儀は終了する。

以上のように、叙位・除目の儀式次第を概観してきたが、一見して両者が類似しており、同様の儀式構造を有していたことがわかる。

これに対し、摂政儀はどのようであったのだろうか。『江家次第』巻第二、摂政時叙位事、巻第四、秋除目摂政時儀によれば、官奏と同様に、摂政の直廬において行われ、執筆も大弁または参議が勤めるほか、御前儀と相違はみられない。ここで注目すべきことは、摂政儀においても、叙位の十年労帳の奏覧と、除目の欠官帳の奏覧が行われ、摂政が天皇に代わってそれらを覧ていることである。叙位における十年労帳は、吉川真司氏によれば、叙爵のみにかかわる候補者の一覧であったというが(17)、高田淳氏によれば、本来は叙爵・加階の双方に関係した候補者の一覧であったという。[18]そして、十年労帳が叙位儀の冒頭に奏覧されることは、天皇が叙位の対象者を象徴的に把握することを意味する行為であったとしている。一方、除目における欠官帳は、玉井力氏によれば、正官・権官にわけて記載されており、実際の除目の際の欠官のチェックには、官次の順に記載された寄物によっていたという。[19]そして、欠官帳は除目儀の冒頭に奏覧されるのみであり、このことは、天皇による全欠官の把握、すなわち除目の基本的な構図が確認されるという意味を有していたとしている。このように、叙位における十年労帳の奏覧と除目における欠官帳の奏覧が、それぞれ儀式の冒頭に行われていたのは、それによって天皇が人事権を掌握していることを象徴的に示していたのである。したがって、摂政儀において、摂政が天皇に代わって十年労帳と欠官帳を覧ていたということは、摂政が天皇の人事権を代行していたことを意味するのである。

## 3　伊勢神宮奉幣使発遣

伊勢神宮への奉幣は、毎年恒例のものとしては、新穀を伊勢神宮に献上する神嘗祭のための九月十一日の例幣のほか、予祝儀礼である二月の祈年祭や、六月・十二月の月次祭に際し奉幣使が発遣され、これらは四度使と総称された。また、天皇の即位式や大嘗祭に先立って、それらのことを伊勢神宮に報告する即位由奉幣、大嘗由奉幣があり、さらに、臨時に奉幣されることもあった。これらにおいては、天皇が八省院（朝堂院）に幸して奉幣使を発遣する儀式が行われていた。ただし、即位由奉幣のみは、即位式以前ということから建礼門前で行われていた。

それでは、平安時代の各儀式書によって、天皇出御儀の儀式次第の概略を示すと次のようになる。[20]

諸卿がまず陣座に着し、上卿が天皇に宣命が奏聞し、天皇は覧終わると返給する。その後、天皇は紫宸殿に出御し、内侍は剣璽を執り、少納言は鈴印を出す。

それから天皇が八省院に行幸し、諸卿がその北門である昭慶門に着すと、天皇は大極殿後房の小安殿に出御し、御幣を再拝する。

続いて、天皇は大舎人を介して中臣・忌部を召す。まず忌部に御幣を賜い、忌部は外宮幣を卜部に授け、内宮幣を執って退出する。次に中臣に勅語を賜い、中臣は退出する。

この間、上卿は大極殿東廊の東福門に移動し、使の王を召して宣命を賜う。終わると上卿は昭慶門に帰る。

天皇が内裏に還御し、奉幣使発遣の天皇出御儀は終了する。

藤森馨氏によれば、寛平期以後、臨時奉幣において公卿勅使が発遣され、八省院での発遣儀に先立って使者が清涼殿に参上し殿上儀が行われることに特徴がみられるとしているが、八省院儀においては常祀の奉幣と大差がない[21]。なお、奉幣使発遣儀ではないが、同じく伊勢神宮に遣わされるものとして斎王発遣儀がある。これには、中臣に勅語を賜わった後、天皇が斎王の額に別れの小櫛を加えるという独特の行為があったが、他は奉幣使発遣儀と儀式次第が類似しており、同様の儀式構造であったということができる。

これについても、摂政儀と比較してみたい。『江家次第』巻第九、摂政参小安殿被奉遣伊勢幣儀をみてみると、摂政儀では天皇の紫宸殿への出御に相当する行為は行われなかったと考えられるが、ほかでは天皇出御儀と大差がみられない。斎王発遣儀においても、後述のように、同様の摂政儀が行われた例がみられる。なお、即位由奉幣は、幼帝の場合は建礼門前ではなく摂政が八省院に赴いて行われた[22]。ところで、伊勢神宮は、もともと大王家が太陽神を祀っていたものが、天皇家の祖先神である天照大神を主神とすることにより、律令制の整備に伴い国家の宗廟として格別に重視されるようになったのである[23]。そして、これを祀ることは天皇の祭祀特権であり、臣下に許されるものではなかった。したがって、摂政儀において、摂政が伊勢神宮奉幣使発遣にあたって天皇と同様の行為をしていたことは、天皇の祭祀権の一部を摂政が代行していたと考えることができよう。

以上のように、官奏、叙位・除目、伊勢神宮奉幣使発遣について、摂政儀と御前儀とを比較・検討してきたが、儀式における天皇の行為と摂政の行為とで、大きな相違はみられなかった。官奏は天皇の政務大権を象徴する儀式であり、叙位・除目は人事権に、伊勢神宮奉幣使発遣は祭祀権の一部に関わる儀式である。したがって、これらの儀式において摂政が天皇と同様のことを行っていたということは、天皇の政務大権・人事権・祭祀権の一部を象徴する行為を摂政が代行していたということであり、摂政は儀式において天皇大権すなわち王権を代行する役割を果たしていたのである。

これらの儀式に、なぜ特別に摂政儀が行われたのか、その理由もここに存在すると考えられる。冒頭に述べたように、平安時代になると天皇が政務や儀式の場に出御しなくなるが、それが正確に摂政の設置時期と一致しているわけではない。そもそも、天皇が不出御化していったのは、病弱または幼少の天皇が即位して出御がかなわなかったのと同時に、天皇が国政を直接領導しなくても支障をきたさないシステムが整備されてきたからである。そこで、天皇不出御儀の場合は、おおむね上卿が清涼殿にいる天皇に事前に報告し、陣座等において略儀が行われたのである。したがって、そのような不出御儀に摂政が代行した例はほとんどない。これに対し、今まで検討してきた四つの儀式は、政務大権・人事権・祭祀権といった天皇大権を象徴する儀式であり、天皇不出御によって簡略化されることはできるだけ避けなければならなかったと思われる。そして摂政は、王権の執行に際し幼帝即位によって生じる支障を回避し、王権を円滑に機能させるために設置されたものである。そのような事情から、これらの儀式にはとくに摂政儀が創出されたと考えられよう。こうしてみると、摂政儀と他の天皇不出御儀とでは決定的な差があったといえよう。

ただし、前述したように、摂政は幼帝出御儀の扶持・代行もその職掌としていた。とくに、朝賀や節会等、天皇を頂点とする宮廷秩序を維持・強化し、支配者層の共同体意識を高揚させるような意義をもつ儀式では、摂政は幼帝の補佐をすることはあっても、天皇に代位することはなかった。このことは、支配者層の頂点はあくまでも天皇であり、摂政は王権を代行するとはいってもそれは一部分にすぎず、無制限ではなかったことを示している。(24) また、摂政儀においても、伊勢神宮奉幣使発遣で紫宸殿の出御が省略されたり、官奏・叙位・除目で清涼殿ではなく摂政直廬で行われたことは、当然のことながら、摂政が内裏正殿である紫宸殿や天皇の居処である清涼殿の天皇の位置に坐すことができないことを示しており、官奏の奏者や叙位・除目の執筆が大臣ではなく大弁（参議）が行っていたこととあわせて、御前儀に対し格差がみられるのである。

## 三　摂政儀の成立と展開

平安時代の摂政は、天皇大権の一部の代行者であり、摂政儀は天皇幼少期における王権を機能させるためのシステムであった。それでは、そのような摂政儀が一体いつごろ成立し、どのように展開していったのであろうか。以下、それについて検討していきたい。

### 1　前期摂関政治期

周知のように、人臣摂政の嚆矢は、貞観八年（八六六）八月十九日に清和天皇が外祖父である藤原良房に対し、天下の政を摂行せしむる勅を賜わったことに求められる。(25) 良房は、これに先立つ天安元年（八五七）二月に、病弱な文徳天皇を補佐するため、また、幼少の皇太子（清和天皇）の即位を確実にし、即位後はその輔弼のため、則闕の官である太政大臣に任ぜられた。[26]このことから、清和天皇が弱冠九歳で即位した天安二年八月の時点で、[27]良房は実質的に摂政の役割を担ったとみなされている。しかし、太政大臣の職掌についての令の規定が曖昧であったので、良房の政治的地位の明確化のために摂政に任ぜられたが、それがなぜ貞観八年だったのかというと、同年閏三月に端を発した応天門の変に際し、[28]貴族間の対立抗争の激化という事態を収拾するため、良房に特別の権限を与え強い指導力を発揮させたものとされている。[29]こうしてみると、幼帝の即位と同時に置かれその代行をする後世の摂政とは異なり、良房の摂政は彼個人への権力・権限の集中であり、制度化される以前の形態であったといえよう。[30]

それでは、良房のときに摂政儀が行われていたのか否か。これについては管見の限り明確に示す史料が見出せず、不明であるといわざるをえない。[31]

良房が貞観十四年九月に死去すると、その後、摂政は置かれなかったが、貞観十八年十一月二十九日に、陽成天皇が九歳で即位すると同時に、当時右大臣であった藤原基経が摂政となった。[32]なお、基経の上席には左大臣源融がおり、基経は元慶四年（八八〇）十二月に太政大臣に任ぜられることにより、[33]融を超えて首席の大臣となった。

この基経の時になると、摂政儀の有無を示す例が若干みられる。まず、次に掲げる『日本三代実録』元慶三年九月九日丙申条に注目したい。

伊勢斎内親王入二斎宮一、是日早朝、臨二葛野河一、以修二禊事一、即使参二‐入豊楽院一、天皇御二豊楽院一、令レ発二内親王一、天皇喚二中臣一、神祇大副大中臣朝臣有本称唯、昇レ殿跪侍、右大臣代二天皇一、勅曰、常毛奉レ進留九月神嘗幣帛曽、汝中臣、如レ常久申天奉レ進止礼宣、有本称唯、又勅、今奉レ進留斎内親王波、此依二恒例一天、三箇年間波斎清天、天照大神乃御杖代尓定天奉レ進留内親王曽、中臣宜尓吉久申天奉レ進止礼宣、有本称唯、降レ殿退出、是時、天子幼少、右大臣摂政、故行二此事一、斎内親王駕レ輿、出レ自二朱雀門掖門一、東向就レ路、乗輿還宮、

これは斎王発遣儀であるが、これによると基経が天皇に代わって中臣に勅を賜わっており、しかもその理由として、天皇が幼少で基経が摂政であるためとしている。したがって、斎王発遣儀において、基経は摂政として幼帝の代行をしていたことがわかる。

続いて、『日本三代実録』元慶五年二月二十一日己亥条に、

太政大臣拝レ職後、譲表四上、其間太政官奏事大擁、公卿議定、令下弁大夫就中太政大臣直廬上、以二職院一為二直廬一、始白二庶政一、此後為レ例、

とあるが、これによれば、基経は元慶四年に太政大臣となってから四度も譲表し、その間、太政官奏事を覧ずにそれが滞るので、ここに及んで弁大夫が官奏を基経の直廬に持参し、そこで基経が官奏を覧たという。官奏が儀式化するのは寛平期以降と考えられているので[34]、これは日常政務における官奏の例となるが、基経は太政大臣に就任する以前は官奏を覧ていたのであり、それは彼が摂政であることによると思われる。また、「此後為例」とあるように、今回の例が、摂政が直廬において官奏を覧、それには弁が奉仕するという後世の摂政儀の濫觴といえる形になったのである。

さらに、『日本三代実録』元慶七年十月九日壬寅条に、

先レ是、太政大臣頻抗表、請レ停二摂政一、累レ月不レ視レ事、勅遂不レ聴、是日、弁史等参二堀河辺第一白二庶事一、

という有名な記事がみられるが、この結果、摂政の里亭で官奏を覧る例もひらかれた。

これらのことから、基経の時には斎王発遣儀と官奏において摂政儀が成立していたと考えてよかろう。前述したように、摂政は天皇幼少期において王権を円滑に機能させるために設置されたものである。したがって、叙位・除目・伊勢神宮奉幣使発遣においても、史料にはみえないが、当時、摂政儀が行われていたことは十分に考えられる。

ところが、『日本三代実録』貞観十八年十二月十七日庚申条の陽成天皇の即位由奉幣の記事をみると、

遣下前山城守従四位上忠範王、散位従五位下大中臣朝臣是直等一向二伊勢大神宮一奉幣上、告下以二明年正月三日一将中即位上、天皇御二建礼門一発レ使焉、

とあり、天皇が建礼門に出御して行われた。前述したように、即位由奉幣は、天皇が建礼門に出御して行われ、幼帝の場合は摂政が八省院に赴いて行われるが、そのような原則は十世紀以降確立され、九世紀には天皇が八省院に幸して行われていた(35)。今回、陽成天皇が八省院に幸していないのは、八省院が焼亡していたための例外と考えられる(36)が、いずれにせよ、陽成天皇が幼帝であったにもかかわらず、即位由奉幣において摂政儀が行われていないのである。このように摂政儀が未成立のものもあり、また、斎王発遣儀も、後世の例(37)とは違って天皇が出御しており、完全に天皇の代行をしているわけではなく、その点、摂政儀としては未完成であったといえる。さらに、『日本三代実録』元慶四年四月二十七日庚戌条によれば、

式部省奏二諸国詮擬郡司簿一、有レ詔、右大臣以下於二仗下一、令二勘解由長官従四位下兼行式部大輔橘朝臣広相読一焉、

とあり、摂政である基経が上卿として奏詮擬郡領に奉仕している。このことは、後世の摂政が太政官政務の場に直接出席しなかったことと大きく相違する(38)。したがって、基経の摂政も藤原良房と同様に、彼個人への権力・権限の集中という性格が強く、後世の制度化された摂政とは異なった形態であったと考えなければならない。

以上のように、藤原良房・基経の前期摂関政治期においては、摂政儀の原型となるものが成立したが、それはまだ後世のように儀式次第が整備されたものではなかったのである。

## 2　藤原忠平政権期

元慶八年（八八四）二月に老齢の光孝天皇が即位すると、同年六月五日に藤原基経は奏下のことを必ずまず諮稟せ

よとの詔を賜わった[39]。これは、実質的な関白の起源とされるが、仁和三年（八八七）八月に宇多天皇が即位すると、同年十一月二十一日に正式に万機を関白せよとの詔を賜わった[40]。これに端を発して、いわゆる阿衡の紛議が引き起こされたことは有名だが、基経が寛平三年（八九一）正月に死去すると[41]、以後、宇多・醍醐天皇は摂政・関白を置かなかった。そして、延長八年（九三〇）九月二十二日に朱雀天皇が八歳で即位すると同時に、当時左大臣であった藤原忠平が摂政となった[42]。なお、忠平は承平六年（九三六）八月には太政大臣に任ぜられた[43]。

忠平のときに、摂政儀が行われていたのか否かを知る上で注目されるのは、天慶四年（九四一）十一月八日に忠平が摂政を辞して関白となった直後の[44]、次に掲げる『本朝世紀』天慶四年十一月二十六日壬午条である。

又主上御即位之後、今日初聞㆓食官奏㆒、従㆓太政大臣摂政㆒以来、頃年弁史持㆓官奏書㆒、参㆓彼里第㆒奏㆘矣、而辞㆓来摂政㆒、已経㆓数月㆒、今般詔書有㆘准㆓仁和例㆒可㆓関白㆒之由㆖、因㆑之、於㆓殿上㆒今日初有㆓此奏㆒、（後略）

これによれば、朱雀天皇は即位して以後、官奏を覧ることなく、すべて摂政の忠平が覧ていたが、彼が関白に転じたことにより、はじめて朱雀天皇が直接官奏を覧たという。このことから、忠平の時には官奏において摂政儀が定着していたことがわかり、『貞信公記抄』承平二年十二月二日条にも、忠平の摂政直廬とされる桂芳坊で官奏が行われた記事がみえる。叙位・除目でも、『貞信公記抄』から摂政直廬でそれらが行われた記事を見出すことができる[45]。また、『本朝世紀』天慶元年九月十五日己未条によれば、斎王発遣儀においても摂政儀が行われていた[46]。したがって、忠平の時には摂政儀が定着していたと考えられる。

藤原忠平政権期は、橋本義彦氏によれば、摂政・関白の原則的差異が成立したこと、儀式・故実が成立したこと、摂関政治を支える貴族連合体制が成立したことから、摂関政治体制確立の画期とされている[47]。このような時期に、摂政儀が定着したのも当然のことといえよう。竹内理三氏によれば、忠平の時に成立した儀式・故実は、本康親王・貞保親王を介して藤原基経の儀礼を継承したものとされる。[48] したがって、摂政儀も基経の時に原型が成立し、忠平の時に定着したものと考えられよう。また、そもそも藤原良房・基経の摂政は、役職というよりも彼ら個人に対して王権を代行する権限が付与されたものである。そのような性格の摂政から、忠平の時に幼帝の間は天皇大権を代行する摂政が置かれ、天皇成人後はそれを補佐する関白に改めるという型が成立するに伴い、摂政儀が定着したと考えることができる。

ところが、『貞信公記抄』承平八年正月六日条によれば、忠平は摂政であったにもかかわらず、叙位において摂政儀ではなく御前儀が行われている。また、『本朝世紀』天慶四年九月十一日戊辰条に、

此日、依レ奉二遣伊勢太神宮神嘗祭幣帛使一廃務、早旦、大納言藤原実頼卿参入、就二宜陽殿西廂座一行レ事、于レ時主殿寮御輿候二日華門外一、巳三剋、御輿寄二紫宸殿南階上一、天皇乗二御輿一、出レ自二承明建礼門一、御二大極殿小安殿一、所司装束如レ常、（後略）

とあるように例幣の発遣儀に天皇が出御して行われ、摂政忠平が代行しているわけではない。さらに、一般政務においても、天皇が御画日や御画可を行った例があり、摂政と御画代行とが厳密に一致するべきだという意識は、忠平よりも後に成立したものとされる。[49] したがって、藤原忠平政権期に制度として成立した摂政の機能も、後世ほど整備されたものではなく、摂政儀も完全に定着したわけではなかったといわなければならない。

以上のように、前期摂関政治期にその原型が成立した摂政儀は、藤原忠平政権期にほぼ定着した。しかしそれは、必ずしもすべてにわたって行われていたわけではなく、不完全であったといえよう。

## 3　後期摂関政治期

天慶九年四月に即位した村上天皇は、同年五月二十日に藤原忠平を元のごとく関白としたが、天暦三年（九四九）八月に忠平が死去すると、改めて関白を置くことはなかった(50)。しかし、康保四年（九六七）五月に冷泉天皇が即位すると、同年六月二十二日に当時左大臣であった藤原実頼が関白となり、同年十二月には太政大臣に任ぜられた(51)。実頼は、弟の藤原師輔が、村上天皇の皇后で冷泉・円融天皇の生母である藤原安子の父であったので、その権勢に押されがちであり、また、師輔死後、単に藤原氏の上臈として関白となったものの、「揚名関白」と呼ばれ、実権は安子の兄である藤原伊尹等が握っていたとするのが一般的である。しかし、実頼の能力や廟堂における権力を軽視すべきではなく、むしろ、その能力や権力によって関白になったとする説もある(52)。

ここで注目すべきは、摂政を経験していない実頼によって関白が復活したことである。藤原基経や藤原忠平は、二人とも関白となる以前は摂政だったのであり、宇多・醍醐・村上天皇が関白を置かなかったのは、摂政経験者がいなかったことが少なからず影響していると思われる(53)。しかし逆に、この時期には必ずしも関白を必要としていなかったとも考えられよう。ところが、実頼がはじめて摂政未経験者として関白となり、しかも一八年ぶりに関白が復活したということは、摂政・関白を必要とする体制がより強固になったということである。実頼以後、摂政・関白・内覧が常置されるようになったことは、それを端的に示している(54)。さらに、米田雄介氏によれば、康保四年八月に、冷泉天皇の不予により、実頼は関白としてはじめて准摂政となり、官奏・叙位・除目等を摂政儀に准じて直廬で行っている(55)。関白が天皇大権の一部を代行するためには摂政に准ずる勅を賜わらなければならなかったのであるが、このことは、王権の代行者たる摂政と補佐役たる関白との区別がより明確化したことを示している。

そして、安和二年（九六九）八月十三日に一一歳の円融天皇が即位すると、実頼は摂政となった(56)。実頼は、翌天禄元年（九七〇）五月に死去したため、[57] 摂政であった期間は一年にも満たないが、この間、実頼の直廬で叙位・女叙位・除目・小除目・直物等が行われた例を見出すことができる。[58]

実頼が死去した直後の天禄元年（九七〇）五月二十日に、当時右大臣であった藤原伊尹が摂政となり、翌年十一月には太政大臣となった。[59] 伊尹も、天禄三年十一月に死去したため、[60] 摂政であった期間は二年五ヵ月と短かったが、この間も、伊尹の摂政直廬である淑景舎で、官奏・叙位・女叙位・除目・小除目・直物等が行われた例を見出すことができる。[61]

このように、藤原実頼とそれに続く伊尹の時期には摂政儀が行われていたのである。しかも、摂関政治確立の画期とされる藤原忠平政権期には、必ずしもすべてにわたって摂政儀が行われていたわけではなかったが、実頼・伊尹以降、摂政が置かれた時には御前儀や天皇出御儀の例はみられない。したがって、藤原忠平政権期に定着した摂政儀が、実頼・伊尹の時期に制度的に確立したということができよう。この後、後期摂関政治期の摂政は、一条天皇の時に藤原兼家・藤原道隆が、後一条天皇の時に藤原道長・頼通が置かれ、とくに、兼家の時には摂政・関白が律令官職を超越した独自最高の地位として確立したが、[62] 彼らは、実頼・伊尹の時に制度的に確立した摂政儀を継承しているのである。こうしてみると、藤原実頼・伊尹の後期摂関政治初期も、摂関政治の画期の一つとして再評価すべきではなかろうか。

## 小　結

摂政儀は、政務大権・人事権・祭祀権等を象徴する儀式について摂政が代行するものであり、したがって、摂政は天皇大権をあくまでも一部ではあるが代行する役割を果たしていた。このような摂政儀は、藤原良房・基経の前期摂関政治期にその原型が成立し、藤原忠平政権期に定着したが、それが制度的に確立したのは、藤原実頼・伊尹の後期摂関政治初期であり、その後に継承されていった。そして、『江家次第』に記載される摂政儀へと集大成されていったのである。

ところで、『江家次第』は関白藤原師通の依頼によって大江匡房が編纂したものであり、承徳期から天仁期にかけてその原撰本が成立し、後人によって現在のような部類構成になったという[63]。したがって、『江家次第』に記載される摂政儀は、応徳三年（一〇八六）から寛治四年（一〇九〇）まで堀河天皇の摂政を勤めた、師通の父藤原師実の例によるところが大きいと思われる。しかし、この時期はちょうど白河上皇による院政が開始された時期であり、王権は天皇より上位の院に移行していった。このことは、摂政・関白の王権代行者・補佐役としての性格にも大きく影響を与え、その権限の後退をもたらしたと思われる。後の例であるが、師通の息男である藤原忠実が、保安元年（一一二〇）十一月十二日に白河上皇の勘気を被って関白を停止されたことは、それを端的に表わしていよう[64]。こうしてみると、『江家次第』に記載される摂政儀は、それまでの集大成であり最も整備された型ではあるが、逆に、実質を伴わない形式化・形骸化されたものと考えることができることを付記しておきたい。

**註**

（1）『台記』仁平元年（一一五一）三月一日条にも「摂政即天子也、因レ之所レ書、関白惟百官惣レ己、猶在二臣位一、理不レ可レ書」とあり、同様の理解を示している。

（2）今江廣道「『令外官』の一考察」（坂本太郎博士古稀記念会編『続日本古代史論集』下、〔吉川弘文館、一九七二年〕）。

(3) 橋本義彦「貴族政権の政治構造」(『平安貴族』平凡社、一九八六年、初出一九七六年)。

(4) 『江家次第』巻第十八詔書覆奏に「摂政時若御二直廬若里弟一者、蔵人可二持参一、書二可字一返」とある。

(5) これに対し、実際政務の上でも摂政と関白とでは区別があったとする意見もある。佐々木宗雄「王朝国家期の王権—人事決定・政務決裁の構造—」(『日本王朝国家論』名著出版、一九九四年、初出一九八九年)参照。

(6) 宮内庁書陵部編「摂政の職掌」(『皇室制度史料』摂政二、吉川弘文館、一九八二年)。

(7) 橋本義彦「太政大臣沿革考」(前掲註(3)書、初出一九八二年)。

(8) 『日本紀略』寛仁二年正月三日丁酉条、『御堂関白記』寛仁二年正月三日条。

(9) 礼服御覧については、実際に摂政が行った例も見出せるが、儀式書では天皇の行う礼服御覧の記載もみられない。このことから、礼服御覧と他の四つの儀式とでは格差があったものと推測される。

(10) 『江家次第』巻第二、叙位、巻第四、除目、巻第九、官奏、同十一日小安殿行幸次第。

(11) 『江家次第』巻第二、摂政時叙位事、巻第四、秋除目摂政時儀、巻第九、摂政時官奏、同摂政参小安殿被奉遣伊勢幣儀。なお、官奏については、前掲した『西宮記』巻八、摂政のほか、巻七、官奏に「有二摂政一之時、弁於二摂政亭宿所等一申レ之、准二御前儀一」、同減省奏報詞に「御二摂政一之時、奏者弁大弁見レ之了後、揖起レ座、次史令レ持二之杖等一、於史部同起レ座、共参二摂政在所一云々」とあり、『北山抄』巻第三、官奏事にも、摂政の時の例として安和元年八月二十五日勘物がひかれている。また、除目についても、前掲した『西宮記』巻八、摂政のほか、巻二、除目に「有二摂政一者、着二議所一行、参議執筆、有二所労一者、以レ弁示二諸卿一云、有二所労一不レ能レ着二議所一此方ニ諸卿向二宿所一、摂政在二簾中一、弁執二筥文一、内蔵儲レ饗、除目後、摂政下二公卿給一」とあり、『北山抄』巻第一、九日始議外官除目事に「摂政大臣或於二直廬一行レ之、弁奏二筥文一、奏二大間一、并清書如レ恒」とある。

(12) 『西宮記』巻七、官奏、『北山抄』巻第二、官奏事、『江家次第』巻第九、官奏。

(13) 吉川真司「申文刺文考—太政官政務体系の再構成について—」(『律令官僚制の研究』塙書房、一九九八年、初出一九九四年)。

(14)　山本信吉「平安中期の内覧について」(『摂関政治史論考』吉川弘文館、二〇〇三年、初出一九七二年)。
(15)　『西宮記』巻一、五日叙位議、『北山抄』巻第一、五日叙位議事、『江家次第』巻第二、叙位。
(16)　『西宮記』巻二、除目、『北山抄』巻第一、九日始議外官除目事、『江家次第』巻第四、除目。
(17)　吉川真司「律令官人制の再編過程」(前掲註(13)書、初出一九八九年)。
(18)　高田淳「『年労加階制』以前―その成立と平安前期の位階昇進の実態について―」(『国史学』一五〇、一九九三年)。
(19)　玉井力「平安時代の除目について―蔵人方の成立を中心に―」(『平安時代の貴族と天皇』岩波書店、二〇〇〇年、初出一九八四年)。
(20)　『西宮記』巻五、十一日奉幣、『北山抄』巻第二、十一日奉幣伊勢太神宮事、『江家次第』巻第九、十一日小安殿行幸次第。
(21)　藤森馨「平安時代中期における神宮奉幣使の展開―公卿勅使制度成立に関する試論―」(『平安時代の宮廷祭祀と神祇官人』原書房、二〇〇八年、初出一九八八年)。
(22)　本書第八章、初出一九九四年。
(23)　岡田精司「伊勢神宮の起源―外宮と度会氏を中心に―」「古代王権と太陽神―天照大神の成立―」(『古代王権の祭祀と神話』塙書房、一九七〇年、初出一九六〇年)。
(24)　坂上康俊「関白の成立過程」(笹山晴生先生還暦記念会編『日本律令制論集』下〔吉川弘文館、一九九三年〕)。
(25)　『日本三代実録』貞観八年八月十九日辛卯条。
(26)　『日本文徳天皇実録』天安元年二月丁亥条。
(27)　『日本三代実録』天安二年八月二十七日乙卯条。
(28)　『日本三代実録』貞観八年閏三月十日乙卯条、八月三日乙亥条、二十九日辛丑条、三十日壬寅条、九月三日己巳条。
(29)　福井俊彦「藤原良房の任太政大臣について」(『史観』七五、一九六七年)。
(30)　竹内理三「摂政・関白」(竹内理三著作集第五巻『貴族政治の展開』〔角川書店、一九九九年、初出一九五四年〕)、坂本太郎「藤原良房と基経」(坂本太郎著作集十一『歴史と人物』〔吉川弘文館、一九八九年、初出一九六四年〕)、藤木邦彦「摂関政治」（『平安王朝の政治と制度』吉川弘文館、一九九一年、初出一九六五年）。

(31) 斎王発遣儀であるが、『本朝世紀』天慶元年九月十五日己未条によれば、天皇が物忌によって出御しないので、摂政太政大臣であった藤原忠平が代行している。注意すべきは、その際、「天皇依二御物忌一不二出御一、然而事依レ有二其期一、准二貞観三年恬子斎王例一行レ之」とあり、貞観三年の例に准じていることである。これに対応する『日本三代実録』貞観三年九月壬申朔条によれば、「勅遣二右大臣正二位兼行左近衛大将藤原朝臣良相、尚侍従三位源朝臣全姫一、向二八省院一、発二遣伊勢斎内親王一」とあり、右大臣藤原良相を上卿として斎王発遣儀が行われており、後世、摂政が代行した儀式を、太政大臣である藤原良房は行っていないのである。ただし、貞観三年には良房はまだ摂政になっておらず、当然、摂政儀が行われるはずはない。したがって、貞観三年の例は、摂政儀の例としてではなく、天皇不出御儀の例として天慶元年に引用されたということになろう。

(32) 『日本三代実録』貞観十四年九月三日己巳条、貞観十八年十一月二十九日壬寅条。

(33) 『日本三代実録』元慶四年十二月四日癸未条。

(34) 所功「『官奏』の成立と儀式文」（『平安朝儀式書成立史の研究』国書刊行会、一九八五年、初出一九八四年）。

(35) 本書第八章、初出一九九四年。

(36) 『日本三代実録』貞観十八年四月十日丁巳条。

(37) 註（31）参照。

(38) 山本前掲註（14）論文。

(39) 『日本三代実録』元慶八年二月四日乙未条、六月五日甲午条。

(40) 『日本紀略』仁和三年八月二十六日丁卯条。『政事要略』巻三十、年中行事、阿衡事、賜摂政太政大臣関白万機詔。

(41) 『日本紀略』寛平三年正月十三日癸亥条。

(42) 『日本紀略』延長八年九月二十二日壬午条。

(43) 『日本紀略』承平六年八月十九日乙亥条。

(44) 『本朝世紀』天慶四年十一月八日甲子条。

(45)『貞信公記抄』承平元年三月十一日条、承平二年八月二十九日条、天慶元年十二月十三日条、天慶二年正月六日条、十二月二十七日条。なお、『西宮記』巻二除目所引延長九年三月二十二日勘物、『本朝世紀』天慶二年十二月二十七日癸亥条参照。
(46)註(31)参照。
(47)橋本前掲註(3)論文。なお、黒板伸夫「藤原忠平政権に対する一考察」(『摂関時代史論集』吉川弘文館、一九八〇年、初出一九六九年)参照。
(48)竹内理三「口伝と教命―公卿学系譜(秘事口伝成立以前)―」(前掲註(30)書、初出一九四〇年)。
(49)『政事要略』巻三十、年中行事、御画事、天慶元年五月二十八日甲戌例、天慶三年二月二十七日例。坂上前掲註(24)論文参照。
(50)『日本紀略』天慶九年四月二十日庚辰条、天暦三年八月十四日乙酉条。『貞信公記抄』天慶九年五月二十日条。
(51)『日本紀略』康保四年五月二十五日癸丑条、六月二十二日己卯条、十二月十三日丁卯条。
(52)山口博「安和の変補考」(『王朝歌壇の研究』村上冷泉円融朝篇、桜楓社、一九六七年、初出一九六五年)。
(53)坂本賞三「関白の創始」(『神戸学院大学人文学部紀要』三、一九九一年)。
(54)米田雄介「准摂政について」(『摂関制の成立と展開』吉川弘文館、二〇〇六年、初出一九七七年)。
(55)『日本紀略』康保四年十月七日壬戌条、安和元年六月五日丁巳条、十一月二十二日辛丑条。
(56)『日本紀略』安和二年八月十三日戊子条。
(57)『日本紀略』天禄元年五月十八日戊午条。
(58)『日本紀略』安和二年九月二十一日乙丑条、二十七日辛未条、十月九日癸未条、天禄元年正月二十一日癸亥条、二十八日庚午条、二月十七日戊子条。
(59)『日本紀略』天禄元年五月二十日庚申条、天禄二年十一月二日甲午条。
(60)『日本紀略』天禄三年十一月一日丁巳条。
(61)『日本紀略』天禄元年六月八日丁丑条、八月五日条、十一月十五日癸丑条、二十六日甲子条、十二月十五日壬午条、天禄二年正月二十七日甲子条、七月五日戊戌条、天禄三年正月六日丁酉条、二月十九日庚辰条。

(62) 土田直鎮「中関白家の栄光と没落」(『奈良平安時代史研究』吉川弘文館、一九九二年、初出一九六七年)。さらに、藤原兼家前後の時期を摂関政治の権門政治への転成の画期とする説もある。吉川真司「摂関政治の転成」(前掲註(13)書、初出一九九五年)参照。

(63) 所功「『江家次第』の成立」(前掲註(34)書、初出一九八五年)。

(64) 『中右記』保安元年十一月十二日条。橋本義彦「保元の乱前史小考」(『平安貴族社会の研究』吉川弘文館、一九七六年、初出一九六二年)参照。

# 第十章　大臣大饗の成立

## 一　正月大臣大饗

平安時代、正月あるいは大臣が任命された時、大臣の私邸に太政官の官人が招かれて饗宴が催された。大臣大饗である。

大饗当日の式次第を簡単に示すと、(1)まず大饗を催す大臣家から、主人の大臣とともに饗応する側となる親王家へ使者が、また、招待される側の主賓となる尊者の邸宅へ掌客使が派遣される。一方、朝廷からは、大臣家に対し饗の禄と雅楽の用意がなされ、さらに蘇甘栗使が派遣される。尊者到着後、招かれた公卿たちは中門外から南庭に入り列立し、尊者以下は主人の大臣に拝礼してから殿に昇り座に着す。そして宴座がはじまり、一献から六献あるいは七献まで続くが、途中の三献において、史生や鷹飼・犬飼に勧盃する史生召・鷹飼渡、さらに奏楽や左右舞が行われる。続いて穏座に移り、盃事のほか管絃・糸竹などの芸能が行われる。最後に、史生・外記・史・弁・少納言・参議・納言に禄を、尊者・親王に禄と引出物をそれぞれ賜い、尊者以下が退出して終了する。

大臣大饗については、すでに倉林正次氏が詳細な検討を行っており、研究の基礎を築いた。(2)そのなかで、とくに正月大臣大饗の時期的変遷について、天慶期までは正月四日左大臣、五日右大臣と式日がほぼ固定されていたが、天暦期以降は正月中旬から下旬に開催日が移行した。さらにその開催も、次第に毎年ではなくおおむね大臣に任ぜられた翌年に限られていき、それに代わるようにして、寛弘期以降は大臣大饗を簡略化した臨時客が正月三カ日内に行われるようになったとしている。

その後、川本重雄氏が大臣大饗と臨時客との座の設定の相違から、次のような重要な指摘を行っている。(3)すなわち大臣大饗では、もてなされる主対象が大臣・納言・参議・少納言・弁・外記・史・史生といった太政官の官人であり、その官職の序列・秩序をそのまま表したものである。これに対し臨時客では、大臣・納言・参議などの公卿のほか、殿上人がもてなされる饗宴であった。そして、大臣大饗から臨時客へという変化は、平安時代の貴族政治の形態が、律令太政官制から王朝国家の官司請負制へと変化したことによるとしている。

以上の川本氏の指摘は、公卿・殿上人・諸大夫という身分秩序が、平安貴族社会の中心となっていく一面を的確に捉えている。しかし、その時期については次のような疑問も生じる。まず、大臣大饗が律令太政官制秩序の表現であるのなら、なぜ律令制当初よりその儀式がみられないのか。また、公卿・殿上人・諸大夫などの秩序が重視されるのは、寛平期からと考えられるのに、(4)なぜ臨時客に移行するのがその一世紀後の寛弘期以降なのか。

こうしてみると、そもそも大臣大饗はいつ頃、なぜ成立したのかという基本的な問題が、いまだに解明されていないことに気づく。これは、おもに史料的制約によるものと思われる。そこで、平安時代の宮廷秩序の維持・強化策のなかに大臣大饗を位置づけて考察し、この問題についての試論を提示したい。

## 二　大臣大饗の初見記事

大臣大饗の実例は、倉林・川本両氏が指摘するように、延喜期から頻繁に史料上にみられるようになる。(5) それでは、いつ頃までさかのぼりうるのであろうか。これについては両氏とも、初見記事として太政大臣藤原基経の元慶八年（八八四）の例をあげている。この記事は、『九条殿記』承平六年（九三六）正月三日条、『西宮記』所引『貞信公記』承平六年正月四日条、『年中行事秘抄』所引『吏部王記』承平六年正月四日条、『北山抄』承平六年勘物にそれぞれ引用されている。そのなかで最も詳細なのは『九条殿記』の記事であり、ここではそれを掲げておく。

巳時依レ召参レ殿、太閤仰云、所レ煩未レ平、明日大饗事不レ定、検二前例一去元慶八年大（太）政大臣殿大饗如レ常、但主人大臣不レ出二客亭一、右大臣源多早到行事、是所レ注二外記日記一也、佐（依）二彼例一、欲レ行二明日饗事一、而彼大（太）政大臣家例也、我非二其職一、何追二彼例一饗、此事如何、（後略）

これによれば、承平六年当時、摂政左大臣であった藤原忠平が、病気のため明日の大臣大饗を、客亭に出ずに行った元慶八年の太政大臣基経の例に倣って行うかどうかを、藤原師輔に諮問している。これに対して、後略した部分で師輔や藤原仲平は、太政大臣ではなくとも摂政は他の大臣と異なることや、また、前年には行わなかった叙位を本年はどうしても行わなければならないが、大臣大饗を行わずに叙位を行うのは不都合ではないかと答えている。結局、翌四日は忠平が簾中に坐して大臣大饗が行われた。ここで、主人が病気の時の例として元慶八年の太政大臣基経の例が引かれていることから、川本氏は、大臣大饗が元慶八年までに成立していただけでなく、さらに、基経の段階では大臣大饗が定着していたことを推定している。

管見の限りでは、基経が行った大臣大饗はこれ以外にも一例見出すことができる。まず、『西宮記』所引『吏部王記』天暦五年（九五一）正月十五日条に、

（前略）致仕参議伴保平卿来謝座、就㆓治部卿兼明卿座上㆒、蓋主公所㆑請也、治部卿称㆓座次有㆒㆑疑、移就㆓南座㆒、案㆑式致仕者、就㆓本位有職㆒、治部卿疑旨無㆑拠、主公云、致仕大納言冬緒卿、応㆓昭宣公㆒至日、策㆑杖至㆓中門㆒、端㆑笏進謝座云々、（後略）

とあり、致仕した者の座次をめぐる問題について、基経が大臣大饗に致仕大納言藤原冬緒を招いた時の例が引かれている。[6] 冬緒が大納言を辞したのは仁和三年（八八七）四月十三日であり、死去したのは寛平二年（八九〇）五月二十三日である。[7] したがって、先の元慶八年の例よりはやや遅れるものの、この基経の大臣大饗の例は、その間の仁和四年・寛平元年・寛平二年のいずれかの年に行われたものと限定できる。また、『九暦記』承平六年九月二十一日条に、

又仰云、故堀河太政大臣大饗日請客使召㆓五位二人階前㆒、仰、上達部悉来向了、此由参㆓左右大臣家㆒告示者、（中略）堀河院大饗禄法親王女装束各一襲、左右大臣加㆑物、又同女装束者、（後略）

とあり、年次は確定できないものの、基経の大臣大饗の例がみられる。これらの例から、基経の時に大臣大饗が定着していたという推定は間違いないといえよう。

ところで、基経の時に大臣大饗が定着していたとするならば、さらにさかのぼって、それ以前から大臣大饗が行われていた可能性は十分に考えられる。そして、それをうかがわせる注目すべき史料が存在する。次に掲げる『大鏡』藤原基経段に載せられている話がそれである。

（前略）さて、児より小松の帝をば親しく見たてまつらせたまひけるに、良房のおとどの大饗にや、昔は親王たち、かならず大饗につかせたまふことにて、わたらせたまへるに、雉の足はかならず大饗に盛るものにて侍るを、い

かがしけむ、尊者の御前にとり落してけり。陪膳の、親王の御前のをとりて、まどひて尊者の御前に据うるを、いかが思しめしけむ、御前の大殿油を、やをらかい消たせたまふ。この大臣は、その折は下臈にて、座の末にて、見たてまつらせたまふに、いみじうもせさせたまふかなと、いよいよ見めでたてまつらせたまひて、（後略）

これには、藤原良房の大臣大饗に際し、尊者の膳に盛り忘れられた雉の足を、陪膳が、後に光孝天皇となった時康親王の膳からとって据えたのに対し、親王は機転をきかして燈火を消したが、それを基経が末席でみていて感嘆した様が描かれている。これは良房の大臣大饗の例であり、さらに、昔は親王が必ず大臣大饗の宴席に着くことになっていたということから、良房の時に大臣大饗が少なからず行われていたことがうかがわれる。しかし、この話が大臣大饗の初見記事として評価されることはほとんどなかった(8)。それは、後に基経が陽成天皇を退位させ、陽成天皇の祖父文徳天皇の弟で当時五五歳と高齢だった光孝天皇を擁立したことについて、この話がその理由を導き出すために後世に創作されたフィクションとみなされ、史実としてとりあげられてこなかったことによると考えられる。確かに、この話をもって良房の時に大臣大饗が行われていたと断定するには慎重でなければならないが、逆に、『大鏡』は創作性が強いということだけで、この話を全面的に否定することもできない。そこで、良房の時に大臣大饗が行われていたのか否か、さらに、それ以前にまでさかのぼりうるのかどうかについては、ほかに決定的な史料が存在せず、実例によって確定することが困難であるので、別の側面から検討していかなければならない。

## 三　奈良時代の正月饗宴

大臣大饗の成立時期を考えるにあたって、史料により遡及できるところまでみてきた。これからは、宮廷支配秩序の維持・強化策の展開のなかで考えていきたい。

最初に、大臣大饗の基本的な性格を把握しておきたい。冒頭に大臣大饗の式次第を示しておいたが、そこから、拝礼・饗宴・賜禄という儀式構造を有していたことが確認される。さらに重視すべきことは、朝廷より饗の禄と雅楽の用意がなされ、蘇甘栗使が派遣され、さらに、親王や一世源氏が饗応する側に加わっている点である。これについて倉林氏は、臣下の饗とはいいながら「公的性格を有する宴会」であるとしている。事実、天暦七年正月五日の藤原師輔の右大臣大饗において、尊者が当日急に大内に召されたことに対し、『九条殿記』同日条に、

（前略）会集□□怪二此事一、大臣家大饗是公家所二知食一也、已賜二蘇甘栗一、是為二相労饗一事也、非二火急事一、何有レ召二大臣一云々、

とあり、朝廷も当日の大臣大饗を承知して蘇甘栗を賜わり、それはともに労う饗宴であるからであるのに、どうして火急の用でもなく大臣を召すのかとしている。したがって、どうみても一大臣家が行う私的な饗宴の域を超えているといえよう。

このような性格の饗宴が、はたしていつ頃から存在したのであろうか。それについては、まず、次に掲げる養老儀制令元日条に留意しなければならない。(9)

凡元日、不レ得レ拝二親王以下一、唯親戚、及家令以下、不レ在二禁限一、若非二元日一有レ応二致敬一者、四位拝二一位一、五位拝二三位一、六位拝二四位一、七位拝二五位一、以外任随二私礼一、

これによれば、元日は親戚や家令以下が主人を拝賀するのを例外として、親王以下を拝賀することは禁止されていた。元日以外についても、『令集解』の同条釈説に「凡元日拝賀者、雖二他日一皆不レ得」、朱説に「凡元日之賀、於二親王以下一、縦二日以後不レ得レ拝」とある。また、後半の元日に非ずして致敬すべき規定についても、『令集解』同条には「事

不レ得レ已、臨時須レ拝」として、勅使をうけたまわるなど公事により送礼する場合、授位・任官して相拝賀する場合にのみ臨時に拝賀してもよいとし、必ず拝賀しなければならないわけではなかった。このように、元日のみならず元日以外の臣下同士の拝礼も、少なくとも集解諸説の成立した平安初期までは、原則として禁止されていたとみてよい。

　ところで、拝礼・饗宴・賜禄によって構成される正月の儀式としてすぐに想起されるのは、朝賀・元日節会であろう。朝賀が即位式と同一の儀式構造を有していることは、すでに指摘されていることである[10]。即位式は、これから支配の頂点に立つ天皇と、それに仕え奉るべき臣下との関係を確認させる儀式であり、そのために拝賀が行われるのである。これを、朝賀として元日に繰り返すことは、毎年の年頭にこの関係を改めて明確にさせる意義があったと考えられよう。また、元日節会は、その後に天皇と臣下とが支配階級としての共同性・一体感を高揚させるために設けられた饗宴である[11]。さらに、饗宴の場において賜禄が行われたことは、単にそのような精神面における秩序維持策にとどまらず、物質をも介して天皇と臣下との関係を強固に結びつける意義があったということができよう[12]。これを定期的に元日に反復させることで、朝賀・元日節会は宮廷支配秩序の維持・強化の装置として機能していたといえる。したがって、拝礼の対象となるものは、律令国家の支配秩序の頂点に立つ天皇に限定されていたのである。このことから、臣下同士の拝礼を公然と行うことはできず、拝礼・饗宴・賜禄によって構成される大臣大饗は、奈良時代には行われていなかったと考えられる。最初に、大臣大饗は律令制当初からは行われていなかったと自明のことのように述べたが、単に史料が存在しないだけではなく、以上のことからも推測されよう。

　しかし、前掲した儀制令元日条の例外規定により、親戚や家令以下が主人を拝賀することは許されており、氏族集団結集の年賀礼としての元旦拝礼は行われていたと考えられる[13]。これは、『日本書紀』天武八年（六七九）正月戊子条や『続日本紀』文武元年（六九七）閏十二月庚申条に記載された、元日における親王以下の拝賀の禁止令にも例外規定としてみられ、儀制令元日条もこれを踏襲している。このことは、律令制成立以前から氏族集団結集の年賀礼が行われており、その慣行が律令制下においても継承され、特別に残されたことを示している。実例として、天平勝宝六年（七五四）正月四日に、少納言大伴家持の私邸に氏人が集まって饗宴が行われており、その時に詠まれた歌が『万葉集』に収載されている。(14)

さらに、注目すべきことは、単に同一氏族内に限らない正月の饗宴が行われていたことである。その実例として、同じく『万葉集』により、天平十六年（七四四）正月五日に安倍虫麻呂の私邸に諸卿大夫が集まって饗宴が行われたこと、天平勝宝五年正月四日に治部少輔石上宅嗣の私邸で饗宴が行われ、中務大輔茨田王、大膳大夫道祖王が参加していたことが知られる。(15)先の大伴家持の例と併せて、これらは朝賀・元日節会の後、正月四・五日に行われている。また、地方の例では、天平勝宝二年正月五日に越中掾久米広縄の館で、天平勝宝三年には正月二日に越中守大伴家持、翌三日に越中介内蔵縄麻呂の館でそれぞれ宴が催されており、国司が相互に参加していたことが知られる。(16)養老儀制令元日国司条によれば、中央での元日朝賀の代わりに、地方では元日に国庁で国司が郡司等の拝賀を受け、饗宴が行われる規定になっていた。これは、中央から派遣された国司に対して、在地首長層である郡司が服属の意を表現するためのものであった。(17)しかし、これはあくまでも国庁における儀式についてであり、国司館における饗宴と同一視できないのではなかろうか。天平勝宝二年にも、正月五日の久米広縄の館での饗宴の前に、正月二日に国庁で饗宴が催されていた。(18)むしろ、国司館における饗宴は、国庁での公的な拝礼・饗宴の後日に、国司が相互に招きあって行われた私的なものではなかったろうか。むろん、そこには郡司層も参加しており、国庁における儀式と同様に、在地での国司・郡司間の支配・服属関係をより密にする政治的意味も存在したことが推察される。(19)

以上のように、奈良時代には、拝礼・饗宴・賜禄を伴った大臣大饗が成立していたとは考えられないが、氏族集団結集の年賀礼としての元旦拝礼は行われていた。さらに、朝賀・元日節会や国庁での拝礼・饗宴の後日に、同一氏族内に限らない、官人が相互に招きあう私的な饗宴も行われており、それが大臣大饗の成立する素地となっていたと考えられよう。

## 四　大臣大饗の成立

平安初期になると、正月の拝賀・饗宴儀礼は展開をみせる。

まず、正月二日の皇后受賀儀礼・皇太子受賀儀礼が成立する。これらは、皇后が皇太子・群臣から、また皇太子が群臣からそれぞれ拝賀を受けるという、元日の天皇に対する朝賀・節会と同様の構造を有する儀式である。皇后は、朝賀においても天皇の横に座が設けられ、天皇とともに拝賀を受ける対象であった。それが、皇后受賀儀礼として独立した背景には、皇太弟大伴親王に対する皇后橘嘉智子や皇太子正良親王に対する皇后正子内親王のように、皇太子が直接母子関係にない皇后の出現という特殊な政治状況が存在したことによるという。(20)一方、皇太子は、朝賀においては群臣とともに天皇・皇后を拝賀する側にあった。これが、天皇・皇后と同様に拝賀を受ける対象となったのは、奈良末期から平安初期にかけて、道祖王・他戸親王・早良親王・高岳親王・恒貞親王など廃太子が盛行し、王権内において皇太子の権威が低下していったのに対し、皇太子の地位を安定化させるためという事情が考えられる。(21)皇后受賀儀礼・皇太子受賀儀礼が成立したのは、このような状況下にあった弘仁期とされている。(22)この時期には、朝賀の整備、儀式の新設・復活・唐風化、式場整備など、さまざまな儀式の整備・強化もなされている。(23)もともと、皇后・皇太子の受賀儀礼は唐礼に存在しており、(24)それを導入することは、弘仁期の儀式の整備の一環として、宮廷支配秩序を強化することにつながるものといえよう。

さらに、弘仁期から承和期にかけては朝覲行幸が成立した。朝覲行幸の初見は、嵯峨天皇が平城上皇に対して行った大同四年（八〇九）八月三十日の例であるが、(25)一年後に薬子の変が起きたことを考えれば、当時の両者の関係は大変緊張した状況にあった。このことから、この時の朝覲行幸は、きわめて大きな政治的意味をもっていたものと推測されよう。それが承和期以降になると、天皇と上皇との安定化をはかるため、天皇が儒教にもとづく家族道徳を示すものとして、上皇や母后のもとを訪れて拝観するようになり、薬子の変以後、皇権を失った上皇に対して父子の秩序を示し、また、天皇と直接母子関係のない皇太后を尊重する正月儀礼として定着した。(26)ここで注目すべきは、九世紀にはそれがほとんど正月三日に行われていたことである。(27)正月元日には天皇に対する朝賀・節会が、二日には皇后受賀儀礼・皇太子受賀儀礼が行われた。そして、朝覲行幸が三日に定着し、正月三カ日内に、これらの儀式を毎年反復することを通して、宮廷支配秩序の再確認がなされる仕組みになっていたのではないか。(28)平安初期に、皇后受賀儀礼・皇太子受賀儀礼と朝覲行幸が成立したのは、それを強化する意味があったと考えられる。

ところが、これに続く承和期から貞観期にかけては、宮廷支配秩序の再確認・強化のためのこれらの正月儀礼が変容していく時期である。まず、元日朝賀の廃朝が目立って増えてくる。奈良時代や平安初期にも元日朝賀が停められる例は散見されるが、これ以後は、むしろ朝賀が行われるのが、ほぼ天皇一代につき一度の割合になっていく。(29)また、皇后受賀儀礼・皇太子受賀儀礼も、天長期に四例みられるものの、(30)承和期以降は貞観十七年（八七五）まで史料にあらわれなくなる。ただし、その『日本三代実録』貞観十七年正月二日丙戌条によれば、

親王以下次侍従已上奉レ参二皇太后宮東宮一賜レ宴、雅楽寮挙レ楽、賜二衣被一、凡毎年正月二日、親王公卿及次侍従以上奉レ参二三宮一賜レ宴、例也、而年来不レ書、史之闕也、今此記レ之、他皆效レ此、

とあるので、国史に記されないだけで実際には行われていたと考えられる。しかし、ここで拝賀を受けているのは、皇太后藤原明子である。そもそも、淳和天皇の皇后正子内親王以後、皇后不在の時期が続いたので、皇后受賀儀礼は皇太后・太皇太后拝賀の饗宴へと型を変容させていったのであり、国史からの記事の欠落もそのためとされる。(31)これ以外の儀式をみても、それまで豊楽院や神泉苑で行われていた正月七日白馬節会・七月相撲節・十一月新嘗会が紫宸殿で行われるようになったのも、承和期から貞観期にかけてである。(32)これらの節会は、もともと六位以下の官人も参加して行われていたが、紫宸殿儀に移行するのに伴い、参列者を次侍従以上・五位以上に限定していった。さらに、それまで天皇の出御のもとに行われていた政務儀礼・献上儀・神事に天皇が出御しなくなるのもこの時期である。(33)これによって、臣下は天皇と同一の儀礼空間を共有できなくなっていった。そして、何よりも幼帝が出現したのがこの時期なのである。

このような変化は、それを可能にする王権の安定強化と、太政官機構の整備を中心とする官僚機構の確立によってもたらされたのである。このことは、幼帝を輔弼・後見する外戚の大臣の、王権の補完者としての地位を上昇させ、さらに、太政官の首班としての重要性をも以前に比較して格段に増大させていったと推測されよう。

こうしてみると、正月三日までに行われた宮廷支配秩序の再確認・強化の儀式を補完する儀式が、このような状況下に外戚の大臣のもとで成立したと推測することは可能であろう。元日朝賀や二日皇后受賀儀礼・皇太子受賀儀礼が不活発となり、他の節会においても下級官人が排除されていく傾向のなかで、排除された下級官人は、支配階級としての共同性・一体感から疎外されることになる。このことは、下級官人にとって重大であるのはむろんのこと、統治者にとっても看過しえない問題であったと考えられる。そこで、本来ならば天皇が行うべき下級官人を饗応する任務を、太政官の首班たる大臣が代わって果たすようになるのである。大日方克己氏によれば、観射などの軍事的意味を有する年中行事において、九世紀半ばから公卿・殿上人の特権化と下級官人層の排除が進み、天皇・王卿による儀式と公卿・下級官人による儀式との分離・重層化がみられるという[34]。それをうけて遠藤基郎氏は、従来、官人層に対して天皇が担っていた役割の一部を、太政官の首班である大臣が肩代わりするような形で、大臣大饗が成立したと指摘している[35]。しかし、遠藤氏は大臣大饗の成立を元慶期から延喜期にかけてと捉えているが、すでに、承和期から貞観期にかけてそのような状況にあったと考えられる。そして、大臣大饗が正月四日・五日に行われたことは重要である。その式日が、当初から固定されていたのか疑わしいが、拝礼・饗宴・賜禄といった朝賀・元日節会と同様の構造を有していることとあわせて、大臣大饗が正月三日までの宮廷支配秩序の再確認・強化の儀式に連なるものであり、それらを補完する役割を担っていたことを示唆するものといえよう。

ここで、『大鏡』における藤原良房の大臣大饗の話が改めて注目される。良房は、幼少の清和天皇を輔弼・後見する外戚として、天安元年（八五七）に則闕の官たる太政大臣、貞観八年に人臣としてはじめて摂政に任命された[36]。そのような特別な大臣が出現したからこそ、年頭の宮廷支配秩序の再確認・強化の儀式として大臣大饗が成立し得たのではなかろうか。大臣大饗において、朝廷より饗の禄、雅楽の用意がなされ、蘇甘栗使が派遣されるなど破格の待遇を受けたのは、主催者が摂政太政大臣だったからであり、何よりも、親王や一世源氏が饗応する側に加わったのは、天皇の外戚であるがゆえと考えられよう。したがって、『大鏡』の良房の大臣大饗の話は全くの創作とは考えられず、むしろ、摂政太政大臣藤原良房のもとで貞観期に大臣大饗が成立した可能性はきわめて高いといえよう。むろん奈良時代にも、前述したように、臣下同士の拝礼は禁止されていたものの、例外とされた氏族集団結集の年賀礼のほか、官人同士が相互に招きあう饗宴が行われていた。しかしそれは、あくまでも私的で小規模なものであった。それが、年頭の宮廷支配秩序の再確認・強化の儀式の変容と、幼帝を輔弼・後見する外戚の良房のような摂政太政大臣の出現により、太政官の官人を動員し、拝礼・饗宴・賜禄の構造を有する公的な大臣大饗に昇華したとみるのが妥当であろう。

以上のように、貞観期に良房のもとで大臣大饗が成立したことを推定したが、こうしてみると、あるいは良房のみに特別に許されたものであったのかもしれない。これに続く藤原基経についても同様の事情が考えられ、成立当初の大臣大饗は、幼帝を輔弼・後見する摂政太政大臣のみが行い得た可能性がある。しかし、そのことをもって良房や基経が、天皇や皇后・皇太子と同等に、群臣から拝賀を受けていたことを示すわけではない。彼らはあくまでも臣下の立場にあり、それを超越するものではなかった。なぜなら、大臣大饗において主人の大臣は、配下の官人から一方的に拝賀を受けていたわけではなく、尊者に対して最高の敬意をはらわなければならなかったからである。これは、もともと尊者が正月の神、まれびとであると考えられていたとされるが[37]、他方、大臣同士が本来、同格であることによると考えられる。むろん、主人が太政大臣・摂政・関白であったり、逆に尊者が納言であった時には、主人と尊者との間には多少の格差があったが[38]、その場合にも主人が尊者以下に君臨したり、尊者以下が主人に臣従したりすることはなかった。臣下から仕奉の拝賀を受けられるのは、あくまでも支配の頂点に立つ天皇かそれに准ずる皇后・皇太子であり、いかに幼帝を輔弼・後見する外戚の大臣であっても、それらと同等に他の臣下に超越することはできなかったはずである。したがって、大臣大饗において維持・強化されたのは、あくまでも臣下間における秩序であり、それ以上のものではなかったのである。尊者は、主人の大臣の超越性を抑制する機能を果たしていたのである。

## 五　延喜期以降の大臣大饗

最後に、成立後の大臣大饗の展開について概観しておきたい。

前述のように、大臣大饗の記事が史料上頻出するようになるのは延喜期からであり、天慶期にかけて、正月四日左大臣大饗・五日右大臣大饗が整然と行われた(39)。このことは、当該期において大臣大饗が整備されたことを反映しているものと推測することも可能であろう。

延喜期には、宮廷支配秩序の再確認・強化のための正月拝賀・饗宴儀礼の再編成が行われた。まず、元日に六位以上の官人が清涼殿東庭で天皇を拝賀する小朝拝が定着した(40)。これは、朝賀が承和期以降、ほぼ天皇一代につき一度の割合で行われるようになったのに対し、この時期に恒例化していった。そして、小朝拝は「私礼」と意識されていたが(41)、それは、参列者が公卿・殿上人・蔵人らに限られていたからである。また、二日には二宮大饗が行われるようになった(42)。二宮大饗は、皇后受賀儀礼・皇太子受賀儀礼が承和期以降に変容したのを経てこの時期に成立したが、その過程において、これも参列者が天皇と人格的関係をもつ六位以上の貴族層に限定されている。このように、承和期以降に不活発となった朝賀や皇后受賀儀礼・皇太子受賀儀礼に代わって、延喜期に小朝拝・二宮大饗が成立・定着したのであるが、ここで注目すべきは、その参加基準が天皇との人格的関係にあることである。以上のような正月の拝賀・饗宴儀礼の再編成は、寛平期において官人秩序そのものの再編成が行われ、公卿・殿上人・諸大夫といった天皇との人格的関係を重視した身分秩序が貴族社会の中心となっていったことに対応したものとされる(43)。

これに対し、太政官機構が解体したわけではない。確かに、太政官が八省を統括する律令太政官制は、九世紀を通じての八省の機能の低下によって変容していく。しかしその一方で、太政官も弁官局・外記局の二つの事務局を並置させる型で再編成され、十世紀以降もその機能を失わず、政務の中心的実務機関として存続していくのである(44)。

ところが、新たに成立・定着した小朝拝・二宮大饗では、少納言・弁・外記・史・史生といった太政官の下級官人は排除されていた。前述したように、支配者層の共同性・一体感から疎外された下級官人を、天皇に代わって大臣が饗応するものとして大臣大饗は成立した。したがって、遠藤氏が指摘したように、天皇との人格的関係が身分秩序の中心となっていった当時において、大臣大饗は、成立時の貞観期よりも、太政官の下級官人にとって一層切実な意味をもったはずである。(45)

また、大臣大饗は、幼帝を輔弼・後見する外戚の摂政太政大臣の出現によって成立したと推定したが、藤原基経の死後、この時期はそのような特別な大臣は置かれていなかった。しかし、それが途絶えることにより、逆に、太政官の首班としての左右大臣の地位が再び明確化したと考えられる。そして、このような事情を背景として、大臣大饗は、特別な大臣のみが行い得た正月饗宴から、左右大臣の主催する太政官の序列・秩序を表現する饗宴へと整備されたと推測される。正月四日に左大臣大饗、五日に右大臣大饗と式日が固定され、定例化したのもこの時期のことではなかろうか。

こうしてみると、延喜期は大臣大饗の一つの画期として位置づけられよう。そして、天皇との人格的関係を示す儀式として正月元日に小朝拝、二日に二宮大饗が行われ、三日には天皇と上皇・母后との関係を示す朝覲行幸が行われた。さらに、四日・五日に太政官の官職の序列・秩序を表現する大臣大饗が行われたことで、延喜期から天慶期にかけては、新たな宮廷支配秩序が毎年正月年頭に集約して確認されるようになったのである。

さて、天慶六年（九四三）以降になると、倉林・川本両氏が指摘するように、大臣大饗の式日が崩れていく。すでに承平七年に、太政大臣藤原忠平が正月十日に、右大臣藤原仲平が翌十一日に大臣大饗を行った例はあったが、(46)これは、その年の正月四日に朱雀天皇の御元服が、翌五日に朝賀が行われたという特殊な事情によって延期されたものである。(47)これに対し、天慶六年正月十日・天慶七年正月十日に太政大臣忠平の大臣大饗が行れて以後は、(48)正月中旬にそれが行れる例が多くなる。『九条殿記』天慶六年正月十日条によれば、式日が正月中旬に移行した理由として、

（前略）件大饗酒（須カ）依レ例四日被レ行、而三四五六日雖レ非二殊固一、当二御物忌一、仍今日所レ被レ行也、止二魚類一以二精進物一饗レ之、依二御斎会間一也云々、

とあり、御物忌のため、さらに、殺生を避けるため、御斎会の間に催されている。これが直接的契機になったものの、その根本的要因として、結局、年頭の宮廷支配秩序の再確認・強化の一連の儀式のなかで、大臣大饗のみが参加対象者を異にしていたことが考えられる。小朝拝・二宮大饗が公卿・殿上人を対象としていたのに対し、大臣大饗は太政官の官人秩序を表現しており、延喜期から天慶期までは、両者相俟って機能していた。しかし逆に、両者が分離する可能性も孕むこととなり、天慶期からそのことが現実のものとなったのである。(49)

そして、それを促進させたのが臨時客の登場と考えられる。臨時客は、摂政・関白・大臣によって公卿のほか殿上人がもてなされる饗宴であり、式日も、ほとんど正月三カ日内に開催された。(50)したがって、小朝拝・二宮大饗・臨時客によって、公卿・殿上人・諸大夫といった天皇との人格的関係を中心とした身分秩序が、年頭に表現されるようになったのである。臨時客が恒例化したのは、前述したように寛弘期以降であるが、その初見は、天徳四年（九六〇）正月二日左大臣藤原実頼、三日右大臣藤原師輔の臨時客である。(51)この時期に臨時客が登場したのは、大臣も、寛平期に再編成された身分秩序に対応し、それを表現した儀式を必要としたからであろう。逆に、大臣大饗は、天慶六年以後、天徳期までは正月四・五日に行われる例と中旬に行われる例とが混在していたが、それ以降は正月四・五日に行われる例はほとんどみられなくなる。このようにして、大臣大饗は年頭の一連の儀式から独立していったのである。

大臣大饗は、本来ならば天皇が行うべき臣下を饗応する役割を、大臣が代行するというものであった。したがって、小朝拝・二宮大饗・臨時客といった天皇との人格的関係を中心とした身分秩序を表現した儀式から独立したことにより、饗応される太政官の下級官人たちは、天皇との人格的関係から分離され、太政官の首班である大臣との結びつき

を強固にしていったものと類推される。奈良時代の律令制においては、すべてを天皇に集約させることによって支配秩序を保っていた。しかし逆に、それは天皇の負担を過重にし、さらに、天皇に何らかの支障があれば全体に波及する体制であった。これに対し、平安時代における官僚制は、天皇の担う役割を臣下が分有し、機構や制度によって支配するというものであった。ところが一方で、平安時代の王権は、摂政・関白などさまざまな後見者に支えられ、貴族の一部代行が可能となり、分権化したことも事実である。(52)臣下から拝賀を受けるなどの天皇のみが保持し得る権限を、そのままではないにしろ大臣に分有させた大臣大饗は、まさに、そのような平安時代の王権の一面を表現した儀式であるといえよう。そして、大臣大饗にみられるような、臣下同士の特別な人格的関係や結びつきが、貴族社会を機能させるようになるのである。

この後、大臣大饗は、式日を正月下旬に移行させ、さらにその独立性を強めていった。そして、ほぼ大臣や摂政・関白・氏長者に任ぜられた翌年のみに行われるようになるが、数年に一度行われることで一回の規模が拡大していき、大臣にとって一大行事になっていったと考えられる。『台記』や『兵範記』に記載された仁平二年（一一五二）正月二十六日の左大臣藤原頼長の大饗などからは、平安末期の盛大な大臣大饗の姿がうかがわれるのである。

## 小　結

平安時代の儀式のなかには、その成立の画期を特定できないものが多い。それは、一片の法令によって成立したのではなく、律令制の変容過程において、徐々に形成され定式化していったものが少なくないからである。(53)そもそも、平安時代の諸制度の多くが、慣行や先例の蓄積を整理・体系化することによって成立していったものである。

本章で扱った大臣大饗も、その成立時期について、今までは元慶八年以前というように、ただ漠然と上限を指摘するにとどまっていた。そこで、第五章で、承和期から貞観期にかけてを律令制社会から平安貴族社会への画期と想定したことをふまえ、貞観期に大臣大饗が成立したことを類推した。それは、正月の一連の宮廷支配秩序の再確認・強化の儀式を補完するものとして成立したが、藤原良房が太政官の首班として国政を領導し、外戚として幼帝を輔弼・後見する立場にあってはじめて可能だったのである。

寛平期に、貴族社会の身分秩序が天皇との人格的関係を中心としたものに再編成されると、大臣大饗は、そこから除外された太政官の下級官人を饗応する儀式として、延喜期から天慶期にかけて一層整備され、式日も固定して整然と行われるようになる。しかし、参列者が新しい身分秩序と異なることから、大臣大饗は、正月の一連の宮廷支配秩序の再確認・強化の儀式から徐々に分離・独立していった。そして、臨時客の成立と代わるようにして、式日を正月中旬さらには下旬に移行させ、大臣の一大行事として盛大に行われるようになるのである。

## 註

（1）『西宮記』巻一、臣家大饗。『北山抄』巻第三、大饗事。『江家次第』巻第二、大臣家大饗。

（2）倉林正次「大臣大饗」（『饗宴の研究』儀礼編、桜楓社、一九六五年、初出一九六二年）。以下、倉林氏の指摘はこれによる。

（3）川本重雄「正月大饗と臨時客」（『寝殿造の空間と儀式』中央公論美術出版、二〇〇五年、初出一九八七年）。以下、川本氏の指摘はこれによる。

（4）古瀬奈津子「昇殿制の成立」（『日本古代王権と儀式』吉川弘文館、一九九八年、初出一九八七年）。

（5）大臣大饗・臨時客の実施状況については、倉林前掲註（2）論文、川本前掲註（3）論文所載の表を参照。

（6）『九暦記』天慶七年十二月十一日条にも、「在昔堀河院大饗日召遣致仕大納言、冬緒」と同様の記事がみられる。

(7)『日本三代実録』仁和三年四月十三日丙辰条。『日本紀略』寛平二年五月二十三日戊申条。なお、『公卿補任』は冬緒の薨日を五月二十五日としている。
(8)早くに、この『大鏡』の記事から良房が大臣大饗を行ったことを指摘したのは甲田利雄氏である。同『平安朝臨時公事略解』続群書類従完成会、一九八一年、参照。
(9)古記により、大宝令にもほぼ同字句の条文が存在したと考えられる。
(10)和田萃「タカミクラ—朝賀・即位式をめぐって—」(『日本古代の儀礼と祭祀・信仰』上、塙書房、一九九五年、初出一九八四年)。
(11)橋本義則「平安宮草創期の豊楽院」(『平安宮成立史の研究』塙書房、一九九五年、初出一九八四年)。
(12)大津透「節禄の成立」(『古代の天皇制』岩波書店、一九九九年、初出一九八九年)。
(13)服藤早苗「正月儀礼と饗宴—『家』的身分秩序儀礼の成立—」(『平安王朝社会のジェンダー—家・王権・性愛—』校倉書房、二〇〇五年、初出一九九三年)。
(14)『万葉集』巻二十、四二九八番歌。
(15)『万葉集』巻六、一〇四〇番歌・巻十九、四二八二〜四二八四番歌。このほか、『万葉集』巻五、八一五〜八四六番歌によれば、天平二年正月十三日に大宰帥大伴旅人の館でも宴会が行われていたことが知られる。
(16)『万葉集』巻十八、四一三七番歌・巻十九、四二二九〜四二三七番歌。
(17)栗林茂「国庁(国府中心施設)の初現形態に関する一試論—儀制令元日国司条を通して—」(『史友』二一、一九八九年)。
(18)『万葉集』巻十八、四一三六番歌。
(19)鈴木靖民「日本古代の首長制社会と対外関係—国家形成の諸段階の再検討—」(『歴史評論』五五一、一九九六年)。
(20)栗林茂「皇后受賀儀礼の成立と展開」(『延喜式研究』八、一九九三年)。
(21)佐藤信「摂政制成立期の王権」(『古代の遺跡と文字資料』名著刊行会、一九九九年、初出一九九一年)。
(22)栗林前掲註(20)論文。藤森健太郎「『儀式』『延喜式』における皇太子の正月受賀儀礼について」(『古代天皇の即位儀礼』

吉川弘文館、二〇〇〇年、初出一九九二年）。

（23） 本書第三章、初出一九九〇年。

（24） 『大唐開元礼』巻九十五、皇后元正冬至受皇太子朝賀・巻九十六、皇后元正冬至受皇太子妃朝賀・巻九十八、皇后正至受群臣朝賀、皇后正至受外命婦朝賀并会・巻百十二、皇太子元正冬至受群臣朝賀并会・巻百十三、皇太子元正冬至受宮臣朝賀并会。

（25） 『類聚国史』巻二十八、帝王八、天皇朝観太上天皇、大同四年八月癸卯条。

（26） 佐藤前掲註（21）論文。

（27） 朝覲行幸の実施状況については、白根靖大「中世前期の治天について—朝覲行幸を手掛りに—」（『中世の王朝社会と院政』吉川弘文館、二〇〇〇年、初出一九九四年）、栗林茂「平安期における三后儀礼について—饗宴、大饗儀礼と朝覲行幸—」（『延喜式研究』一一、一九九五年）所載の表を参照。また、儀式書においても、『西宮記』巻一、有上皇及母后者三日朝覲、『北山抄』巻第一、三日朝覲事にみられる。

（28） 仁藤敦史「太上天皇制の展開」（『古代王権と官僚制』臨川書店、二〇〇〇年、初出一九九六年）。なお、仁藤氏は、朝覲行幸では百官と上皇との直接の関係を切断することが意図され、上皇が統治権の総覧者たる天皇とは異なる存在であることを儀式的に示す目的があったとしている。

（29） 所功「『朝賀』儀式文の成立」（『平安朝儀式書成立史の研究』国書刊行会、一九八五年、初出一九八三年）。

（30） 『類聚国史』巻七十一、歳時二、二宮大饗、天長五年（八二八）正月己未条・天長七年正月戊寅条・天長八年正月辛丑条・天長九年正月丙申条。

（31） 栗林前掲註（27）論文。

（32） 本書第五章、初出一九九一年。

（33） 本書第六章、初出一九九〇年。

（34） 大日方克己『古代国家と年中行事』（吉川弘文館、一九九三年）。

（35） 遠藤基郎「平安中後期の家産制的儀礼と朝廷諸部局の動員」（五味文彦編『中世の空間を読む』〔吉川弘文館、一九九五年〕）。

(36)『日本文徳天皇実録』天安元年二月丁亥条。『日本三代実録』貞観八年(八六六)八月十九日辛卯条。
(37)折口信夫「村々の祭り（祭りの発展その二）」（『折口信夫全集』二巻、中央公論社、一九六五年、初出一九二七年）。倉林前掲註（2）論文。
(38)『北山抄』巻第三、大饗事・『江家次第』巻第二、大臣家大饗によれば、南庭列立、昇殿着座、勧盃において、主人が太政大臣・摂政・関白の場合、あるいは尊者が納言の場合には、主人の作法が通常のものとは異なる記載がみられ、主人と尊者との間に格差が設けられている。実例としては、『九条殿記』承平四年正月四日条、天慶元年正月四日条にみられる。
(39)註（5）参照。
(40)古瀬奈津子「平安時代の『儀式』と天皇」（『日本古代王権と儀式』吉川弘文館、一九九八年、初出一九八六年）。岡田荘司「『私礼』秩序の形成―元日拝礼考―」（『平安時代の国家と祭祀』続群書類従完成会、一九九四年、初出一九八八年）。
(41)『西宮記』所引『醍醐天皇御記』延喜五年(九〇五)正月一日条。
(42)田村葉子「二宮大饗の成立と背景」（『史学研究集録』一九、一九九四年）。
(43)古瀬前掲註（4）論文。
(44)大隅清陽「延喜式から見た太政官の構成と行事」「弁官の変質と律令太政官制」（『律令官制と礼秩序の研究』吉川弘文館、二〇一一年、初出一九九〇・一九九一年）。
(45)遠藤前掲註（35）論文。
(46)『九条殿記』承平七年正月十日条・十一日条。
(47)『日本紀略』承平七年正月四日丁巳条・五日戊午条。
(48)『九条殿記』天慶六年正月十日条・天慶七年正月十日条。
(49)朝覲行幸については、延喜後期から式日が崩れはじめている。註（27）参照。
(50)註（5）参照。
(51)『九暦抄』天徳四年正月二日条・三日条。

(52) 玉井力「一〇―一一世紀の日本―摂関政治―」(『平安時代の貴族と天皇』岩波書店、二〇〇〇年、初出一九九五年)。なお玉井氏は、平安時代の王権を変質した天皇制、分権的王制と捉えている。

(53) 叙位制度の例についてであるが、高田淳「『巡爵』とその成立―平安時代的叙位制度の成立をめぐって―」(『国學院大學紀要』二六、一九八八年)参照。

# 第十一章　任大臣大饗の成立と意義

## 一　任大臣大饗

一般的に大臣大饗といえば、平安時代以降、毎年正月に大臣の私邸で催された饗宴、すなわち、正月大臣大饗が想起されるだろう。これについては、正月の饗宴儀礼として注目されており[1]、第十章で、その成立について検討し、貞観期の藤原良房からと推定した。

これに対し、大臣が任命された時にも、同様に太政官の官人が招かれて饗宴が催されていた。いわゆる任大臣大饗である。しかしこちらには、当初、あまり関心が払われてこなかったといえよう。大臣大饗について大部かつ詳細な研究を行った倉林正次氏も、そのなかで大枠を簡単に示しているにすぎない[2]。それによれば、任大臣大饗は任大臣儀の後、即日催されるもので、寝殿南広廂を饗宴の場としたので「廂の大饗」とも呼ばれていた。実例としては、承平六年（九三六）八月十九日の藤原忠平の任太政大臣大饗から、室町時代の長禄二年（一四五八）七月二十五日の足利義政の任内大臣大饗までみられる。大臣にはじめて任ぜられた時にはほとんど行われたが、上位の大臣に昇任された時には行われない場合もあり、鎌倉時代以降にその傾向は著しく、太政大臣以外はほぼすべて初任の大臣の例であるという。さらに、正月大臣大饗には、史生召や雅楽参入、鷹飼渡があり、立作所が設けられているが、任大臣大饗にはそれらがないということも指摘している。

このほか、貴族の邸宅の使用法を研究した太田静六氏、平安時代の内大臣について考察した松本裕之氏、太政官の部局内動員について検討した遠藤基郎氏が、それぞれ部分的に任大臣大饗に触れている(3)。しかも、これらが必ずしも倉林氏と見解の一致をみているわけではない。その後、山下信一郎氏・鈴木琢郎氏・渡邊誠氏が取り組むようになった(4)。

本章では、任大臣大饗の式次第や成立といった基礎的な検討を行い、その意義について考察を加えたい。

## 二　任大臣大饗の式次第

任大臣大饗の式次第はどのように進行したのか、正月大臣大饗と比較しながら検討していきたい。

平安時代の多くの儀式書には、正月大臣大饗の式次第は記載されており(5)、それを簡単に示すと次のようになる。まず、招かれた尊者以下の公卿たちが中門外から南庭に入り列立し、主人の大臣に対して拝礼が行われる。続いて、昇殿し座が定まると、一献からおおよそ七献までの宴座、次に盃事・芸能を伴う穏座といった饗宴が催される。そして、穏座において尊者以下に賜禄がなされ、客たちが退出して終了する。一方、任大臣大饗の方は、儀式書にはあまりみられず、わずかに、『江家次第』に任大臣儀に続いて記載されている程度である(6)。それにもとづき、正月大臣大饗と任大臣大饗との式次第を対比させたのが大臣大饗式次第表（表12）である(7)。これをみれば、拝礼・饗宴・賜禄といった儀式構造は、基本的に正月大臣大饗と変わらないことがわかる。

**表 12**　大臣大饗式次第表

| | 正月大臣大饗 | 任大臣大饗 |
|---|---|---|
| | | 兼宣旨 |
| 任大臣儀 | | 天皇出御、開門、官人参入<br>任人（任命される人）参入<br>参議は昇殿し宣命を受ける<br>版位につき宣制、又宣制<br>官人、再拝し退出、陣座に移る<br>任人、拝舞し退出<br>任人、弓場殿に移り慶賀を奏す<br>初任大饗奏、饗禄勅許<br>任人、退出し宮々に参り慶を奏す |
| | | 御前儀（御先） |
| | 親王家への使者<br>蘇甘栗使<br>掌客使 | |
| 拝礼 | 中門入り<br>拝礼<br>昇殿・着座 | 中門入り<br>拝礼<br>昇殿・着座 |
| 饗宴 | 宴座<br>　一献・二献<br>　三献　召史生事・鷹飼渡<br>　　　　奏楽・左右舞<br>　四献<br>　五献・六巡　録事を定める<br>　　弁・少納言・外記・史録事<br>　　史生録事<br>　七巡<br>穏座<br>　盃事・芸能 | 宴座<br>　一献・二献<br>　三献<br>　四献<br>　五・六献　録事を仰す<br>　　弁・少納言・外記・史録事<br>　七・八献<br>穏座 |
| 賜禄 | 史生禄（或穏座以前）<br>外記・史・弁・少納言禄<br>参議・納言・尊者禄<br>親王禄・引出物 | 史生禄<br>外記・史・弁・少納言禄<br>参議・納言・尊者禄 |
| | 退出 | |

ところが、細部においては両者に相違がみられる。まず、『江家次第』巻第二十、新任大臣大饗の末尾にみられる次の記載が注目される。

無㆓史生幄㆒　無㆓立作幄㆒　不㆑着(差カ)㆓餛飩㆒
鷹飼不㆑度　不㆑仰㆓史生禄(録)事㆒　不㆑召㆓史生㆒

これによれば、任大臣大饗においては、史生幄・立作幄が設けられず、鷹飼渡・史生召、さらに、餛飩を羞めることと史生の録事を定めることが行われなかったことになる。

このうち、史生に関することが三点みられる。史生が大臣大饗に参加するのは、『江家次第』第二に「史生太政官一分也、故召㆑之」とあるように、それが太政官の最下級の官人だったからである。史生は宴座の三献において召されるが、まず、最末の弁が尊者に史生を召すことを伺い、許可の後、史を呼んでその旨を伝える。史は座に復するとさらに官掌に伝え、そして、史生以下が西中門より入り列立して再拝する。この手続きを史生召という。それが終わると、史生は通常、中島に特別に設営されている自分たちの座に着くが、これが史生幄である。そして、五・六献において、弁・少納言、外記・史とともに史生の録事が定められる。録事とは、これらの官人の座が、身分の関係から主人の大臣の座より遠く離れて設営されているので、主人の大臣の代わりにこれらの官人に勧盃する役目の者をいう。通常、四位・五位の者がその場で仰せつけられ、それぞれ勧盃にあたるのである。これに対し任大臣大饗では、史生召が行われず、史生幄も設営されず、録事も史生のみが定められないのである。

しかし、史生に関する行事がみられないからといって、任大臣大饗に史生が招かれていないわけではない。藤原道長の任太政大臣大饗のことを記した『小右記』寛仁元年（一〇一七）十二月四日条に、

此間給㆓史生禄㆒、禄布積㆓中取二脚㆒、或司唱㆓見参㆒給㆑禄、史生饗不㆑儲㆓前庭㆒、只於㆓便処㆒給㆓禄・机饗㆒、仍不㆑仰㆓録事㆒

とあり、史生の饗が便処に設けられており、禄も賜わっている。したがって、任大臣大饗においては、史生に関する行事が単に省略されているにすぎない。

史生召に続いて、三献において鷹飼渡が行われた。まず、鷹飼が雉をつけた柴枝を受け取って鷹を飛ばし、また、犬飼も犬を連れて狩杖をもって後に従う。この後、鷹飼・犬飼ともに勧盃が行われる。これは、狩を象徴するものと考えられるが、任大臣大饗でそれが行われないということは、狩猟者の大臣への奉仕がないことを意味するわけではなく、史生召や後述する奏楽・左右舞と同様、三献における芸能そのものが省略されているといえよう。なお、鷹飼渡の際の雉の柴枝は立作所が受け取って料理し、四献における雉羹がそれと考えられる。この立作所は、寝殿東南の角の梅樹の西六許尺、砌を去ること一許丈に設置された料理所であり、五献において蘇甘栗・零餘子焼・腹赤・鯉・指塩・辛韲を羞める。任大臣大饗では、それも設営されない。

最後に、餛飩とは唐菓子の一種で、麦粉をこね、きざんだ肉を包んで煮たものである。宮中の節会では必ず出されたが、正月大臣大饗でも二献において居えられた。しかし、任大臣大饗ではこれも居えられないのである。

これら以外にも、任大臣大饗で行われていないものがいくつか見受けられる。たとえば、前述した『小右記』寛仁元年十二月四日条に、

> 四献、上達部先献二主人一、次々巡同、又有二汁物・追物等一、其中有二裏焼・蘇甘栗一、是正月大饗事也、蘇甘栗者従二内裏一所レ賜也、而有二此物一如何、

とあり、この時の藤原道長の任太政大臣大饗では出されたものの、藤原実資は、蘇甘栗は朝廷より賜わるもので、正月大臣大饗において出されるものであるとの認識を示している。すなわち、本来、蘇甘栗は任大臣大饗においては出されないものだったのである。そもそも蘇甘栗は、拝礼に先立って朝廷より大饗を催す大臣家へ蘇甘栗使が派遣され

て賜わるものであるが、任大臣大饗では蘇甘栗使は派遣されていないのである。なお、正月大臣大饗においては、このほかにも拝礼に先立つものとして、大臣家から主人の大臣とともに饗応する側となる親王家へ使者が、尊者となる大臣の邸宅へ掌客使が派遣される。しかし、表12をみれば明らかなように、任大臣大饗ではそれらがみられない。さらに、蘇甘栗と同様に、正月大臣大饗では朝廷より雅楽の用意がなされ、三献において史生召・鷹飼渡に続き奏楽・左右舞が行われたが、これも任大臣大饗では行われなかった。

以上のように、任大臣大饗においては、史生幄・立作幄の設営、拝礼に先立つ大臣家から親王家への使者や尊者宅への掌客使、朝廷よりの蘇甘栗使、そして三献における史生召・鷹飼渡・奏楽・左右舞などの芸能がなく、さらに史生録事や餛飩もみられないのである。太田静六氏は、正月大臣大饗が寝殿母屋を使用した「母屋の大饗」であるのに対し、任大臣大饗が「廂の大饗」であることや、正月大臣大饗よりも遅れて任大臣大饗が成立することから、格からいえば、正月大臣大饗の方が上であるとしている。(8) 成立については後述するが、なるほど、このような式次第の相違からみても、任大臣大饗の方は規模が小さく簡略化しているといえよう。しかしそこに、任大臣大饗と正月大臣大饗との意義の大きな格差は感じられない。

それではなぜ、任大臣大饗ではこのように式次第の簡略化がみられるのだろうか。このことについて留意すべきは、任大臣大饗が任大臣儀に続いて即日行われることである。そこで前掲の表12では、任大臣大饗を任大臣儀と一連のものとして記しておいた。任大臣儀と任大臣大饗とを連続したものとして述べているのは松本裕之氏であり、(9) 表12とあわせて任大臣儀の式次第をみていきたい。(10)

まず、任大臣儀の数日前に、主人に対し任命の日時を勘申すべき旨を仰す兼宣旨が下される。そして、任大臣儀当日、紫宸殿において天皇出御のもと、宣命によって大臣に任ぜられる。これに対し、新しく任ぜられた大臣は拝舞をもってこたえ、天皇還御の後、弓場殿（射場）で天皇に慶賀を奏す。さらに、天皇に太政官の官人を饗応する旨を奏上し、勅許を受ける（以下、これを初任大饗奏・饗禄勅許という）。その後、皇后・東宮にも大臣に任ぜられた由を告げる。また、新しく任ぜられた大臣が内裏を退出するに際し、警蹕・先ぶれをする御前儀（みさきのぎ）が行われる。それから、その日に任ぜられた各大臣の邸宅に向かい、それぞれ任大臣大饗が行われた。

こうしてみると、任大臣儀が行われた後に連続して饗宴が催されるので、正月大臣大饗において饗宴に先立ってみられた、大臣家からの親王家への使者や掌客使、朝廷よりの蘇甘栗使は、当然、行えなくなる。しかも複数の大臣が任ぜられた場合、それぞれの邸宅で続けて饗宴が行われる。正月大臣大饗の場合は、四日左大臣大饗・五日右大臣大饗と日を改めて開催され、この式日が正月中旬さらに下旬に移行しても、それぞれの大臣大饗が行われる日が重なることはなかった[11]。これに対し、同日にすべて続けて行われる任大臣大饗では、個々の饗宴の規模は縮小されざるを得ない。正月大臣大饗に対する式次第の簡略化は、このような制約によるものと考えられよう。

## 三　任大臣大饗の成立

任大臣大饗はいつ頃成立したのであろうか。倉林正次氏は、『史料綜覧』より任大臣大饗・正月大臣大饗・臨時客の記事を拾い蒐め、一覧表を作成しており、そこでは任大臣大饗の最古の例として、前述したように、承平六年八月十九日の藤原忠平の任太政大臣大饗をあげている[12]。むろん倉林氏も、それが現実の嚆矢であるとはいいきれないと断ってはいるが、遠藤基郎氏もこれを継承しており、太田静六氏も任大臣大饗は朱雀・村上天皇の頃、すなわち、承平・天慶・天暦期からはじめられたとしている[13]。

これに対し、松本裕之氏はそれに先立つものとして、延喜十四年（九一四）の藤原忠平の任右大臣大饗の例と、承平三年の藤原仲平の任右大臣大饗の例を指摘している[14]。これらについて検討していきたい。

まず、延喜十四年の忠平の任右大臣大饗の例であるが、『貞信公記抄』延喜十四年八月二十五日条に、

有二任公卿事一、大納言以下来賀、垣下親王四人、

とあり、忠平を右大臣に任ずるのをはじめとして公卿の任命があった後、大納言以下が忠平の邸宅に慶賀にやって来たとのことである。注目すべきは「垣下親王四人」という記載である。垣下親王とは、大臣大饗において垣下の座に着き、盃酌を助け主人の大臣を補佐する役の親王のことをいう。それがみえるということは、この時に忠平の邸宅で任大臣大饗が行われたのは確実であり、大納言以下はその大饗に参加した客とみて間違いあるまい。『大日本古記録』の『貞信公記』が、この条に「忠平任大臣大饗」との標出をつけているのも妥当といえよう。

これを裏づけるものとして、次に掲げる『新儀式』巻五、任大臣事の末尾の記載があげられる。

還御間、新任大臣令下蔵人奏中僚下可レ給レ饗之由上、即令三蔵人伝二仰上卿一、延喜十四年、蔵人伝二仰上卿一、召二仰弾正検非違使等一、延長二年、蔵人直召二仰検非違使一也、先レ此可レ有二昇進一之由、令三蔵人以告二示可レ任之者一、

これによれば、新任の大臣は蔵人を介して初任大饗奏を行い、勅許は蔵人から上卿へ伝えられることになっていたが、延喜十四年には、勅許が蔵人から上卿に伝えられた後、さらに、弾正・検非違使等に伝えられたという。延喜十四年とは、八月二十五日の忠平の任右大臣のことをさしており、この時には饗禄勅許が下されたということである。したがって、饗禄勅許が下された後、『貞信公記抄』にみられる任大臣大饗へと続いたことがうかがわれるのである。

なお、この史料で今一つ注目されるのは、延長二年（九二四）には、蔵人からただちに検非違使に饗禄勅許が伝えられていることである。すなわち、延長二年にも任大臣大饗が行われたということになるが、これは、松本氏の指摘

からも漏れているものである。延長二年には、正月二十二日に、忠平が右大臣からさらに左大臣に転じ、また、藤原定方が大納言から右大臣に任ぜられている。(15) このどちらかの任大臣大饗が行われたということになるが、後述するように、右大臣から左大臣に転じた時に任大臣大饗が催されたとは思えないので、これは、定方の任右大臣大饗の例と考えられよう。

次に、承平三年の藤原仲平の任右大臣大饗の例であるが、これを示す史料として、次の『西宮記』所引『吏部王記』承平三年二月十三日条があげられる。

以二左大将仲平一為二右大臣一、以二左衛門督恒佐一為二大納言一云々、了就二新位一拝舞退、延喜十四年、道明任二大納言一、解二佩剣一進二新位一、今日不レ解進、出レ門後解レ之云々、参議已上座二机、弁少納言一机、外記史二机、飲レ酒、羞二湯漬一、更就二穏座一肴各二折敷、進二餛飩一云々、了新大臣不二剣佩一、是勅授人也、日昇進脱レ之、未レ知二其由一之、

ここの割注では、任大臣儀における仲平の剣の解帯に続いて饗宴の記事がみられ、明らかに任大臣大饗が行われていた。また、『西宮記』巻二、大臣召の末尾にも、

転任人不レ設レ饗、太政大臣設レ饗、内大臣不レ設、而近代設レ之、枇杷大臣初任時、母屋設レ饗、湯漬如レ例、貞信公、任二太政大臣一時、尊者横座、主人南面、親王北面云々、

とあるが、この割注にみえる「枇杷大臣」とは仲平のことであり、「初任」すなわち、仲平が承平三年に右大臣に任ぜられた時に大臣大饗が行われたことを示している。

以上の三例は、承平六年八月十九日の藤原忠平の任太政大臣大饗に先立つ任大臣大饗の例である。したがって、任大臣大饗は朱雀天皇の承平期からではなく、延喜期にはすでに行われていたのである。

それでは、任大臣大饗はこれ以前にさかのぼり得るのであろうか。『初任大臣大饗雑例』には、新任大臣が内弁を勤めた例として、昌泰二年（八九九）二月十四日に右大臣に任ぜられた菅原道真のことが記されているが、この道真や、同日に左大臣に任ぜられた藤原時平の任大臣大饗については記されておらず、二人が任大臣大饗を行ったかどうかは

定かでない(16)。これ以外にも、管見の限りでは、延喜十四年の藤原忠平の任右大臣大饗以前には、任大臣大饗が行われていたことを示すような史料はみあたらない。もし、これ以前に任大臣大饗が行われていたならば、それを示すような何らかの徴候があるように思われるが、そのような史料は見出せないのである。また、儀式書をみても、前掲した『新儀式』以降の儀式書の任大臣儀には(17)、饗禄勅許のことがみえるなど、任大臣大饗の成立が窺われるが、九世紀の儀式書の任大臣儀には(18)、それをうかがわせるような記載はみられない。したがって、これ以前には任大臣大饗が行われていなかった可能性が高いのではなかろうか。

また、前掲した藤原忠平や藤原仲平の任右大臣大饗の記事をみると、任大臣大饗としての式次第が定型化されていないように思われる。たとえば、忠平の任右大臣大饗のことを記した『貞信公記抄』延喜十四年八年二十五日条においては、垣下親王のことに触れるのみであるが、このことは、この時の大饗がどの程度、型の整ったものであるか疑問を抱かせる。一方、仲平の任右大臣大饗であるが、『西宮記』所引『吏部王記』承平三年二月十三日条では「進二餛飩一」とあり、『西宮記』巻二、大臣召においては「母屋大饗」とあって、任大臣大饗であるにもかかわらず、仲平は餛飩を進め、廂ではなく母屋で大饗を行っている。さらに、『小右記』寛仁元年十一月二十一日条によれば、

貞信公左大臣摂政之時、承平三年二月十三日、以二兄仲平卿一任二右大臣一、彼日内弁則貞信公、十四日為レ被レ賀二丞相之慶一、向二給右大臣第一也、摂政左大臣有下向二兄右大臣第一之例上、

とこの時の例を引いているが、任大臣大饗の当日ではなく翌日に、弟の摂政左大臣忠平が兄の仲平の邸宅に慶賀のため赴いている。このように、これらの例は任大臣大饗としてはまだ未定型であり、後世のような任大臣大饗の型が定まっていたとはいい難い。したがって、延喜期を大きくさかのぼる時期には任大臣大饗は行われておらず、成立はそれとほど遠からぬ時期と推測されよう。

そして、承平六年八月十九日の藤原忠平の任太政大臣大饗であるが、『西宮記』所引『吏部王記』同日条によって知られる。

以二左大臣忠平一為二太政大臣一（中略）共詣二太政大臣第一、設二客座于寝南殿一、簾前施二屏風一、尊者座在二西頭一、東向、納言以下南向西上、親王対二納言一、但親王座加二土敷一、弁・小納言在二東廂一、西向南上、外記・史在二東対一、西面南上、有二酒部幕一、無二立作所并史生幄一、太政大臣参レ内、奏レ慶退、諸卿引二到其第一、主客拝畢、依レ次座定、立レ机備レ饗、参議已上用二黒柿引象机・簀薦一、弁・少納言由二支佐木机一、無レ簀、以上用二様器一、其尊者用二両案一、史・外記用二榻足机一、用二土器一、無二餛飩一、親王随レ就設二茵・机一云々、主公使レ人点下可レ賜二史・外記酒一人上、使令レ仰レ之云々、了召二絃歌者於階下一云々、畢主公授二尊者禄一、即贈二馬一疋一、先唱レ名、賜二三局史生禄一如二大饗一之、

この時には、「無二立作所并史生幄一」、「無二餛飩一」とあるように、『江家次第』に記載される任大臣大饗の特徴が現れるようになる。しかも、『中右記』天永三年（一一一二）十二月十三日条に、

早旦着二直衣一参二東三条一、人々多被レ参、大饗御装束事等被二沙汰一、抑尊者座横座并立座之間事、被レ仰二合民部卿之処一、被レ申云、付二貞信公例一、尤可レ被レ敷二横座一也、（中略）猶就二貞信公太政大臣庇大饗例一、可レ被レ用二横座一歟、但民部卿被レ申旨、可レ用二近代例一之由、是又不レ可レ有二左右一歟、

と廂の大饗の先例として引かれているのをみると、むしろ、後世の任大臣大饗は忠平の任太政大臣大饗を規範としていたことが推測される。したがって、ここにおいて任大臣大饗の式次第が整ったと考えられよう。

以上のことをふまえ、管見に触れた平安時代の任大臣大饗の確実な例を示したのが任大臣大饗表（表13）である。

**表 13**　任大臣大饗表

| 年　月　日 | 任人 | 新任官 | 前任官 | 出　典 |
|---|---|---|---|---|
| 延喜 14・8・25 | 藤原忠平 | 右大臣 | 大納言 | 新・貞 |
| 延長 2・正・22 | 藤原定方 | 右大臣 | 大納言 | 新 |
| 承平 3・2・13 | 藤原仲平 | 右大臣 | 大納言 | 西・小 |
| 6・8・19 | 藤原忠平 | 太政大臣 | 左大臣 | 吏・中・初 |
| 7・正・22 | 藤原恒佐 | 右大臣 | 大納言 | 紀・初 |
| 天慶 7・4・9 | 藤原実頼 | 右大臣 | 大納言 | 紀・九・小・初 |
| 天暦元・4・26 | 藤原師輔 | 右大臣 | 大納言 | 紀・貞・初・遊 |
| 康保 4・12・13 | 藤原実頼 | 太政大臣 | 左大臣 | 紀・初 |
| | 藤原師尹 | 右大臣 | 大納言 | 紀 |
| 天禄 2・11・2 | 藤原伊尹 | 太政大臣 | 右大臣 | 紀・初 |
| | 源　兼明 | 左大臣 | 大納言 | 紀・初 |
| | 藤原頼忠 | 右大臣 | 権大納言 | 紀・初 |
| 永祚元・2・23 | 藤原道隆 | 内大臣 | 権大納言 | 紀・小 |
| 12・20 | 藤原兼家 | 太政大臣 | 摂政※ | 小・初 |
| 正暦 2・9・7 | 藤原為光 | 太政大臣 | 右大臣 | 紀・権・初 |
| | 源　重信 | 右大臣 | 大納言 | 紀・初 |
| | 藤原道兼 | 内大臣 | 権大納言 | 紀・初 |
| 長徳元・6・19 | 藤原道長 | 右大臣 | 大納言 | 小 |
| 2・7・20 | 藤原顕光 | 右大臣 | 大納言 | 紀・小・園 |
| 寛仁元・3・4 | 藤原頼通 | 内大臣 | 権大納言 | 紀・御・初 |
| 12・4 | 藤原道長 | 太政大臣 | 前摂政 | 紀・御・小・初 |
| 治安元・7・25 | 藤原公季 | 太政大臣 | 右大臣 | 紀・小・装 |
| | 藤原実資 | 右大臣 | 大納言 | 紀・小・初・装 |
| | 藤原教通 | 内大臣 | 権大納言 | 紀・小 |
| 永承 2・8・朔 | 藤原頼宗 | 内大臣 | 権大納言 | 初・装 |
| 康平 3・7・17 | 藤原師実 | 内大臣 | 権大納言 | 装・遊 |
| 治暦元・6・3 | 源　師房 | 内大臣 | 権大納言 | 水・装 |
| 延久 2・3・23 | 藤原教通 | 太政大臣 | 左大臣 | 部 |
| 承暦 4・8・14 | 藤原俊家 | 右大臣 | 権大納言 | 水・遊 |
| | 藤原能長 | 内大臣 | 権大納言 | 水・遊 |
| 永保 2・12・19 | 藤原俊房 | 右大臣 | 大納言 | 水・遊 |
| 3・正・26 | 藤原顕房 | 右大臣 | 権大納言 | 装・遊 |
| | 藤原師通 | 内大臣 | 権大納言 | 二・遊 |
| 寛治 2・12・14 | 藤原師実 | 太政大臣 | 摂政※ | 二・中・初・遊 |
| 康和 2・7・17 | 藤原忠実 | 右大臣 | 権大納言 | 殿・装・遊 |
| | 源　雅実 | 内大臣 | 権大納言 | 殿・遊 |
| 天永 3・12・14 | 藤原忠実 | 太政大臣 | 右大臣 | 殿・中・遊 |
| 永久 3・4・28 | 藤原忠通 | 内大臣 | 権大納言 | 殿・装・雑・遊 |
| 保安 3・12・17 | 藤原家忠 | 右大臣 | 大納言 | 永・遊 |
| | 源　有仁 | 内大臣 | 権大納言 | 永・遊 |
| 大治 3・12・17 | 藤原忠通 | 太政大臣 | 左大臣 | 目・遊 |
| 天承元・12・22 | 藤原宗忠 | 内大臣 | 権大納言 | 中・装・遊 |
| 保延 2・12・9 | 藤原頼長 | 内大臣 | 権大納言 | 中・台・遊 |
| 久安 5・7・28 | 藤原実行 | 右大臣 | 権大納言 | 本・遊 |
| | 源　雅定 | 内大臣 | 権大納言 | 本・遊 |

| | | | | |
|---|---|---|---|---|
| 6・8・21 | 藤原実行 | 太政大臣 | 右大臣 | 本・遊 |
| | 藤原実能 | 内大臣 | 大納言 | 本・遊 |
| 保元2・8・19 | 藤原基実 | 右大臣 | 権大納言 | 兵・遊 |
| | 藤原公教 | 内大臣 | 権大納言 | 兵・遊 |
| 永暦元・8・11 | 藤原公能 | 右大臣 | 権大納言 | 遊 |
| | 藤原基房 | 内大臣 | 権大納言 | 遊 |
| 応保元・9・13 | 藤原宗能 | 内大臣 | 大納言 | 遊 |
| 長寛2・⑩・23 | 藤原経宗 | 右大臣 | 権大納言 | 遊 |
| 仁安2・2・11 | 藤原忠雅 | 内大臣 | 大納言 | 山・遊 |
| 3・8・10 | 源　雅通 | 内大臣 | 大納言 | 兵・公・遊 |
| 嘉応2・12・14 | 藤原基房 | 太政大臣 | 摂政※ | 玉・遊 |
| 安元元・11・28 | 藤原師長 | 内大臣 | 大納言 | 玉・遊 |
| 治承元・3・5 | 平　重盛 | 内大臣 | 大納言 | 玉・遊 |

※摂政は留任
新（新儀式）、貞（貞信公記）、西（西宮記）、小（小右記）、吏（吏部王記）、中（中右記）、初（初任大臣大饗雑例）、紀（日本紀略）、九（九条殿記）、遊（御遊抄）、権（権記）、園（園太暦）、御（御堂関白記）、装（大饗御装束間事）、水（水左記）、部（任大臣大饗部類）、二（後二条師通記）、殿（殿暦）、雑（大饗雑事）、永（永昌記）、目（中右記目録）、台（台記）、本（本朝世紀）、兵（兵範記）、山（山槐記）、公（公卿補任）、玉（玉葉）

## 四　初任と昇任

任大臣大饗は、文字通り大臣に任ぜられた時に開催された。

ところで、大臣に任ぜられるとは、大納言以下からはじめて大臣に任ぜられる初任の場合と、下位の大臣から上位の大臣へと任ぜられる昇任の場合とがある。そのどちらにも任大臣大饗が行われていたのか、それについて検討していきたい。

前掲の『西宮記』巻二、大臣召には、「転任人不レ設レ饗、太政大臣設レ饗、内大臣不レ設、而近代設レ之」とある。「転任」とは、下位の大臣から上位の大臣に昇任することをいうので、その時には催されず、任大臣大饗が行われるのは初任の時のみということになる。ただし、太政大臣に任ぜられた時は、昇任の場合でも任大臣大饗は開催される。また、内大臣に任ぜられた時は、初任であるにもかかわらず任大臣大饗は行われないということであるが、「而近代設レ之」とあり、後に行われるようになったという[19]。

したがって、任大臣大饗が開かれるのは、初任の時と太政大臣に昇任した時で、内大臣から左右大臣へ、あるいは右大臣から左大臣に昇任した時には開かれないのである。太田静六氏も、任大臣大饗ははじめて大臣に任ぜられた時に開かれる祝いで、太政大臣に任ぜられた時には特別に任大臣大饗が開かれたとしている。(20)

　これに対し倉林正次氏は、前述したように、昇任の場合は鎌倉時代以降、太政大臣を除きほとんど行われなくなるとしている。(21)このことは逆に、それ以前の平安時代には、大臣から上位の大臣に昇任した時、それが太政大臣でなくともしばしば任大臣大饗が行われたということを意味している。そしてその実例として、倉林氏は、天暦元年（九四七）四月二十六日の右大臣藤原実頼の任左大臣大饗、康平三年（一〇六〇）七月十七日の右大臣藤原教通の任左大臣大饗、内大臣藤原頼宗の任右大臣大饗、久安六年（一一五〇）八月二十一日の内大臣源雅定の任右大臣大饗、長寛二年（一一六四）閏十月二十三日の藤原基房の任左大臣大饗を、一覧表のなかであげている。しかし、これらは『史料綜覧』より拾い蒐められたものであり、久安六年の雅定と長寛二年の基房の例は、管見の限りでは、どちらも行われたことを明確に示す史料は存在しない。表13をみればわかるように、久安六年には藤原実行・藤原実能、長寛二年には藤原経宗の初任あるいは任太政大臣の大饗が、それぞれ同日に行われており、これらの例と混同されたものと考えられよう。これに対し、天暦元年（九四七）の実頼と康平三年の教通・頼宗の例は、いずれも『御遊抄』大臣大饗御遊付関白朱器の冒頭に、「任大臣、左実頼 右師輔」、「任大臣、左教通、右頼宗 内師実」とある。しかし、『御遊抄』における他の任大臣大饗の記載はすべて、たとえば治暦元年（一〇六五）の「任内大臣、師房」のようになっており、太政・左・右・内大臣の別を割註で示すのは、この二例のみで特殊である。また、『日本紀略』天暦元年四月二十六日条、『貞信公記抄』『初任大臣大饗雑例』の同日条には、大納言藤原師輔の任右大臣大饗の記事しかなく、同じく、『大饗御装束間事』の康平三年七月十七日の記事には、権大納言藤原師実の例しか引かれていない。こうしてみると、『御遊抄』の当該部分の記載は全面的には信用し難く、実頼や教通・頼宗の記事は、むしろ同日に行われた師輔や師実の任大臣大饗に引きずられたのではなかろうか[22]。したがって、倉林氏のあげた例はすべて確実ではなく、行われなかった可能性が高い。

これ以外にも、下位の大臣が上位の大臣に昇任した時に任大臣大饗が行われたとの指摘が二例存在する。まず、長徳二年（九九六）七月二十日に、右大臣藤原道長が左大臣に任ぜられた時である。『小右記』同日条には、

黄昏到二大臣第一、二条与東院東大路也、播磨守相方朝臣宅、依二因縁一所行云々公卿座在二南庇一、雑事又如レ例、於二階前一有二管絃一、先レ是召二仰録使一、弁・少納言座、史・外記座、史生録於二庭中一給レ之、子剋許事了、

とあり、『大日本古記録』はこの「大臣第」を道長邸ととらえ、「道長任大臣大饗」と標出をつけている。確かに、道長は後の寛仁元年十二月四日にも、この時と同じく二条北洞院東大路西の二条邸で任太政大臣大饗を行っている[23]。野口孝子氏が指摘するように、源相方は源重信の息男であり、源雅信の娘で道長の妻倫子とは従兄妹の間柄にあたるので、その「因縁」によってこの邸宅で大饗が行われたと考えれば[24]、この時の任大臣大饗は道長のもののようにも思える。

ところが、『日本紀略』長徳二年七月二十日条には、

任大臣宣命、以二右大臣道長朝臣一為二左大臣一、叙二正二位一、以二大納言顕光朝臣一為二右大臣一、以二中納言時中朝臣一為二大納言一、以二参議実資、惟中一為二中納言一、以二忠輔朝臣一為二参議一、天皇出二御南殿一、右大臣家有二饗禄一、

とあり、道長ではなく藤原顕光の任右大臣大饗の記事が載せられている。ここでは、藤原実資の前官職が権中納言であるところを「参議」とされ、平惟中は新たに権中納言に任ぜられたのにもかかわらず「中納言」とされるなど、記載に誤りもみられる[25]。ここから「右大臣家有二饗禄一」も「左大臣家」、すなわち道長の誤りである可能性も考えられなくはない。しかし、この時には大納言の顕光も右大臣に任ぜられているが、任大臣大饗は一ケ所でしか行われていな

い。初任の顕光邸において任大臣大饗が行われず、昇任の道長邸で行われたとは考え難い。しかも、『小右記』には顕光が射場で慶賀を奏したり、女御や東宮に任大臣のことを啓している記事がみられ、それに続いて任大臣大饗が記されている。このような流れをみれば、この時の大饗は顕光の任右大臣大饗とみるのが自然ではなかろうか。かなり降った史料ではあるが、『園太暦』貞和三年（一三四七）九月十六日条にも、

　長徳二年閏七月廿日任大臣、上卿権中納言時仲卿也、節会畢、右大臣申レ慶、令レ奏レ可レ被レ聴二新任饗事一、則職事奏聞、大臣称唯退出、次職事至二左仗一宣下、新大納言時仲也、

とこの時の例が引かれているが、右大臣顕光に饗禄勅許が下されている。したがって、道長が右大臣から左大臣に昇任した時には、任大臣大饗は行われていなかったと考えられる。

　今一つは、治安元年（一〇二一）七月二十五日に、内大臣藤原頼通が左大臣に任ぜられた時である。『日本紀略』同日条に、

　天皇出二御南殿一、有二任大臣宣命一、右大臣公季任二太政大臣一、関白内大臣頼通任二左大臣一、大納言実資任二右大臣一、大納言教通任二内大臣一、藤原頼宗、能信任二大納言一、宣制了、相率向二太政大臣家一閑院、次向二左大臣家一、次向二右大臣家一、次向二内大臣家一、土御門殿、

とあり、藤原公季の任太政大臣大饗、頼通の任左大臣大饗、藤原実資の任右大臣大饗、藤原教通が任内大臣大饗がそれぞれ開かれている。このうち、公季は太政大臣への昇任、実資・教通は大納言以下からの初任であるので、任大臣大饗が行われたのは当然のこととして、それと同時に頼通の任左大臣大饗が行われたのはいかにも不自然である。そこで、『小右記』の同日条に注目すると、実資は自分が右大臣に任ぜられたこともあり、この日の記事はかなり詳細である。しかし、公季邸での任大臣大饗の後、すぐに実資自身の大饗の記事となり、そして教通邸での大饗の記事と続

いていて、頼通の任大臣大饗のことには微塵も触れられていないのである。こうしてみると、『日本紀略』の頼通の任大臣大饗の記載は誤りで、この時には頼通の任左大臣大饗は行われなかったのではなかろうか。

以上のように、下位の大臣が上位の大臣に昇任した場合に任大臣大饗が行われた確実な史料は、太政大臣の場合を除き見出せないのである。したがって、『西宮記』巻二、大臣召に記載されるように、任大臣大饗は初任及び太政大臣に昇任した時に行われるもので、内大臣から左右大臣へ、あるいは右大臣から左大臣に任ぜられた時には行われなかったと考えられる。

任大臣大饗が初任の時のみに行われるのは、大臣がそれぞれ同格だからであろう。下位の大臣から上位の大臣に昇任することを「転任」というのも、そのことを表わしていよう。そのなかで、太政大臣のみが昇任の時でも任大臣大饗が行われるのは、他の大臣に比べ特別な大臣だったからである。このことは、大臣大饗における主人の大臣の尊者に対する所作からもうかがわれる。主人の大臣が尊者の大臣に対して最高の敬意を払うのは、本来、大臣同士が同格だからである。しかし、主人が太政大臣・摂政・関白である場合、あるいは尊者が納言である場合には、南庭列立、昇殿着座、勧盃における主人の作法が通常のものと異なり、主人と尊者との間に格差が設けられている。(26) このことは、大臣と納言以下との間、太政大臣と他の大臣との間に格差が存在することを示していよう。これらのことを考慮すれば、任大臣大饗が、納言以下からはじめて大臣に任ぜられた時と、太政大臣に昇任した時にのみ行われたということが納得できよう。

## 五　任大臣儀と任大臣大饗

任大臣大饗は、それに先立って行われる任大臣儀と一連の儀式だということは、前述したとおりである。そこで最後に、任大臣儀との関連から、任大臣大饗の構造や意義について考察を加えたい。

まず、任大臣大饗は正月大臣大饗と同様、拝礼・饗宴・賜禄という儀式構造を有しており、しかも、もてなされる主対象が太政官の官人であることから、その序列・秩序を表現した儀式である。(27) 一方、任大臣儀は、文字通り大臣を任命する儀式であるが、単なるその手続きにとどまるものではない。唯一の人事権者である天皇の出御のもと、宣命によって大臣の任命が告知されることにより、天皇と任ぜられる臣下との君臣関係を、より感覚的で強い親近性をもって維持する機能を有していたと考えられる。大臣の場合、宣命によって任ぜられた点が特別であるが、(28) そのような機能は、天皇の面前で口頭で告知された他の任官儀にも、共通してみられたことである。(29) しかし、奈良時代には大極殿、平安初期には紫宸殿に天皇が出御して行われていた他の任官儀は、貞観期には式場を太政官庁に移して天皇が出御しなくなり、その機能を後退させていった。(30) これに対し、任大臣儀では、天皇出御儀が続けられ、その機能が維持されていたとみられる。(31) さらに、天皇還御の後に弓場殿において慶賀が奏されるようになるのである。このように、任大臣儀は、大臣に任ずるのと同時に、天皇と新任の大臣との君臣関係を明確にし、強化した儀式であるということができよう。

したがって、任大臣儀と任大臣大饗とが続けて行われることで、まず、天皇と新任の大臣との君臣関係が、さらに、新任の大臣と太政官の配下の官人との官職秩序が表現されるという、重層構造になっていたのである。

ところで、拝礼・饗宴・賜禄を伴った儀式を行うことは、本来、支配の頂点に立つ天皇のみに許される特権である。[32]なぜなら、臣下から拝賀を受けるということは、天皇とそれに仕え奉るべき臣下との関係を再確認させ、また、臣下を饗応することは支配階級としての共同性・一体感を高揚させ、さらに、禄を賜うことは物質を介して君恩を施すことであり、それらが組みあわさることにより、君臣関係を強固に結びつける意義があったからである。[33]任大臣儀が、前述したように、あくまでも天皇と新任の大臣との関係を重視した儀式であることを考えあわせれば、即日、新任の大臣が太政官の配下の官人を招いて饗応することなど、到底、できないはずである。任大臣儀の後には、おそらく新任の大臣家においては、もともと大臣就任を祝う私的な家の饗宴儀礼が行われていたにすぎないのではないか。

そこで注目すべきは、任大臣儀において、初任大饗奏と饗禄勅許が行われていることである。これには二つの意味があると思われる。まず、これによって任大臣大饗が、私的な家の就任祝いではなく、公的な饗宴と位置づけられることである。正月大臣大饗を公的饗宴たらしめているものに、朝廷より饗の禄と雅楽の用意がなされ、蘇甘栗使が派遣され、さらに、親王や一世源氏が饗応する側に加わっていることがあげられる。しかしこのうち、任大臣大饗では、拝礼に先立つ蘇甘栗使や三献における奏楽・左右舞がなかった。[34]これによって任大臣大饗の公的意味あいが薄れるかとも思われる。しかし、饗禄勅許はそれを補って余りあるのである。

今一つは、饗禄勅許によって大臣が太政官の配下の官人を饗応することが公認されていることである。大日方克己氏は、九世紀半ばから年中行事において、公卿・殿上人の特権化と下級官人層の排除が進み、天皇・王卿による儀式と公卿・下級官人による儀式との分離・重層化がみられるとしている。[35]それをふまえて遠藤基郎氏は、大臣大饗の成立を、従来、官人層に対して天皇が担っていた役割の一部を、太政官の首班である大臣が肩代わりするようになったことに求めている。[36]饗禄勅許は、まさに、任大臣大饗のそのような性格をあらわしている。このことは、天皇のみが保持する権限を臣下に分有させていることを意味しており、平安時代の王権が、天皇や皇族に集中しているのではなく、分権化している一面がみてとれるのである。[37] こうして大臣は、任大臣大饗において、部局内の奉仕を受けるようになるのである。

しかし逆に、臣下である大臣が、太政官の配下の官人の拝礼を受け、饗応し禄を賜うには、天皇の許可が必要だったといえる。饗禄勅許は、あくまでも支配の頂点に立つ天皇と、臣下である大臣との格差も示しているともいえよう。

さて、さきに任大臣大饗の成立を、延喜期かそれを大きくさかのぼらない時期に求めた。これに対し、正月大臣大饗は貞観期の藤原良房からと推定される。この差はどこから生じたのであろうか。任大臣大饗は正月大臣大饗よりも簡略化されてはいるものの、同一の儀式構造と機能を有しているので、前者は後者の影響を受けていることは明らかである。しかし、成立に関しては別個の事情も考えなければならない。正月大臣大饗は、藤原良房のような幼帝を輔弼・後見する外戚の大臣が、儀式から排除された下級官人を饗応するようにして貞観期に成立し、延喜期に定例化したと推測されるが、そこには、承和期以降における朝賀・元日節会、二日皇后受賀儀礼・皇太子受賀儀礼、三日朝覲行幸の衰退と、延喜期における小朝拝・二宮大饗の成立という、一連の正月儀礼の変容の影響が考えられる。[38] したがって、任大臣大饗の成立も、やはり任大臣儀との関連から求められるべきであろう。

そこで、九世紀と任大臣大饗の成立した十世紀初頭との任大臣儀の変化を検討してみたが、史料的な制約もあるせいか、大きな変化は見出せなかった。前述したように、他の任官儀では貞観期にはみられなくなった天皇出御儀も、任大臣儀では続けられている。また、九世紀の儀式書の任大臣儀と、十世紀以降の儀式書のそれとを比較してみても、初任大饗奏や饗禄勅許など任大臣大饗に関するもの以外、その式次第に大きな相違はみられない。[39] ところが、参列者に注目してみると、九世紀に編纂された勅撰の『内裏式』『儀式』によれば、任大臣儀では五位以上の官人は承明門より入り殿庭に列立し、一方、六位以下の官人は承明門外・建礼門内に列立することになっていた。これに対し、十世紀以降に編纂された『西宮記』『北山抄』『江家次第』では、六位以下の官人の記載がみられない。このことは、六位以下の官人が任大臣儀に参列しなくなったことを示しているのではなかろうか(40)。そして、任大臣儀から下級官人が排除されたことは、任大臣大饗の成立に大きな影響を与えたことは間違いあるまい。なぜなら、任大臣大饗は、まさにこのような下級官人を吸収し、大臣が天皇に代わって饗応する儀式だからである。

それでは、任大臣儀におけるこのような変化は、いつ頃起こったのであろうか。史料的な制約もあり、その時期を確定することはできない。六位以下の官人が参加して行われていた儀式が、参列者を次侍従以上・五位以上に限定していったのは、承和期から貞観期にかけてのことである(41)。このような趨勢をみると、任大臣儀に六位以下の官人が参列しなくなるのも、あるいは承和期から貞観期にかけてのことかもしれない。そうすると、任大臣大饗が延喜期を大きくさかのぼらない時期に成立したとの推定と、時期的な差が大きすぎてしまう。

しかしここでは、次の『日本三代実録』元慶四年（八八〇）十二月四日癸未条に注目したい。

天皇御二紫宸殿一、喚二公卿及百官於殿庭一、策二拝右大臣正二位藤原朝臣基経一為二太政大臣一、公卿百僚拝舞而罷、策命曰、（後略）

これは、摂政右大臣藤原基経が太政大臣に任ぜられた記事であるが、任大臣儀の参列者が明記された唯一の例である。ここに、公卿とともに「百官」が殿庭に喚ばれ、「百僚」の拝舞がみられるが、「百官」「百僚」の記載から、六位以下の官人も含まれていたと考えられる。これは、基経が太政大臣に任ぜられた特例とも考えられなくはないが、少なくともこの時期までは、六位以下の官人も任大臣儀に参列していたといえよう。そうすると、六位以下の官人が任大臣儀から排除されていったのは元慶期以降ということになり、延喜期を大きくさかのぼらない時期といえるのではなかろうか。

したがって、任大臣儀からの下級官人の排除と、任大臣大饗の成立とは時期的に近接しており、任大臣大饗の成立の要因を、任大臣儀からの下級官人の排除に求めることも可能であろう。

なお、山下信一郎氏・渡邊誠氏は、新たな官職に任ぜられた時に配下の者を饗応する「焼尾荒鎮」から大臣大饗の成立を論じ、正月大臣大饗と任大臣大饗を一体化したものとして、ともに貞観・元慶期に成立したと捉えている(42)。しかし、第十章で述べたように、正月大臣大饗は各家における私的な正月饗宴が拡大していき、一連の正月饗宴のなかに位置づけられる形で成立したと考えられ、焼尾荒鎮とは別個のものとみるべきである。したがって、正月大臣大饗と任大臣大饗との成立の時間差は、認められるであろう。

## 小結

任大臣大饗は、大臣にはじめて任ぜられた時、あるいは太政大臣に昇任した時、任大臣儀に引き続き、即日開かれた饗宴である。初見は、延喜十四年八月二十五日の藤原忠平の任右大臣大饗であるが、定型化したのは、承平六年八月十九日の忠平の任太政大臣大饗である。したがって、任大臣大饗の成立は、延喜期かそれを大きくさかのぼらない時期と考えられる。正月大臣大饗と比較してみると、親王家への使者や掌客使、朝廷からの蘇甘栗使がなく、三献における史生召・鷹飼渡・奏楽・左右舞なども行われず、「廂の大饗」であったことも相俟って、規模の小さいものであった。しかし、正月大臣大饗と同一の儀式構造と機能を有しており、簡略化されたものにすぎない。任大臣儀との関連をみてみると、宣命によって任ぜられ、天皇との君臣関係を確認する任大臣儀の後、饗禄勅許を受けて任大臣大饗を行うことで、本来ならば天皇が行うべき下級官人を饗応する役割を、臣下の大臣が代わって果たすという重層構造になっていた。そしてそれは、任大臣儀において下級官人が排除されていく過程において成立したものと推測される。任大臣大饗の成立は、私的な家の饗宴儀礼が国家公的な大饗へ昇華・拡大していく過程を示していよう。このような現象は、平安時代における官司機構や諸制度の変化に多くみられることである。それらは、従来、「公」から「私」への矮小化といった否定的・消極的な印象で捉えられてきた[43]。しかし、このような見方を克服し、むしろ逆に、もっと積極的に評価することによって、平安時代史を捉え直し、新しい平安時代像を構築する必要性を痛感する。

## 註

（1）山中裕「大饗と臨時客」（『日本歴史』九一、一九五六年）、同『平安朝の年中行事』（塙書房、一九七一年）。倉林正次「大臣大饗」（『饗宴の研究』儀礼編、桜楓社、一九六五年、初出一九六二年）。太田静六「正月大饗（母屋大饗）における東三条殿の用法」（『寝殿造の研究』吉川弘文館、一九八七年）。川本重雄「正月大饗と臨時客」（『寝殿造の空間と儀式』中央公論美術出版、二〇〇五年、初出一九八七年）。服藤早苗「正月儀礼と饗宴―『家』的身分秩序儀礼の成立」（『平安王朝社会のジェンダー―家・王権・性愛』校倉書房、二〇〇五年、初出一九九三年）。

（2）倉林前掲註（1）論文。

（3）太田静六「大饗儀礼―三宮大饗と大臣大饗―」「任大臣大饗（庇大饗）における東三条殿の用法」（前掲註（1）書）。松本裕之「平安時代の内大臣について」（渡辺直彦編『古代史論叢』続群書類従完成会、一九九四年）。遠藤基郎「平安中後期の家産制的儀礼と朝廷諸部局の動員」（五味文彦編『中世の空間を読む』吉川弘文館、一九九五年）。

（4）山下信一郎「大臣大饗と親王」「大臣大饗管見―官司内儀礼としての饗宴と禄―」（『日本古代の国家と給与制』吉川弘文館、二〇一二年、初出一九九七・二〇〇三年）。鈴木琢郎「平安時代の大臣任官儀礼の展開」（『ヒストリア』二〇〇、二〇〇六年）。

渡邊誠「大臣大饗と太政官」（『九州史学』一五六、二〇一〇年）。同「大臣大饗沿革考」（『史人』三、二〇一一年）。
(5)『西宮記』巻一、臣家大饗。『北山抄』巻第三、大饗事。『江家次第』巻第二、大臣家大饗。
(6)『江家次第』巻第二十、任大臣事・御前儀・新任大臣大饗庇。なお、『北山抄』巻第三、新任饗にもごく簡単な式次第が記載されている。
(7)正月大臣大饗・任大臣大饗とも、『江家次第』にもとづいて作成した。なお、両者の比較に重点を置いたため、細かい部分は省略した。
(8)太田前掲註（3）論文。
(9)松本前掲註（3）論文。
(10)註（6）参照。
(11)『江家次第』巻第二、大臣家大饗に「正月四日左大臣饗、五日右大臣饗式日也」とある。また、正月大臣大饗の実施状況については、倉林前掲註（1）論文、川本前掲註（1）論文所載の一覧表を参照。
(12)倉林前掲註（1）論文。
(13)遠藤前掲註（3）論文。太田前掲註（3）論文。
(14)松本前掲註（3）論文。
(15)『日本紀略』延長二年正月二十二日辛酉条。『公卿補任』延長二年。
(16)渡邊誠氏は、『京都御所東山御文庫記録』にみえる「尊者禄出所例　昌泰二二十四、両」から、藤原時平・菅原道真の任左大臣・任右大臣大饗が行われたことを指摘している（前掲註（4）論文）。ただし、そうだとしても、任大臣大饗の成立は延喜期を大きくさかのぼらない時期、という本章の論旨に影響はない。
(17)『西宮記』巻二、大臣召。『北山抄』巻第四、任大臣儀。『江家次第』巻第二十、任大臣事。
(18)『内裏式』下、任官式。『儀式』巻第八、内裏任官儀。
(19)表13をみても、任内大臣大饗は永祚元年の藤原道隆の例までみられない。松本前掲註（3）論文参照。

(20) 太田前掲註（3）論文。

(21) 倉林前掲註（1）論文。

(22) なお、鎌倉時代以降のことであるが、『御遊抄』には、安貞元年（嘉禄三年・一二二七）四月九日の内大臣九条良平の任左大臣大饗、嘉禎元年（文暦二年・一二三五）十月二日の内大臣西園寺実氏の任右大臣大饗、正嘉二年（一二五八）十一月二日の内大臣山階実雄の任右大臣大饗の例が記載され、しかも、「任左大臣、良平」・「右大臣、実氏、元内大臣」・「任右大臣、実雄」とあって割注にもなっていない。この記載様式によれば、これらの任大臣大饗は行われたことになろう。しかし、他の史料からこれらの任大臣大饗を裏づけることはできず、また、安貞元年には九条教実の任右大臣大饗、近衛兼経の任内大臣大饗、嘉禎元年には二条良実の任内大臣大饗、正嘉二年には近衛基平の任内大臣大饗がそれぞれ同日に行われている。しかも、『御遊抄』の他の部分では、正嘉二年には近衛基平の任大臣大饗のことしか記されていないところもある。このようなことから、九条良平・西園寺実氏・山階実雄の記載は、同日に行われた任大臣大饗に引きずられた可能性もあろう。したがって、これらを下位の大臣が上位の大臣に昇任した時の任大臣大饗の実例と断定するには、慎重を要さなければならない。

(23) 『小右記』寛仁元年十二月四日条。

(24) 野口孝子「道長の二條第」（『古代文化』二九―三、一九七七年）。

(25) 『小右記』長徳二年七月二十日条。『公卿補任』長徳二年。

(26) 『九条殿記』承平四年正月四日条、天慶元年（九三八）正月四日条。註（5）参照。

(27) 川本前掲註（1）論文参照。

(28) 古瀬奈津子「儀式における唐礼の継受―奈良末〜平安初期の変化を中心に―」（『日本古代王権と儀式』吉川弘文館、一九九八年、初出一九九二年）。

(29) 早川庄八「前期難波宮と古代官僚制」「八世紀の任官関係文書と任官儀について」（『日本古代官僚制の研究』岩波書店、一九八六年、初出一九八一・一九八三年）。

(30) 本書第六章、初出一九九〇年。

(31)『西宮記』巻二、大臣召、『江家次第』巻第二十、任大臣事にも天皇出御儀が記載されており、実例をみても、『日本紀略』寛平三年(八九一)三月十九日己巳条・延喜元年正月二十五日戊申条・延長二年正月二十二日辛酉条・天暦元年四月二十六日辛巳条において、天皇が南殿に御して任大臣儀が行われている。
(32) 拝礼に関していえば、養老儀制令元日条によって、正月に天皇以外の者が拝賀を受けることは禁止されている。
(33) 和田萃「タカミクラ―朝賀・即位式をめぐって―」(『日本古代の儀礼と祭祀・信仰』上、塙書房、一九九五年、初出一九八四年)。橋本義則「平安宮草創期の豊楽院」(『平安宮成立史の研究』塙書房、一九九五年、初出一九八四年)。大津透「節禄の成立」(『古代の天皇制』岩波書店、一九九九年、初出一九八九年)。
(34) 任大臣大饗では、拝礼に先立つ親王家への使者も派遣されていなかったが、『貞信公記』に記載される延喜十四年の藤原忠平の任右大臣大饗のように、垣下親王の参加はみられた。
(35) 大日方克己『古代国家と年中行事』(吉川弘文館、一九九三年)。
(36) 遠藤前掲註(3)論文。
(37) 玉井力「一〇―一一世紀の日本―摂関政治―」(『平安時代の貴族と天皇』岩波書店、二〇〇〇年、初出一九九五年)。
(38) 本書第十章、初出一九九八年。
(39) 註(17)・(18)参照。
(40) 平安時代になると、六位以下の位階そのものが形骸化してくる。黒板伸夫「位階制変質の一側面―平安中期以降における下級位階―」(『平安王朝の宮廷社会』吉川弘文館、一九九五年、初出一九八四年)、吉川真司「律令官人制の再編過程」(『律令官僚制の研究』塙書房、一九九八年、初出一九八九年)、本書第七章、初出一九九二年、参照。
(41) 本書第五章、初出一九九一年。
(42) 山下前掲註(4)論文。渡邊前掲註(4)論文。
(43) 藤木邦彦『平安王朝の政治と制度』(吉川弘文館、一九九一年)。

# 第十二章　平安貴族社会と儀式

## 一　儀式の変容

律令国家における儀式は、その形成期から、官人統制・人民支配の有効手段として機能するものとして活用され、整備されていった。それが頂点に達したのは平安初期であり、儀式の復活や新設、唐風化などの整備がなされ、天皇出御儀を規定した勅撰の儀式書が編纂されたのである。

ところが、豊楽院や神泉苑で行われていた節会が次第に紫宸殿で行われるようになり、それに参加する官人の範囲は次侍従以上・五位以上に限定されていった。同様に、観射も豊楽院で行われていたが、やがて建礼門前の大庭で行われるようになる。また、天皇が出御して行われていた政務儀礼・献上儀・神事も不出御儀へと移行していき、その後、天皇出御儀が一時期復活するものの、不出御化の傾向が進行していく。駒牽でも天皇が出御しない大庭儀がみられるようになる。

こうして下級官人層は、節会などの儀式の場から排除されていき、政務儀礼・献上儀・神事における天皇不出御化によって、天皇と同一の儀礼空間を共有できなくなっていった。これには、叙位の手続きの上で五位以上と六位以下とが分離し、両者の格差が増大したことも影響していると考えられ、下級官人層は支配者集団としての共同性・一体感から疎外されていったのである。これに対し、本来は天皇が担うべきこれら下級官人層を饗応する役割を、大臣大饗が肩代わりする性格を有するようになったのである。

以上が、本書で明らかにしてきたことであるが、それでは、貴族社会において儀式はどのような意味を有していたのであろうか。本章では、平安貴族社会の儀式の意義について考察したい。

## 二 儀式の画期と段階

平安後期に成立した『本朝書籍目録』や『本朝法家文書目録』に、『弘仁儀式』『貞観儀式』『延喜儀式』の書名と篇目がみられることから、かつて、弘仁・貞観・延喜の三代格式の編纂にともなって、官撰の三代儀式書が作成されたと認識されていた。これに対し、『弘仁儀式』はその存在が疑われ、また、『延喜儀式』も編纂の企画はあったものの、完成には至らなかったのではないかとの見方が有力である(1)。現存する勅撰の儀式書としては、弘仁期に天皇出御儀を規定した『内裏式』が完成・奏上され、また、より多くの篇目を網羅した儀式書が貞観期に編纂され、『儀式』の書名で今日に伝わっているのみである。これらこそ、弘仁・貞観の儀式に相当するものと考えるべきであろう。

さて、弘仁期に豊楽院や神泉苑で行われていた節会が紫宸殿で参加者が五位以上に限定されて行われるようになり、また、天皇が出御して行われていた政務儀礼・献上儀・神事が不出御化していったことは前述したとおりである(2)。注目すべきは、それらが早くに天長期、さらに承和期から仁寿・斉衡期にかけてみられるようになり、貞観期には定着していたにもかかわらず、『内裏式』はもちろん、その時期に編纂されたとされる『儀式』にも豊楽院儀や天皇出御儀が規定されていたことである。勅撰の儀式書は「式」の一種であり、実態は別として、それらの儀式が正当であるとの理念を示しているといえよう。(3)また、勅撰の儀式書では、天皇・太政官・省職寮司によって儀式が運営され、蔵人がみられないのである。(4)蔵人は、弘仁元年（八一〇）の薬子の変に際し、藤原冬嗣と巨勢野足が蔵人頭に任じられてから重要度が急激に増してくるが、儀式はあくまでも律令に規定された官人によってのみ挙行されることになっていたのである。

ところが、平安中期・十世紀以降になると、これら勅撰の儀式書にかわって私撰の儀式書が登場してくるのであり、源高明の『西宮記』、藤原公任の『北山抄』、大江匡房の『江家次第』が私撰の三大儀式書といわれている。十世紀中葉に作成された『西宮記』は、高明自身が上卿として儀式を執り行うための心得であり、十一世紀はじめの『北山抄』は藤原教通、十一世紀末の『江家次第』は藤原師通に対する儀式指南書として作成されたものであることはすでに指摘されていることである。(5)

これら私撰の儀式書になると、節会はすべて紫宸殿で行われるとされ、また、天皇が出御して行われていた政務儀礼・献上儀・神事も、出御儀だけでなく不出御儀が記載されるようになってくるのである。(6)このことは、理念の放棄といってはいいすぎであろうが、少なくともそれが継承されなくなっていったことを意味しているといえよう。(7)また、私撰の儀式書によれば、平安中期には上卿・弁・史のみならず蔵人が関与するようになる。『儀式』と『西宮記』との間には、『寛平蔵人式』『延喜蔵人式』『天暦蔵人式』が編纂され、さらに『西宮記』と相前後して『清涼記』『新儀式』などの儀式書の存在が知られるが、このうち三つの『蔵人式』は、蔵人の儀式への関与に対応するために編纂されたことは論を俟たない。(8)

このような、平安初期・九世紀の勅撰の儀式書から、平安中期・十世紀以降にかけての私撰の儀式書へという移行は、律令格式や六国史の編纂が終焉を迎え、天皇や貴族の私日記があらわれるのと軌を一にしており、その流れで語られることが多い。それでは、こうした変容はいつ頃を画期とするのであろうか。

かつて竹内理三氏は、平安時代の貴族社会における儀式について、次のように述べている。[9]

政治が摂関中心に行われ、政治上における個人主義が台頭すると、儀礼においても、個人の行動が重視されるようになり、この傾向は、やがて官省中心に次第作法を示した従来の官撰儀式書のみでは、公卿の実際行動上に不満を感じさせるようになった。公卿たちの行動は、文字通り衆人環視のなかに行われることとなったことから、臨時恒例、その他あらゆる朝儀における場合々の一挙手一投足を規定した標準型を示したものを欲するようになった。そこで公卿たちは、先人の作法を見習い、故実を尋ね、実習を積み重ねて、それを後人に伝えていった。そこから次第に朝儀作法の準則が作りあげられていき、それが集大成されたのが藤原忠平の時期であり、さらに忠平の二子、藤原実頼と藤原師輔を祖とする小野宮流と九条流とに分化していった。両流はともに忠平の口伝と教命を核として形成されたものであるが、ただし忠平もまた、八条式部卿本康親王と南院貞保親王とを介して、父の藤原基経の儀礼を伝承したのである。

このように、竹内氏は藤原忠平政権期が儀式・故実の成立期であることを示唆しているが、これをうけて橋本義彦氏は、貴族政権の成立と関連させてこのことについて述べている。[10]

まず、天皇幼少の間は天皇大権を代行する摂政を置き、成年の後は天皇の補佐に止まる関白となすという摂政・関白の制度化がなされ、また、天皇家、外戚である摂関、およびこれとミウチ関係にある親王・賜姓源氏・藤原氏などの上流貴族集団が相互依存の権力の環を形成して摂関政治を支える体制が成立したのが、この藤原忠平政権期である。そして、そのなかに儀式・故実の成立も位置づけられるというのである。すなわち、朝廷の儀礼は中国の文物の輸入から弘仁・貞観・延喜三代の儀式書の撰修等を経て徐々に形成されたが、政治様式の変遷と相俟って、官撰儀式書のみでは個々の儀礼の具体的規範を求めるには不十分となった。そうしたなか、藤原基経が故実の探究に熱意を抱いていたことは、日本紀講筵からもうかがわれるが、その基経の作法をしばしば忠平に語り聞かせた本康親王には私日記の先駆があり、本康親王が儀礼の伝承と形成に意欲をもっていたことを裏付ける。宇多天皇・醍醐天皇・村上天皇にはみな日記があり、個人的にも朝廷儀礼の形成に熱心であったことはよく知られている。醍醐皇后穏子にも皇子重明親王にも日記があり、とくに重明親王の『吏部王記』は『西宮記』の成立に強い影響を与え、後の公家日記にもしばしば引勘されている。その逸文によれば、この日記はかなり詳細に朝廷の儀礼を書きとどめ、作法故実の形成に大きな役割を果したと考えられる。これらの事実は、忠平の執政時代が朝廷儀礼の標準型、平安末期の貴族のいう「古礼」の形成期にあたっていたことを裏書きするものであるとしている。

これらは、平安貴族社会における儀式についての古典的理解といってさしつかえないであろう。それでは、本当に藤原忠平政権期は儀式・故実の成立期といえるのだろうか。

確かに、もともと天皇出御儀であった政務儀礼・献上儀・神事において、仁寿・斉衡期から貞観・元慶期にかけて不出御儀が出現し、その後、寛平・延喜期に出御儀が復活したものの、再び不出御儀となり定着していったのは藤原忠平政権期にあたる承平・天慶期である。(11)また、弘仁期において豊楽院儀とされていた観射についても、他の節会が天長期あるいは承和期から貞観期にかけて紫宸殿儀となっていったのに対し、観射は貞観期から建礼門前の大庭で行われるようになり、それが寛平・延喜期にまた豊楽院儀がみられるようになるが、承平・天慶期から再び大庭で行われるのが一般的となる。(12)その後、政務儀礼・献上儀・神事で天暦期に天皇出御儀がみられ、観射においても同じく天暦期に豊楽院儀がみられるのは、あくまで一時的なことにすぎない。本来は武徳殿儀であったろう駒牽においても、建礼門前の大庭儀がみられるようになったのは承平・天慶期である。[13] したがって、この藤原忠平政権期は、九世紀初頭の儀式とは異なった十世紀以降の儀式への移行の画期の一つであることは間違いない。

しかし、政務儀礼・献上儀・神事における天皇不出御儀や、観射において建礼門前で行われる大庭儀も、承平・天慶期からはじまったわけではない。繰り返し述べることだが、前者は仁寿・斉衡期から、後者は貞観期からみられるのである。[14] そして、忠平によって集大成されたとする儀式・故実は、竹内氏・橋本氏も指摘するように、本康親王・貞保親王を介して基経の儀礼を継承したものである。[15] すなわち、これらの儀式・故実は、藤原忠平政権期に突然、成立したのではなく、それ以前から事例があり、九世紀中葉から徐々に形成されていったと考えるべきである。したがって、平安貴族社会における儀式・故実は、特定の時期を限定して成立したとするよりも、ある程度の幅をもってみなければならないのではないか。

そのなかで、『儀式』から『西宮記』への変容で注目すべきは、『年中行事障子』の成立であろう。『帝王編年記』仁和元年（八八五）五月二十五日条に、

太政大臣昭宣公献二年中行事障子一。立二殿上一。書二年中公事一、奥書二服仮并穢事一。絹突立障子也。今按、彼年始被レ立歟。見二小野宮記一云々。

とあり、『年中行事秘抄』以下の年中行事書にも同様の記載がみられる。[16] これによれば、年中行事障子は、仁和元年に藤原基経が献上して清涼殿に立てられたものであり、現在の京都御所・清涼殿にも残されている。黒須利夫氏によれば、その成立は早く貞観期以前にさかのぼり、原年中行事障子の成立は弘仁期である可能性を指摘している。[17] そのことを完全に否定することはできないが、やはり『年中行事障子』が注目されてくるのが、九世紀末であることはみすごせないであろう。『年中行事障子』がその後の儀式書の標準的規範となったことを考えれば、この時期のもつ意味は重要であろう。

このほか、『西宮記』に多く引用されている勘物が、醍醐天皇・村上天皇のものであることも見逃してはならない。このことは、平安中期の私撰の儀式書が、十世紀前半の時期の儀式を規範としていることを表していよう。

このように、仁和期から寛平・延喜期、さらに天暦期が平安貴族社会の儀式の規範とされていることから、九世紀中頃からみられはじめた儀式の変容が九世紀末に加速し、それが十世紀前半に整備されていったといえるであろう。

## 三　儀式の意義

儀式が変容するということは、何を意味するのであろうか。

加藤友康氏は、先例にもとづいて、繰り返し同一の儀式内容が執り行われることは、その朝儀を上卿として執り行う貴族層にとって意味を有していただけではなく、朝儀の場に参加する公卿層や、外記・史といった下級官人などの朝儀の構成員の側にも、各々の官人社会内部における役割・立場を再確認させ、当該期の社会集団内での帰属意識を醸成させる機能を果たしていたという(18)。

すなわち、儀式とは、定期的に一定の場所で反復して行われることが重要なのであり、時間と場所と行為を同一にして繰り返すことで、それを構成する共同体秩序の再確認をすることに意義があるのである。したがって、本来、同一であるところに意味のあるはずの儀式が変容するということは、国家意識や宮廷社会そのものの変容を意味するものにほかならない。

それでは、新たな国家意識や宮廷社会とはどのようなものだったのであろうか。

まず、日本の律令国家が、中国の華夷思想を導入していたことは明らかであるが、儀式の場においては、蝦夷や新羅使・渤海使を参列させたことでそれを表現したのである。儀式を唐風化する必要性も、それらを参列させた時に威儀を高めるためにあったのである。しかし、弘仁期を最後に外国使節の儀式への参列はみられなくなる。[19]それでも、平安初期に成立した豊楽院儀・神泉苑儀や天皇出御儀が、行われなくなっても儀式書の上では正当的理念として残ったことは前述したとおりである。ところが、その後、律令国家が保持していた対外的な帝国意識は次第に希薄になっていったという。それに伴って、これらの理念は儀式書の上でも放棄されていったのであろう。

他方、宮廷社会そのものの変化をみてみると、正月元日の朝賀や二日の皇后受賀儀礼・皇太子受賀儀礼など、天皇や皇后・皇太子と百官人との奉仕関係を象徴する儀式が、九世紀を通じて次第に廃れていく一方で、九世紀末には、参加する官人の範囲を限定した小朝拝や中宮・東宮における二宮大饗が代わって行われるようになってくる。[20]ほかにも、宇多天皇の寛平期には殿上の間に日給の簡が設置されて昇殿制が成立するなど、天皇と貴族との間で人格的に結ばれた関係が重要視されるようになる。[21]このように、九世紀末は天皇との人格的関係を核とした新たな宮廷秩序が成立した時期である。

それは、律令官人制とは性質を異にした、摂政・関白、さらに公卿・殿上人・諸大夫といった秩序であり、天皇との人格的関係は、範囲が縮小・限定されたものであった。このような公家身分集団について、義江彰夫氏は、摂政・関白の地位のうちに天皇権力を掣肘しうる法的根拠は一つもないとし、院権力も天皇と別個の法的根拠に立っていたのではないとする。そして、平安時代を通して天皇の権威と権力が法制的にみる限り、律令制における制約から順次解放されて、時代の下降とともに高められていった。摂政・関白を頂点として公卿・殿上人・諸司官人からなる官人集団は、全体として、国政全般にわたって律令制下のような法的自立性を失い、天皇の命によって職に就き、職務遵行の全過程が形式上天皇によってチェックされる存在となり、総じて天皇に強く依存し、天皇の権威に支えられて、王権の担う目標を分掌する集団となってきたという。[22]

この指摘は、制度的には妥当と考える。さらにいえば、後三条天皇が主導的に政治を行ったことや、白河上皇によって院権力が成立したのも、このような天皇権力の解放があったからこそ可能となったのではなかろうか。しかし、実態としては、摂政・関白がこのような天皇権力に依拠することで、律令に制約されることのない政治を行うことができたのであり、それこそが摂関政治だったのではなかろうか。王権の分有、分権化された王権とはこのようなものであり、律令から解放された天皇は、むしろ摂政・関白によって支えられていたということになるのではないか。

そのなかで儀式は、その世界を表現し、新たな宮廷秩序を保つための儀式へと変容していったのである。ところで土田直鎮氏は、貴族政治において、政務と儀式は一体不可分の関係にあり、儀式とは別に政治があったと考えること自体一種の錯覚であるとしている。[23]これは現在、通説として受け容れられているが、それでは、政務と儀式はどのような関係にあり、一体不可分とはどういうことなのであろうか。

もともと、日本の儀式書は唐礼と違って、早くから政務儀礼を規定しており、[24]政務が儀式化する兆しがあったのである。そして、政務と儀式との関係については、不堪佃田奏を参考にしてみてみたい。不堪佃田とは、田図の上では耕作されることになっていながら、実際には播種されることのなかった田地のことをいう。もともと諸国から不堪佃田数が報告され、それに対し不堪佃田使が派遣され、実数が把握されることになっていた。それが十世紀中葉以降になると、遣使はなくなり、一の大臣に不堪佃田申文がなされ、天皇に奏聞（荒奏）された後、諸卿による不堪佃田定があり、再度の奏聞（和奏）が行われたのが不堪佃田奏である。さらに院政期になると、言上国が大幅に減少し、言上の長期間の停滞など、事実上破綻するという。[25]不堪佃田使が派遣されなくなり、諸国の田数が正確に把握されなくなった時点において、実態を失って形式化したといえるが、佐藤宗諄氏・大津透氏は、これが天皇や貴族が国土を支

配・掌握していることを象徴する儀式となっていったことを指摘している。(25)

儀式と政務が一体化するということは、すなわち政務が儀式として表現されるということであるが、この不堪佃田奏にみられるように、それは政務が実態を失って形骸化したとしても、儀式として象徴的機能を継続して有するところに意味があるのである。

それでは、平安貴族にとって儀式はどのような意味を有したのであろうか。

前述したように、藤原忠平政権期に成立した儀式・故実は、藤原実頼・藤原師輔の二人の子息に継承され、小野宮流故実と九条流故実が形成され、それを藤原道長が統合して御堂流故実が形成されたというのが一般的な理解である。しかし、末松剛氏によれば、当初から小野宮流・九条流という流派の別が意識されて形成されたわけではなく、道長によって御堂流が形成されたという事実もないという。(26)そもそも、小野宮流と九条流との違いは、左大臣実頼と右大臣師輔との立場の違いから生まれたものであり、小野宮流故実は、実頼の子の藤原頼忠と孫の藤原実資らの政治的立場の継承と密接に連関して成立し、強い意識をもって伝承されていった。これに対し、九条流故実は、広く貴族社会に浸透することになったものの、強い伝承意識がもたれることもなく、したがって、それを核として御堂流を形成しようという意識を道長がもちあわせていたわけではないのである。むしろ御堂流は、道長の孫の藤原師実や玄孫である藤原忠実らによって故実として強く意識されるようになったという。そもそも先例とは、それをより所として自らを保たせる者にとって意味をもつ。小野宮流も、摂政・関白が師輔の子孫に継承されていく情勢に対し、小野宮家の者がそれに対抗して自らの正統性を保持するために意識されたものである。師輔の子孫では、藤原伊尹・藤原懐平・藤原行成によって九条流は継承されていったのであり、逆に、藤原兼家は九条流として自らの流派を意識することもなければ、道長に御堂流を創設する意図も必要性もなかったのである。その後、師実・忠実が御堂流を掲げることにより、道長の嫡流としての地位を主張したと考えられる。さらに末松氏は、師実・忠実は御堂流の故実のみならず藤原頼通の故実を意識し、その時期が御堂流故実の確立した画期として指摘して、それを飛躍と評価している。[27]その当否は別として、むしろこの時期は、院政の確立に対し、摂政・関白の権限が制約されていることは否めない。したがって、師実・忠実の儀式に対する意識は、摂関家・御堂流の継承者と自らを位置づけることによって、院政に対し摂関家の宮廷内における正統性を主張しようと意図したものではなかろうか。平安貴族にとって、儀式はそのような機能を果たしたのである。

以上のように、平安前期・九世紀から平安中期・十世紀以降への儀式の変容は、従来いわれているような、藤原忠平政権期のみが儀式・故実の成立の画期なのではなく、長い期間をかけて徐々に形成されていったのである。それはすでに承和期から貞観期にかけて現れ、仁和・寛平期に加速していき、醍醐天皇・村上天皇の延喜・天暦期の儀式が後世の規範とされていった。これは、律令国家の対外的な帝国意識の後退と、天皇との人格的関係を核とした新たな宮廷秩序の形成に対応したものである。そして、政務と儀式が一体化することによって、政務が形骸化したとしても、それを儀式として続けることで、支配の象徴的行為としての役割を果たし、さらに、摂関家にとっての儀式の流派は、自らの系統の正統性を根拠づけるものだったのである。

最後に、その後の有職故実について展望を試みたい。「有職」や「故実」の語はすでに平安時代にみられ、[28]依るべき規範も平安時代に置かれている。しかしそれがとくに意識されるようになるのは、鎌倉時代以降のことのように思える。有職故実とは、広く官職・服飾・殿舎・調度などを含むものであるが、儀式に関していえば、鎌倉時代初期の順徳天皇の『禁秘抄』、建武の新政における後醍醐天皇の『建武年中行事』、室町時代前半の一条兼良の『公事根源』などの著名な有職故実書が著されている。なぜ、これらの時代に有職故実が洗練されていったのか。まず、『禁秘抄』は鎌倉幕府との関係が大きく影響しているのではなかろうか。幕府が成立し、次第に朝廷の実権が制約されていくなかで、朝廷の政治的存在意義に揺らぎがみられるようになったことは想像に難くない。そこで平安時代の儀式を細部に至るまで踏襲することによって、朝廷こそが正統な文化の継承者であるというところに存在意義を求め、アイデンティティを保持しようとしたのではないか。また、『建武年中行事』は、後醍醐天皇が幕府を倒し、親政を開始することの正統性を、朝儀を復古・再興することで示そうとしたのである。いずれも、自らの存在意義・アイデンティティを主張するためになされたのである。有職故実の研究は、単に故実を明らかにすることにとどまらず、儀式を挙行する正統な継承者としての立場を主張しうるものだったのである。

このように、中世以降も、宮廷儀式は単なる行為としての儀式以上の意味を有しているのである。

**註**

(1) 所功「『儀式』の成立」(『平安朝儀式書成立史の研究』国書刊行会、一九八五年、初出一九七六・七七年)。
(2) 本書第六章、初出一九九〇年。
(3) 本書第四章、初出一九九六年。
(4) 古瀬奈津子「平安時代の儀式と政務―古代から中世へ―」(『日本古代王権と儀式』吉川弘文館、一九九八年)。
(5) 所功「『西宮記』の成立」「『北山抄』の成立」「『江家次第』の成立」(前掲註(1)書、初出一九七三・一九七八・一九八三・一九八四・一九八五年)。
(6) 本書第六章、初出一九九〇年。
(7) 古瀬前掲註(4)論文参照。
(8) 所功「『蔵人式』の復原」(前掲註(1)書、初出一九七九年)。西本昌弘「『蔵人式』と『蔵人所例』の再検討―『新撰年

中行事』所引の『蔵人式』新出逸文をめぐって―」（『日本古代の年中行事書と新史料』吉川弘文館、二〇一二年、初出一九九八年）。
（9）竹内理三「口伝と教命―公卿学の系譜（秘事口伝成立以前）―」（竹内理三著作集第五巻『貴族政治の展開』〈角川書店、一九九九年、初出一九四〇年〉）。
（10）橋本義彦「貴族政権の政治構造」（『平安貴族』平凡社、一九八六年、初出一九七六年）
（11）本書第六章、初出一九九〇年。
（12）本書第八章、初出一九九四年。
（13）本書第八章、初出一九九四年。
（14）本書第六章・第八章、初出一九九〇年・一九九四年。
（15）竹内理三前掲註（9）論文・橋本義彦前掲註（10）論文。
（16）『年中行事秘抄』冒頭、『師遠年中行事』裏書、『師元年中行事』付記、等。
（17）黒須利夫「『年中行事障子』の成立」（『歴史人類』二一、一九九三年）。
（18）加藤友康「朝儀の構造とその特質―平安期を中心として―」（講座前近代の天皇第五巻『世界史のなかの天皇』〈青木書店、一九九五年〉）。
（19）田島公「日本の律令国家の『賓礼』―外交儀礼より見た天皇と太政官―」（『史林』六八―三、一九八五年）。
（20）所功「『朝賀』儀式文の成立」（前掲註（1）書、初出一九八三年）。田村葉子「二宮大饗の成立と背景」（『史学研究集録』一九、一九九四年）。
（21）古瀬奈津子「昇殿制の成立」（前掲註（4）書、初出一九八七年）。
（22）義江彰夫「天皇と公家身分集団」（講座前近代の天皇第三巻『天皇と社会諸集団』〈青木書店、一九九三年〉）。
（23）土田直鎮「平安時代の政務と儀式」（『奈良平安時代史研究』吉川弘文館、一九九二年、初出一九七四年）。
（24）坂本太郎「儀式と唐礼」（坂本太郎著作集第七巻『律令制度』〈吉川弘文館、一九八九年、初出一九四一年〉）

(25) 佐々木宗雄「十〜十一世紀の位禄制と不堪佃田制」(『日本王朝国家論』名著出版、一九九四年、初出一九八九年)。

(26) 佐藤宗諄「王朝儀式の成立過程」(『平安前期政治史序説』東京大学出版会、一九七七年)。大津透「農業と日本の王権」(岩波講座天皇と王権を考える第三巻『生産と流通』(岩波書店、二〇〇二年))。

(27) 末松剛「摂関家の先例観―御堂流故実の再検討―」(『平安宮廷の儀礼文化』吉川弘文館、二〇一〇年、初出一九九九年)。

(28) 末松剛「平安宮廷の儀礼文化と摂関政治」(前掲註(27)書)。

(29)「有職」は『続日本紀』延暦九年(七九〇)七月辛巳条に「使二於百済一捜二聘有識者一」とあり、「故実」は『古語拾遺』序に「顧問二故実一、靡レ識二根源一」とみえる。

# 初出一覧

第一章　律令国家と儀式（新稿）
第二章　冬至と朔旦冬至（『日本歴史』六二〇、二〇〇〇年）
第三章　『内裏式』と弘仁期の儀式（『國學院大學大学院紀要』文学研究科、二一、一九九〇年）を一部改稿して改題
第四章　『儀式』の篇目配列（『古代史研究』一四、一九九六年）
第五章　紫宸殿と節会（『古代文化』四三―一二、一九九一年）
第六章　九世紀の儀式と天皇（『史学研究集録』一五、一九九〇年）
第七章　平安初期の成選擬階儀（『延喜式研究』六、一九九二年）
第八章　平安宮の大庭と儀式（『国史学』一五三、一九九四年）
第九章　平安時代の摂政と儀式（林陸朗・鈴木靖民編『日本古代の国家と祭儀』雄山閣出版、一九九六年）
第十章　大臣大饗の成立（『日本歴史』五九七、一九九八年）
第十一章　任大臣大饗の成立と意義（『国史学』一六七、一九九九年）
第十二章　平安貴族社会と儀式（新稿）

# あとがき

本書は、私が大学院進学以来、取り組んできた平安時代の儀式の研究を一書にまとめたものである。第一章と第十二章以外は、もともと単行の論文として発表してきたものであるため、繰り返し述べている部分や重複して掲げている史料が多く、そこで、本書に採録するにあたり、それらに調整を施した。なかには加筆・改稿した部分もあるが、基本的には初出時の論旨を変更することはしていない。

儀式というと、形式的で無意味なものとの印象が強く、否定的なイメージで捉えられやすい。平安時代の政務は儀式と一体化したものといわれるが、高校教科書などでのこのような記述は、決して肯定的な評価を与えられたものではない。それではなぜ、儀式は執り行われたのか。平安時代の儀式にも、停廃されていくものがある一方で、挙行され続けるものがあり、そこにはそれなりの意味があったはずである。そのなかで、私がとくに興味をもったのは儀式の政治的意味である。それは時として、その儀式が本来有していたはずの意義を変容させ、残していない場合もある。ある著名な国文学の先生から、「史学を研究する者は、儀式の本義がわかっていない」とお叱りの言葉を受けたことがあるが、私の儀式研究の方向性が、そのように映ったのだと思われる。しかし、第一章で述べたように、本書はあくまでも、平安時代の儀式の支配や政治に有する意味を明らかにすることを目的としたものである。その点をご了承願いたい。

顧みれば、今まで実に多くの方々の学恩を蒙ってきた。早稲田大学第一文学部在学時は、福井俊彦先生から、史料の読み方や文献の扱い方など日本古代史研究の基礎を厳しく指導して頂いた。大学院は、國學院大學大学院文学研究科に進学したが、そこで最も大きな御指導・御鞭撻を賜ったのは、指導教授の林陸朗先生からである。講義や演習、修士論文の執筆や論文の発表などはもちろん、儀式など細かい検証の終始に陥りがちであった私に対し、広い視野から日本古代史・平安時代を捉えるようご教示を頂いた。また、鈴木靖民先生からは王権論や首長制論などを学際的に取り組む姿勢を教授され、山中裕先生・今江廣道先生からは儀式書や古記録の読み方のご指導を頂いた。大学院の日本古代史ゼミのＯＢ・先輩方や同期・後輩の面々とは、授業その他における議論を通し多くの刺激を受けてきた。学外では、歴史学研究会の日本古代史部会や、『御堂関白記』註釈のための勉強会である記録の会、その他いくつもの研究会に参加させて頂く機会を得、様々な教えを受けることができた。大学院の単位取得後は、中世武家儀礼研究の第一人者である二木謙一先生に便宜を図って頂き、豊島岡女子学園高等学校に就職したが、そこには日本史研究と論文発表を続けている先輩・同僚が幾人もおり、職場でも研究に対する意欲を持続することができた。さらにその後、二木謙一先生が学校長（現理事長）に就任され、職務の面では叱責されることしばしばであったが、研究の面では暖かい励ましを頂いた。すべてお名前を挙げることは叶わないが、このように直接・間接に多くの方々の御指導を賜わってきた。以上の方々のなかには、すでに鬼籍にはいられた方もいらっしゃるが、本書は、こうした学恩によってはじめて刊行することが可能となったものであり、その皆様に対し、この場を借りて厚く感謝申し上げたい。それにもかかわらず、得られた成果が乏しいことの責任は、ひとえに著者である私に帰するものであり、その点についてはご海容を請う次第である。なお、本書の編集に当たっては、同成社の佐藤涼子氏・山田隆氏にお世話になったこと、お礼申し上げる。

さて、私が研究を志したのは、大学で教鞭をとり、国文学における伝承文芸を研究していた父の影響を強く受けている。高齢となった父に本書を捧げられることは感慨深いものがある。その一方で、母が三年前に他界し、それに間に合わせられなかったことは返すがえすも残念でならず、せめて本書を墓前に供えたい。最後に、共働きで忙しいなか、育児など家庭を支えてくれた妻芳恵に感謝の意を表したい。

二〇一六年三月二十一日

神谷正昌

平安《へいあん》宮廷《きゅうてい》の儀式《ぎしき》と天皇《てんのう》

■著者略歴■
**神谷正昌**（かみや　まさよし）
1963年　千葉県に生まれる
1986年　早稲田大学第一文学部史学科卒業
1992年　國學院大學大学院文学研究科日本史学専攻博士課程後期単位取得退学
現　在　豊島岡女子学園高等学校教諭
主要論文
「平安時代の王権と摂関政治」（『歴史学研究』768号、2002年）、「承和の変と応天門の変―平安初期の王権形成―」（『史学雑誌』第111編第11号、2002年）、「摂関政治の諸段階」（『国史学』197号、2009年）、「阿衡の紛議と藤原基経の関白」（『続日本紀研究』393号、2011年）。

2016年 5 月28日発行

著　者　神谷正昌
発行者　山脇洋亮
印　刷　三報社印刷㈱
製　本　協栄製本㈱

発行所　東京都千代田区飯田橋4-4-8（〒102-0072）東京中央ビル　㈱同成社
TEL 03-3239-1467　振替 00140-0-20618


ISBN978-4-88621-727-1 C3321

## 同成社古代史選書

①古代瀬戸内の地域社会
松原弘宣　著　三五四頁・八〇〇〇円

②天智天皇と大化改新
森田　悌　著　二九四頁・六〇〇〇円

③古代都城のかたち
舘野和己　編　二三八頁・四八〇〇円

④平安貴族社会
阿部　猛　著　三三〇頁・七五〇〇円

⑤地方木簡と郡家の機構
森　公章　著　三四六頁・八〇〇〇円

⑥隼人と古代日本
永山修一　著　二五八頁・五〇〇〇円

⑦天武・持統天皇と律令国家
森田　悌　著　二四二頁・五〇〇〇円

⑧日本古代の外交儀礼と渤海
浜田久美子　著　二七四頁・六〇〇〇円

⑨古代官道の歴史地理
木本雅康　著　三〇六頁・七〇〇〇円

⑩日本古代の賤民
磯村幸男　著　二三六頁・五〇〇〇円

⑪飛鳥・藤原と古代王権
西本昌弘　著　二三六頁・五〇〇〇円

⑫古代王権と出雲
森田喜久男　著　二二六頁・五〇〇〇円

⑬古代武蔵国府の成立と展開
江口　桂　著　三二二頁・八〇〇〇円

⑭律令国司制の成立
渡部育子　著　二五〇頁・五五〇〇円

⑮正倉院文書と下級官人の実像
市川理恵　著　二七四頁・六〇〇〇円

⑯古代官僚制と遣唐使の時代
井上　亘　著　三七〇頁・七八〇〇円

⑰日本古代の大土地経営と社会
北村安裕　著　二六二頁・六〇〇〇円

⑱古代天皇制と辺境
伊藤　循　著　三五四頁・八〇〇〇円

（全て本体価格）